智能工程前沿丛书

智能交通工程：
从状态感知到机理认知

任 刚 曹 奇 李大韦 著

科学出版社
北京

内 容 简 介

针对交通工程和智能技术的融合发展趋势，本书聚焦智能交通工程的感知辨识和认知推演两个层面，主要内容包括数据驱动的城市快速路车辆时空轨迹重构、基于自动车辆识别数据的机动车出行路径识别、片段化观测条件下的机动车出行链提取、大规模路网交通状态估计与拥堵溯源、基于宽度学习的出行方式选择行为建模、考虑时空关联性的目的地选择行为建模、基于半监督学习的路径选择行为建模、交通网络运行态势推演系统开发等。

本书可作为交通运输规划与管理专业的研究生参考书，也可作为智能交通领域相关科研人员的参考用书。

图书在版编目(CIP)数据

智能交通工程：从状态感知到机理认知 / 任刚, 曹奇, 李大韦著. -- 北京：科学出版社, 2025.2. -- (智能工程前沿丛书). -- ISBN 978-7-03-080533-1

Ⅰ.U491-39

中国国家版本馆 CIP 数据核字第 202492RT35 号

责任编辑：惠 雪 曾佳佳 / 责任校对：郝璐璐
责任印制：张 伟 / 封面设计：许 瑞

科学出版社 出版
北京东黄城根北街 16 号
邮政编码：100717
http://www.sciencep.com

北京中科印刷有限公司印刷
科学出版社发行 各地新华书店经销
*
2025 年 2 月第 一 版　开本：720×1000　1/16
2025 年 2 月第一次印刷　印张：13
字数：260 000
定价：99.00 元
(如有印装质量问题，我社负责调换)

"智能工程前沿丛书"编委会

主　编　黄　如

副主编　尤肖虎　金　石　耿　新

编　委（按姓名汉语拼音排序）

　　　　　李世华　刘澄玉　任　刚　宋爱国　汤　奕

　　　　　王　浩　王海明　王禄生　温广辉　许　威

　　　　　杨　军　张　宏

秘　书　王海明　汤　奕

"智能工程前沿丛书"序

按照联合国教科文组织的定义,工程就是解决问题的知识与实践。通信、电子、建筑、土木、交通、自动化、电力、机器人等工程技术通过长期深入研究,已经在人民生活、经济发展、社会治理、国家管理、军事国防等多个领域得到了广泛而全面的应用。智能工程可定义为工程技术领域引入人工智能来解决问题的知识与实践。工程技术和人工智能交叉融合后诞生的智能工程毫无疑问是近年来工科领域最为活跃的研究方向,同时也代表了当代学科综合、交叉融合、创新发展的全新态势。

自20世纪70年代以来,计算机技术飞速发展,在工程技术的相关领域发挥越来越重要的作用,使得工程技术不断创新,持续取得突破,新产品层出不穷。在计算机辅助下,传统的工程技术虽然已经获得了长足进步,但是仍然难以满足或适应这些新场景和新需求。一方面,产品的应用场景越来越复杂,功能的诉求越来越综合,性能指标的要求越来越高;另一方面,大规模产品的"零缺陷"要求显著提升,从设计到上市的时间窗口越来越短,产品研发生产和使用向高能效、低能耗和低碳排放转变。进入21世纪,工程技术领域的研究人员通过引入人工智能,采用学科综合、交叉融合的方式来尝试解决工程技术所面临的种种难题,诞生了智能工程这个新兴的前沿研究方向。

近期,东南大学在原有的"强势工科、优势理科、精品文科、特色医科"学科布局基础上,新增了"提升新兴、强化交叉",在交叉中探索人才培养、学科建设、科学研究新的着力点与生长点。在这一重要思想指导下,"智能工程前沿丛书"旨在展示东南大学在智能工程领域的最新的前沿研究成果和创新技术,促进多学科、多领域的交叉融合,推动国内外的学术交流与合作,提升工程技术及相关学科的学术水平。相信在智能工程领域广大专家学者的积极参与和全力支持下,通过丛书全体编委的共同努力,"智能工程前沿丛书"将为发展智能工程相关技术科学,推广智能工程的前沿技术,增强企业创新创造能力,以及提升社会治理等,做出应有的贡献。

最后,衷心感谢所有关心支持本丛书,并为丛书顺利出版做出重要贡献的各位专家,感谢科学出版社以及有关学术机构的大力支持和资助。我们期待广大读者的热情支持和真诚批评。

"智能工程前沿丛书"编委会
2023年3月

前　言

随着交通工程和人工智能技术的融合发展，在海量的车辆轨迹数据和其他数据的共同支撑下，动态追溯交通流来源和去向以及隐藏在背后的出行行为意图成为可能。这将重塑智能环境下的交通工程技术方法和交通管控模式，实现由表象的交通状态感知向源头的出行机理认知的演进，也契合新一代人工智能发展由感知智能向认知智能转化的大趋势。

本书所指的智能交通工程 (intelligent traffic engineering) 意为智能化交通工程，是更广义的智能交通 (intelligent transportation) 概念的子集，它综合交通参与者 (人)、载运工具 (车)、基础设施 (路) 等要素，从系统优化角度研究智能化背景下交通系统的建模分析、规划设计和管理控制等内容。本书从智能交通工程的感知辨识和认知推演两个层面展开叙述，主要内容包括车辆轨迹重构、出行路径识别、出行链提取、交通状态估计与拥堵溯源、出行选择行为建模、态势推演系统开发等，重点向读者呈现多源大数据和人工智能算法在上述内容环节中的应用。

全书由任刚设计结构并统稿，前言和第 1 章由任刚撰写，第 2~5 章由曹奇、任刚撰写，第 6 章由李大韦、刘东杰撰写，第 7~8 章由李大韦、曹奇撰写，第 9 章由任刚、曹奇、宋玉辰撰写。本书在研究、撰写和出版过程中得到很多单位和个人的帮助。感谢诸赛、邓玥、季昊宇、陈维翰等研究生在数据调查、资料整理、图表绘制方面的贡献。本书的部分成果源自作者承担的国家重点研发计划项目 "城市多模式交通网运行仿真系统平台开发"(项目编号：2019YFB1600200)，国家自然科学基金项目 "MaaS 背景下考虑复杂异质性的路径选择建模与网络混合需求分配"(项目编号：71971056)、"基于 AVI 数据的机动车出行路径识别及交通拥堵溯源方法"(项目编号：52202399) 和 "非常态事件下道路交通网络韧性监测原理与应急控制方法"(项目编号：52372314)，中国博士后科学基金面上项目 "基于 AVI 数据的机动车出行路径重构与全网络路径流量反推"(项目编号：2022M710679)。

限于作者的理论水平及实践经验，书中不妥和疏漏之处在所难免，恳请读者批评指正。

2023 年 8 月

目 录

"智能工程前沿丛书"序
前言
第1章 绪论···1
  1.1 交通工程和智能技术的融合趋势···1
    1.1.1 交通工程研究范围和特点···1
    1.1.2 智能技术助力交通强国建设··2
    1.1.3 智能交通工程研究发展态势··2
  1.2 交通状态感知和出行机理认知的演进关系·····································3
    1.2.1 交通状态感知：基于断面/路段的技术路线·······························4
    1.2.2 出行机理认知：基于轨迹/路径的技术路线·······························5
    1.2.3 未来拟突破的关键技术问题··6
  1.3 本书内容及章节结构··7
  参考文献···8
第2章 数据驱动的城市快速路车辆时空轨迹重构·································9
  2.1 概述··9
  2.2 基于插值算法的个体车辆时空轨迹重构模型··································9
    2.2.1 GPS 轨迹定位误差修正模型···9
    2.2.2 基于插值算法的个体车辆轨迹重构算法·································11
    2.2.3 个体车辆轨迹重构精度评价方法··17
    2.2.4 交通流基本图及其参数提取方法··18
  2.3 基于运动波理论的全时空车辆轨迹重构模型································22
    2.3.1 Newell 运动波模型的特性··22
    2.3.2 考虑车辆顺序的 Newell 运动波模型·····································24
    2.3.3 考虑超车行为的车辆时空轨迹重构算法································26
    2.3.4 基于数据融合的车辆时空轨迹重构框架································28
    2.3.5 全时空车辆轨迹重构精度评价方法······································28
  2.4 案例分析···30

>　　2.4.1　案例背景及数据准备 ··· 30
>　　2.4.2　浮动车轨迹重构与误差分析 ······························· 32
>　　2.4.3　全时空轨迹重构与误差分析 ······························· 37
> 2.5　本章小结 ·· 43
> 参考文献 ··· 44

第 3 章　基于自动车辆识别数据的机动车出行路径识别 ············ 45
> 3.1　概述 ·· 45
> 3.2　观测数据与行驶路径匹配模型 ·································· 46
>　　3.2.1　符号定义 ·· 46
>　　3.2.2　模型构建 ·· 47
> 3.3　候选路径集生成算法 ·· 48
> 3.4　AVI 观测点对似然概率 ··· 51
>　　3.4.1　时间分析 ·· 51
>　　3.4.2　空间分析 ·· 54
> 3.5　案例分析 ·· 54
>　　3.5.1　数据来源 ·· 54
>　　3.5.2　候选路径集生成 ·· 56
>　　3.5.3　未知参数估计 ··· 56
>　　3.5.4　识别精度与计算效率 ······································ 57
>　　3.5.5　AVI 观测点间距对匹配精度的影响 ······················ 58
>　　3.5.6　GNSS 样本数量对匹配精度的影响 ······················ 60
>　　3.5.7　路径候选集大小对匹配精度的影响 ····················· 60
> 3.6　本章小结 ·· 61
> 参考文献 ··· 61

第 4 章　片段化观测条件下的机动车出行链提取 ···················· 64
> 4.1　概述 ·· 64
> 4.2　基于概率图的出行链提取模型 ·································· 66
>　　4.2.1　符号定义 ·· 66
>　　4.2.2　图模型结构 ·· 67
>　　4.2.3　匹配概率推导 ··· 68
>　　4.2.4　观测概率 ·· 70
>　　4.2.5　转移概率 ·· 74

4.3 候选子行程表生成算法 · 79
    4.3.1 后缀树模型 · 79
    4.3.2 候选集生成算法 · 81
4.4 最优出行链求解算法 · 81
    4.4.1 候选图模型 · 81
    4.4.2 最优解求解算法 · 82
4.5 案例分析 · 84
    4.5.1 对比方法 · 84
    4.5.2 评价标准 · 85
    4.5.3 对比分析 · 86
    4.5.4 敏感性分析 · 88
4.6 本章小结 · 90
参考文献 · 90

第 5 章 大规模路网交通状态估计与拥堵溯源 · 92

5.1 概述 · 92
5.2 多测度交通流参数提取方法 · 93
    5.2.1 平均行程速度 · 93
    5.2.2 路段流量 · 94
5.3 多尺度动静交通状态判别模型 · 94
    5.3.1 路段层次动态交通状态估计 · 94
    5.3.2 区域层次动态交通状态估计 · 95
    5.3.3 静态交通状态估计 · 96
5.4 大规模路网交通状态估计应用案例 · 96
    5.4.1 案例路网概况 · 96
    5.4.2 基础数据收集 · 98
    5.4.3 多测度交通参数提取 · 99
    5.4.4 多尺度动静交通状态判别 · 100
5.5 基于路径的交通拥堵溯源方法 · 101
5.6 交通拥堵溯源应用案例 · 104
    5.6.1 问题描述 · 104
    5.6.2 基于拥堵溯源的关键路径识别 · 105
    5.6.3 基于多关键路径的交通信号协调控制 · 106

5.7　本章小结 ··115
参考文献 ···115

第 6 章　基于宽度学习的出行方式选择行为建模 ·······································118
6.1　概述 ··118
6.2　选择行为分析理论 ···120
　　6.2.1　离散选择模型 ··120
　　6.2.2　神经网络模型 ··121
6.3　宽度选择模型 ··122
　　6.3.1　数学表述 ···123
　　6.3.2　Vanilla-BCM 和 Res-BCM ···125
6.4　案例分析 ··128
　　6.4.1　数据获取 ···128
　　6.4.2　超参数空间 ··128
　　6.4.3　结果分析 ···129
　　6.4.4　在线连续数据流的动态推理实验 ·······································135
6.5　本章小结 ··136
参考文献 ···136

第 7 章　考虑时空关联性的目的地选择行为建模 ·······································138
7.1　概述 ··138
7.2　目的地选择行为时空特征 ··139
　　7.2.1　数据来源 ···139
　　7.2.2　目的地提取 ··140
　　7.2.3　时空关联性分析 ··140
7.3　时空关联性的效用表达方法 ···142
　　7.3.1　目的地选择模型 ··142
　　7.3.2　考虑时空关联的效用修正 ··143
　　7.3.3　OD 对异质性描述与建模 ···143
7.4　目的地候选集生成算法 ···145
7.5　案例分析 ··147
　　7.5.1　目的地选择模型参数估计 ··147
　　7.5.2　目的地选择模型精度评价 ··149
7.6　本章小结 ··150

参考文献 ·· 151

第 8 章 基于半监督学习的路径选择行为建模 ·············· 153
8.1 概述 ·· 153
8.2 数据获取方式及特点 ·································· 154
8.3 考虑观测异质性的路径选择模型 ······················ 156
8.3.1 问题定义 ·· 156
8.3.2 模型构建 ·· 156
8.4 路径选择模型半监督参数估计方法 ···················· 158
8.4.1 有监督学习 ······································ 158
8.4.2 无监督学习 ······································ 159
8.4.3 半监督学习 ······································ 160
8.5 案例分析 ··· 161
8.5.1 路径选择模型参数估计 ·························· 161
8.5.2 路径选择模型精度评价 ·························· 164
8.5.3 路径选择模型计算效率评价 ······················ 164
8.6 本章小结 ··· 166
参考文献 ·· 166

第 9 章 交通网络运行态势推演系统开发 ···················· 169
9.1 概述 ·· 169
9.2 需求分析与架构设计 ·································· 170
9.2.1 功能需求分析 ···································· 170
9.2.2 系统架构设计 ···································· 171
9.3 态势推演算法 ··· 173
9.3.1 人口生成 ·· 173
9.3.2 出行链生成 ······································ 174
9.3.3 动态交通分配及迭代 ···························· 177
9.4 可视化界面开发 ······································ 179
9.4.1 交通流量分析 ···································· 181
9.4.2 拥堵溯源分析 ···································· 183
9.4.3 运行状态分析 ···································· 184
9.5 本章小结 ··· 186
参考文献 ·· 186

附录　活动时长分布估计 ·· 187
　　A.1　相似图结构 ··· 187
　　A.2　活动时长分布估计模型 ·· 188
　　A.3　模型求解 ··· 189
索引 ·· 190

第 1 章

绪 论

1.1 交通工程和智能技术的融合趋势

当今世界，新一轮科技革命和产业变革正在孕育兴起，全球科技创新呈现新的发展态势，学科交叉特征日益突出，需求牵引的趋势更为凸显。随着人工智能、大数据、自动驾驶等新技术不断取得突破，交通运输行业正在发生革命性的变革，深刻改变着交通工程学科的内涵与方法论，并涌现出一大批前沿热点科学技术问题[1]。

1.1.1 交通工程研究范围和特点

"衣、食、住、行"是人们基本生活条件的四要素，"行"就是指交通。早在 1933 年国际现代建筑协会就通过了有关城市规划建设的纲领性文件《雅典宪章》，定义了城市的四大功能：生活、工作、游憩、交通。城市交通是这四大功能的基础支撑。《雅典宪章》还明确了城市交通的基本功能是完成人和物的空间移动[2]。交通的发展依赖于交通工具的变革，交通工具的变革又依赖于科学技术的发展，在现代社会中，更依赖于交通工程科技的发展。

一般认为，交通工程 (traffic engineering) 是研究交通系统中人、车、路、环境等各要素的内在规律、交互关系及协同优化的专业和学科，旨在实现综合交通系统安全、高效、绿色、便捷、经济的目标。各国学者对交通工程的理解、认识虽然不完全一致，但有两个基本共识：一是交通工程是从道路工程中分化出来的，它的主要研究对象是道路 (公路、城市道路) 交通；二是交通工程主要解决道路交通系统规划与管理中的科学问题。但进入 21 世纪以来，随着区域综合交通体系及城市综合交通系统的逐步建立，交通工程的研究对象已经从单一的道路交通扩展至多方式的综合交通运输系统。

交通工程的研究内容主要包括交通特性分析技术、交通调查方法、交通流理论、通行能力与服务水平分析方法、交通系统规划理论与方法、交通系统设计方法、交通系统管理控制方法、交通安全技术、交通环境与可持续方法，以及交通工程的新理论、新方法、新技术等。交通工程学科的发展始终以满足社会需求和解决实际问题为出发点和落脚点，具有明显的行业特征和鲜明的"大行业、多学科、强交叉"特点。现代交通系统 (特别是城市交通系统) 是典型的非线性复杂巨系统，蕴含着丰富的科学问题，这些问题的解决往往依赖于交通工程，涉及土木工程、系统科学、信息科学、行为科学、控制科学、管理科学等多个学科。

1.1.2 智能技术助力交通强国建设

《交通强国建设纲要》指出，推动交通发展由依靠传统要素驱动向更加注重创新驱动转变，打造一流设施、一流技术、一流管理、一流服务；强化前沿关键科技研发，瞄准新一代信息技术、人工智能、智能制造、新材料、新能源等世界科技前沿，加强对可能引发交通产业变革的前瞻性、颠覆性技术的研究；大力发展智慧交通，推动大数据、互联网、人工智能、区块链、超级计算等新技术与交通行业深度融合。

业界广泛认为，人工智能的核心能力可以分为三个层次：计算智能、感知智能、认知智能。简单理解，计算智能即快速计算、记忆和储存能力；感知智能，即视觉、听觉、触觉等感知能力，目前非常热门的人脸识别、语音识别即是感知智能；认知智能则更为复杂，包括分析、思考、理解、判断的能力。

从现阶段人工智能的发展来看，随着计算力的不断发展、储存手段的不断升级，计算智能可以说已经实现；而随着移动互联网的普及，大数据、云计算等技术的发展，更多非结构化数据的价值被重视和挖掘，语音、图像、视频、触点等与感知相关的感知智能也在快速发展；在计算智能和感知智能发展基础上，人工智能正在向能够分析、思考、理解、判断等的认知智能延伸，真正的智能化解决方案已经显现端倪。可以说，人工智能的发展已经到了由感知智能向认知智能迈进的临界点；由感知智能向认知智能转化，是新一代人工智能的发展趋势。

以新能源智能汽车为例的现实图景：新一代智能汽车除了应用系统感知的智能，实现对周边环境的感知和处理，还必须通过车网协同、车路协同，甚至综合处理超感知的因素，比如地理、交通、路口、信号、气象等实时信息，从而实现更加安全、便捷、高效的智能服务。

1.1.3 智能交通工程研究发展态势

面向世界科技前沿和国家重大需求，智能化是交通工程学科未来发展的必然要求，体现在目标、对象和条件等方面。本书所指的智能交通工程 (intelligent traffic engineering) 意为智能化交通工程，是更广义的智能交通 (intelligent transportation) 概念的子集，它综合交通参与者 (人)、载运工具 (车)、基础设施 (路) 等要素，从系统优化角度聚焦智能化背景下交通系统的建模分析、规划设计和管理控制等内容。当前，智能交通工程研究呈现出以下发展态势：

(1) 交通大数据技术推动综合交通系统规划向精细化、精准化方向发展。现代城市每天产生海量庞杂、异质多元、大范围时空关联的数据，蕴含着丰富的价值信息。通过对大数据的深度挖掘，可以更准确地刻画城市综合交通系统的运行状态与演变规律,更深刻地揭示综合交通系统需求与供给间的相互作用机制。在交通需求分析方面,基于数据驱动方法研究复杂的多模式出行行为,实现多模式交通需求的动态辨识和精准预测,成为研究热点;在交通网络承载能力分析方面,基于交通网络宏观基本图的动态承载能力分析模型越来越受到国内外学者的重视。基于数据驱动方法研究复杂的多模式出行行为,发展多模式交通需求的动态辨识和预测,推动综合交通系统规划向精细化、精准化方向发展,是大幅提升城市综合交通系统规划设计水平、实现综合交通系统供需平衡和整体效能提升的有效途径。

(2) 移动互联新环境、新技术推动道路交通流调控向多模式协同、智能主动方向发展。移动互联新环境下,物联交互、系统互联技术的快速发展改变了传统道路交通数据的获取手段,推动了以车路协同、自动驾驶为主要特征的新一代道路交通系统的快速发展,同时大数据和人工智能技术的发展也为交通流基础理论和多目标交通调控理论与方法体系的重构提供了重要手段。随着智能网联车辆的持续发展、大数据和人工智能技术在交通领域的不断渗透,兼顾非机动化和机动化出行的混合交通流建模仿真与协同调控、统筹考虑智能网联和非智能网联车辆的微观交通流建模仿真和车辆(车队)控制、基于大数据和人工智能技术的道路交通时空资源问题诊断与主动调控基础理论与方法,成为新的发展趋势。

(3) 多源信息环境推动交通设计与调控从单目标优化向兼顾效率、安全及环境多目标协同优化方向发展。近年来,道路交通安全与环境污染日趋严峻,成为危害人民生命财产安全与身体健康的重要因素。道路交通系统具有高度非线性、时变、随机、不确定和强耦合等特性,导致道路交通事故风险产生机制与交通环境污染时空演变规律极其复杂,但传统交通设计与调控通常以效率为单一优化目标。多元异构交通大数据和智能网联技术为精确感知交通事故风险状态与环境污染时空分布,解析交通设计、交通流运行状态与交通事故、环境污染之间的复杂关联规律提供了前所未有的数据条件和实验研究条件,随着国家对交通安全和节能减排的日趋重视,建立多目标协同优化的交通设计与调控基础理论成为趋势。

1.2 交通状态感知和出行机理认知的演进关系

我们认为,随着交通工程和人工智能技术的融合应用,在海量的车辆轨迹数据和其他数据的支撑下,动态追溯交通流的来源和去向以及揭示隐藏在背后的出行行为意图成为可能。这将重塑智能环境下的交通工程技术方法和交通管控模式,实现由表象的交通状态感知(traffic state perception)向源头的出行机理认知(travel mechanism cognition)的演进,也契合新一代人工智能发展由感知智能向认知智能转化的大趋势[3]。

1.2.1 交通状态感知：基于断面/路段的技术路线

以交通流为对象、信息流为主线，当前智能化交通管控系统通常包括"感、辨、控、管"四个层面的功能[4]，即交通信息感知、状态辨识、信号控制、系统管理。其中，信息感知是基础，利用路侧/移动端等主被动检测设备获取交通系统中人、车、路、环境等要素的特征信息；状态辨识是关键，利用海量信息准确地识别当前交通流并预测未来交通流状况。这两个层面是进一步实施精准高效交通管控措施的前提，考虑到获取信息只是手段，由此把握状态才是目的，所以本书将其合称为交通状态感知。

当前我国大多数城市都面临着日趋严重的交通拥堵问题，如何有效治理交通拥堵是管理部门和研究人员共同关心的课题，而治堵方案的精细化水平很大程度上取决于对交通拥堵现象的感知和认知能力。现有交通拥堵识别方法多以路段为单元采集和提取交通状态信息，仅能回答"拥堵位置在哪里？程度如何？"而无法量化解析拥堵交通流的来源和去向，更无法深刻认知造成拥堵的出行行为机理及演化规律。

举个有趣的案例，2020年2月，欧洲的一位艺术家西蒙·韦克特 (Simon Weckert) 做了一场"挑战谷歌地图"的数据实验。他在柏林街头用小推车拖着99部手机闲逛，尽管道路空空，但谷歌地图显示他所经过的路段均变成拥堵路段(图1.1)。该艺术家用99部手机轻易地欺骗了谷歌地图，在空无一车的街道上人为制造了"交通拥堵"，其原因是手机导航软件难以获取和利用交通流量、轨迹等更能反映拥堵本质的信息，仅根据平均路段行驶速度判别是否拥堵，很容易产生误判现象。

图 1.1　欧洲艺术家挑战谷歌地图

https://www.simonweckert.com/googlemapshacks.html

1.2.2 出行机理认知：基于轨迹/路径的技术路线

交通流是在特定交通供给和管控措施下大量复杂个体出行的宏观涌现结果，造成交通拥堵现象的根源在于交通供需失衡，诱因是交通流状态失稳。因此，缓解交通拥堵的理想思路是一定要抓住交通的本质——出行、问题的关键——路径。出行是为一定目的、以一定方式、在一定时空范围内的位移；路径的两端是出行起讫点，路径结构基本决定了出行距离和耗时。以往限于固定断面的流量、速度和占有率等粗粒度信息，交通管控业务侧重对"流"的被动管理，即对已发生的交通流进行合理引导和控制以均衡交通负荷，但是难以兼顾对"源"的主动调控，即以出行机理解析为基础由"流"反溯至"源"的源流并控[5]。

近年来，伴随着车辆电子标识、高清视频电子警察、移动互联网、智能网联出行等技术的不断发展和深入应用，各种移动式和固定式车辆检测设备已大范围、高密度投入使用，交通信息的感知粒度越来越细，海量个体车辆轨迹和路径数据的获取成为可能，在实现城市道路交通流运行状态感知的同时，也为深刻认知出行机理进而精准实施源流并控提供了更加丰富的数据来源[6]。

在合适的数据支撑下，以路径为单元刻画机动车个体出行选择行为，经集计后测算流量和速度等交通流参数，进而挖掘交通运行状态信息，不仅可以实现交通拥堵的溯源分析，即回答"拥堵流量从哪儿来，到哪里去？"这一现实难题，还可以深度解析交通拥堵产生和演化的影响因素。

与"挑战谷歌地图"案例对比，本书提出一种基于轨迹/路径的兼顾速度和流量信息的交通拥堵溯源技术 (图 1.2)。依托我国广泛布设的视频电子警察系统，结合其他多源数据，推断每一辆车的每一次出行信息，包括起讫点、行驶路径

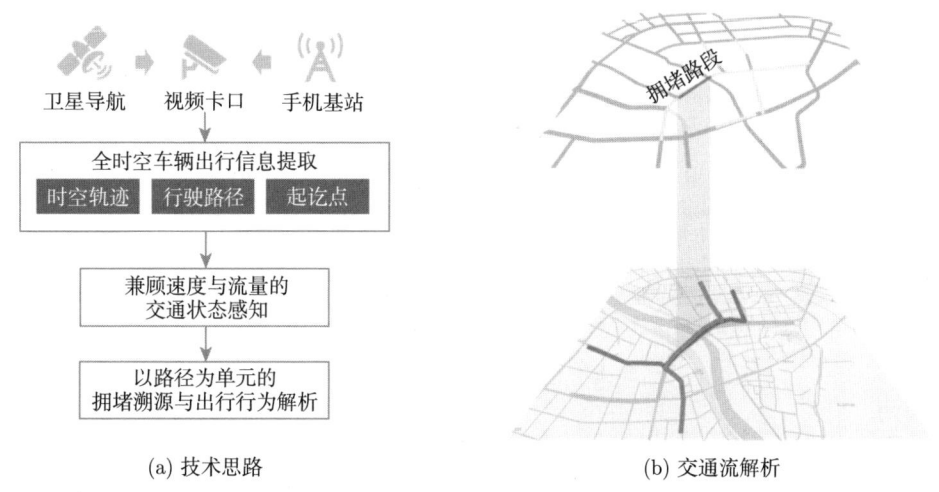

(a) 技术思路　　　　　　　　(b) 交通流解析

图 1.2　基于轨迹/路径的交通拥堵溯源技术示意

以及时空轨迹(即各时刻所处位置)等，实现全车型行驶速度和全路网交通流量的可靠估计，从根本上避免"挑战谷歌地图"实验中异常样本导致的路网运行状态误判。同时，统计分析经过拥堵路段车辆的来源与去向路径，进一步探究机动车驾驶员的出行选择行为。

1.2.3 未来拟突破的关键技术问题

在人工智能技术由感知智能向认知智能演进的新趋势下，新一代智能交通管控系统应当具备感知辨识(眼看)、认知推演(脑想)、管理控制(手抓)多层面贯通的整体功能(图 1.3)。但是，我们认为目前各层面上仍存在一些技术瓶颈：

(1) 外在表象"看不全"。多源检测数据体量大，高维表征空间数据稀，难以实现微观、局部、全局以及特殊场景下路网运行状态的精准感知，无法支撑多尺度状态可观和可测的基础要求。

(2) 内在机理"想不清"。交通系统开放扰动杂，个体出行行为差异大，难以实现道路网、公交网、轨道网等多模式交通网络的协同仿真，无法满足宏中微观多尺度、多场景交通态势推演紧密融合的现实需求。

(3) 控制逻辑"抓不准"。网络运行状态变化快，动态管控响应时间长，难以实现交通基础设施、运载工具和交通参与者等要素运行关系的协调与控制，无法支撑智能交通系统安全高效的发展目标。

针对上述技术瓶颈，围绕构建"感知—认知—管控"闭环流程的智能交通管控技术体系(图 1.3)，可重点开展以下研究：

	感知辨识	认知推演	管理控制
技术瓶颈	外在表象"看不全" 多源检测数据体量大 高维表征空间数据稀	内在机理"想不清" 交通系统开放扰动杂 个体出行行为差异大	控制逻辑"抓不准" 网络运行状态变化快 动态管控响应时间长
研究要点	▶ 路基-车基-空基多源传感器的协同感知 ▶ 异质传感器数据时空匹配与融合 ▶ 车路状态精准辨识及数字化表达	▶ 多模式交通网络的协同仿真 ▶ 宏中微观多尺度、多场景交通态势推演 ▶ 自主产权、适合国情的交通仿真系统研发	▶ 信息环境下的交通系统智能化管控 ▶ 面向车路协同的道路交通运行控制 ▶ 移动互联条件下的一体化出行服务

图 1.3　未来拟突破的关键技术

(1) 感知辨识层，重构路基–车基–空基多源传感器的协同感知机理，研究异质传感器数据的时空匹配模型与多层级融合方法，探索车路状态的精准辨识及覆盖全时空、多场景的一致性数字化表达方法。

(2) 认知推演层，集成交通模型和大数据分析优势，兼顾对机理和现象的解释、结构和功能的评价，攻克大规模交通网络多模式、多尺度、多场景一体化仿真技术，研发具有自主知识产权、适合我国国情的交通网络运行仿真系统。

(3) 管理控制层，突破面向出行本质的全过程控制与服务逻辑，升级信息环境下的交通系统智能化管控技术，探索面向车路协同的道路交通运行控制方法，提高移动互联条件下的一体化出行服务水平。

1.3 本书内容及章节结构

本书聚焦智能交通工程的感知辨识和认知推演层面 (图 1.4)，主要内容包括车辆轨迹重构、出行路径识别、出行链提取、交通状态估计与拥堵溯源、出行选择行为建模等。

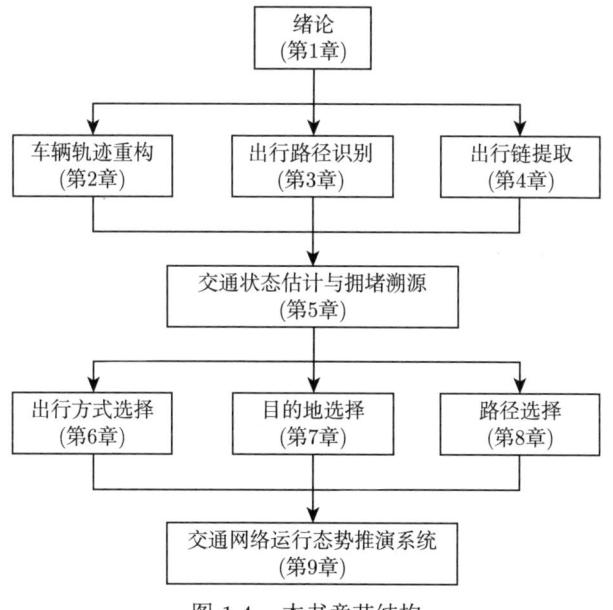

图 1.4 本书章节结构

感知辨识层面包括第 2~5 章。第 2 章介绍融合移动和固定检测器的轨迹重构算法，实现检测路段全时空车辆轨迹的精准再现；第 3 章研究车辆路径识别方法，构建基于自动车辆识别数据的行驶路径匹配模型；第 4 章建立观测序列与出行链间的映射关系，提出机动车驾驶员完整出行链推断方法；第 5 章则在前面 3 章内容的支撑下，创新了交通状态估计及拥堵溯源技术。

认知推演层面包括第 6~9 章。第 6、7、8 章分别以出行方式选择、目的地选择、路径选择三类出行行为为例，介绍了宽度学习、半监督学习等人工智能技术在出行行为机理解析中的应用，并结合实测数据对相关方法进行了全面评估。第 9 章梳理了路网运行态势推演技术，并结合项目实例介绍了智能化推演系统的开发过程与效果。

参 考 文 献

[1] 土炜, 陈峻, 过秀成, 等. 交通工程学 [M]. 3 版. 南京: 东南大学出版社, 2019.

[2] 刘攀. 交通工程学科"十四五"及中长期发展战略报告 [R]. 北京: 国家自然科学基金委员会, 2021.

[3] 刘茜, 陈建强. 新一代人工智能: 从"感知智能"向"认知智能"转化 [N]. 光明日报, 2021-05-25(9).

[4] 唐克双, 孙剑, 陈鹏. 交通与运载工程学科科学问题百问: 基于车辆轨迹和路径的城市交通精准协同管控理论与方法 [R]. 北京: 国家自然科学基金委员会, 2021.

[5] 王炜, 任刚. 城市交通网络供需平衡机理 [M]//"10000 个科学难题"交通运输科学编委会. 10000 个科学难题: 交通运输科学卷. 北京: 科学出版社, 2018.

[6] 《中国公路学报》编辑部. 中国交通工程学术研究综述·2016[J]. 中国公路学报, 2016, 29(6): 1-161.

| 第 2 章 |

数据驱动的城市快速路车辆时空轨迹重构

2.1 概　　述

如何利用可采集的线圈和浮动车等固定和移动检测器交通数据重构出符合需求的车辆时空轨迹,以便为微观交通流模型的校准和验证、出行时间估计和交通状态重建等研究领域提供可靠的数据支撑,在近年来一直是交通领域的研究热点之一。

根据轨迹重构的对象,可以将轨迹重构分为单个车辆的时空轨迹重构和全时空所有车辆的轨迹重构[1]。而根据所采用的模型,可以将现有的车辆轨迹重构方法大致分为基于交通流模型、数据驱动模型和混合模型三种[2]。对于全时空的车辆轨迹重构,更多的是基于后两种方法。

数据驱动模型在轨迹重构过程中往往忽略车辆排队、跟驰等动态模式,完全依靠轨迹数据本身特点对缺失部分进行估计,常用的方法有插值法和速度递推法。插值法是车辆轨迹重构中最简单和直观的方法,在数据缺失不多且采样点较密集的常见交通状况下可以较好地重构出完整的时空轨迹。对于单个车辆的轨迹重构,现有的研究大部分都是基于非交通流模型展开的。

混合模型的方法在数据驱动方法的基础上结合了交通流相关的知识,但没有依靠交通流模型建立轨迹重构模型,相比于非交通流模型的轨迹重构方法,混合模型通常对交通状况的变化表现出更好的鲁棒性。

基于交通流模型的方法在轨迹重构中充分考虑了交通流运行规律的影响,相比数据驱动方法能够重构出更为精确的车辆轨迹,尤其对于过渡状态和拥堵状态的交通流具有较好的鲁棒性。目前基于交通流模型的轨迹重构方法主要以 LWR (Lighthill-Whitham-Richards) 模型和 Newell (纽厄尔) 运动波模型为基础。

2.2　基于插值算法的个体车辆时空轨迹重构模型

2.2.1　GPS 轨迹定位误差修正模型

1. 几何匹配法

由于车载设备、环境等因素的影响,GPS(global positioning system,全球定位系统) 轨迹的精度受到限制,普遍是十米级。从路网上看,大部分车辆轨迹点都会不同程度地偏离行驶道路。因此，地图匹配是 GPS 轨迹数据处理过程中很重要的环节，可以将偏离的轨迹点修正到路网上，为后续研究做铺垫。

迄今为止，地图匹配的相关研究已经相当成熟，典型的代表就是隐马尔可夫地图匹配模型[3]，该模型的计算效率虽然较低，但匹配精度足够高。因为本书研究内容只涉及确定性的路段，因此考虑用最基本的几何匹配法，该方法简单易实现，计算效率高，但是精度不够，适用于确定性道路的地图匹配。方法概述如下：

(1) 确定浮动车轨迹序列。假设给定的浮动车数据序列为 $P_{\text{probe}} = (p_1, p_2, \cdots, p_i, \cdots, p_n)$，其中，$n$ 为当前车的轨迹点数量；p_i 按照时间顺序排列，包含车辆的车牌号、速度、经纬度坐标及对应的时间戳等信息。

(2) 确定候选路段集合。在 p_i 点对应的坐标下进行搜索，得到该点附近的路段集合 $S_{\text{road}} = \{s_1, s_2, \cdots, s_m\}$，其中 $m \geqslant 1$。

(3) 确定匹配点。对于点 p_i，在路段 s_j 中进行搜索，找到与该点欧氏距离最小的点，即投影点 e_i^j，得到备选点集合 $\{e_i^1, e_i^2, \cdots, e_i^m\}$。从中找出与 p_i 距离最小的点 e_i^k，即得到匹配后的轨迹点。

2. GPS 轨迹修正方法

几何匹配法误差大的很大一部分原因是有多个候选路段时，仅依据距离来度量，很容易将轨迹点匹配到错误的路段，如图 2.1 所示。根据几何匹配法，点 p 被匹配到路段 1 上，但实际车辆是沿着路段 2 行驶的，这将会严重影响后续研究。

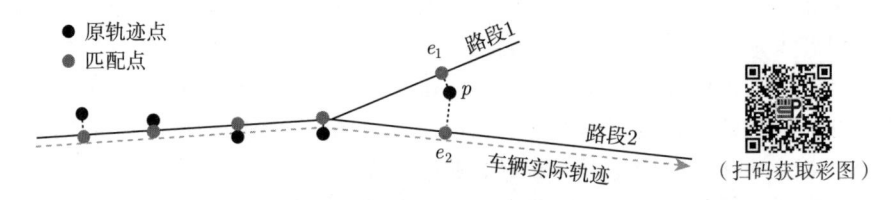

图 2.1 错误匹配结果示意

本书充分发挥多源数据的优势，利用 AVI(automatic vehicle identification, 自动车辆识别) 数据和 GPS 数据中的关联特征来限制匹配的候选道路。因为卡口 AVI 数据可以记录当前路段车辆通过该卡口的时间、速度、车牌号等信息，通过关联车牌号和时间信息，可以判断当前浮动车是否通过该路段，避免了上述几何匹配法的弊端。

3. GPS 轨迹的时空坐标转换

在得到浮动车离散的时空轨迹之前，还需要对修正后的 GPS 轨迹点进行空间变换，也就是将 GPS 经纬度坐标转换为沿道路前进方向的距离，如图 2.2 所示。考虑到两 GPS 轨迹点之间的距离远小于地球半径，本书用球面距离公式来近似计算两点距离 [4,5]。

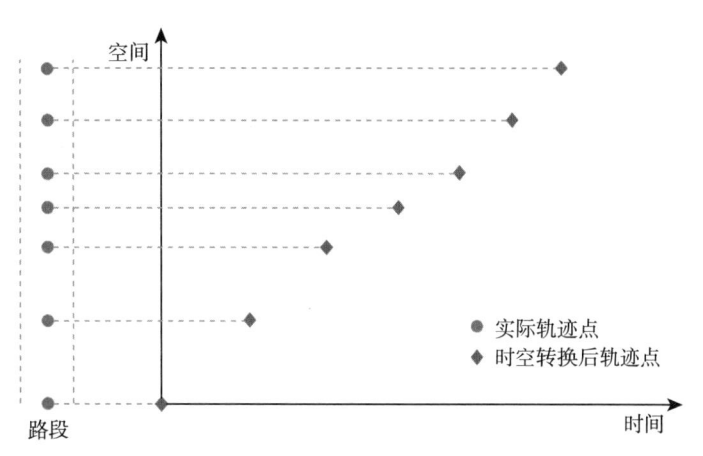

图 2.2 GPS 轨迹点时空转换

假设地球是半径为 R 的正球体，两 GPS 轨迹点的经纬度坐标分别为 $p_i = (\alpha_i, \beta_i)$, $p_j = (\alpha_j, \beta_j)$，则这两个轨迹点间的距离 d_{ij} 可以近似以下式来计算：

$$d_{ij} \approx \arccos(\sin\beta_i \cdot \sin\beta_j + \cos\beta_i \cdot \cos\beta_j \cdot \cos\Delta\alpha) \cdot R \tag{2.1}$$

式中，$\Delta\alpha = \alpha_i - \alpha_j$。事实上，球面距离计算公式是向量夹角公式与弧长公式的结合。

本书以上下游卡口的经纬度坐标为起点与终点，按上述方法可以得到每辆浮动车离散的时空轨迹，为下一步缺失段的重构提供支撑。

2.2.2 基于插值算法的个体车辆轨迹重构算法

将 GPS 轨迹进行修正与时空转换后，可以得到多个离散的浮动车时空轨迹点，根据这些离散的轨迹点就可以看出浮动车大致的时空轨迹趋势，但要推断出具体的时空轨迹还需要对轨迹点之间的缺失段进行补齐。根据以往的研究，相关学者多基于数据驱动的方法进行轨迹补齐，最常用且有效的是插值算法。

插值算法是数值分析中离散函数逼近的重要方法 [6]。在实际研究中，数据缺失是十分常见的，例如应对数据预处理中的缺失值处理，常用的方法之一就是插值法，先找到与目标值相邻的数，再从旁边找出它的更正值，按一定的关系把相邻的数加以更正，从而得到我们需要的值。

假设浮动车空间位置 x 是关于时间 t 的函数，$x(t)$ 在 $t \in [a,b]$ 上有定义。已知浮动车时空轨迹序列为 $(t_1, x_1), (t_2, x_2), \cdots, (t_n, x_n)$，若存在函数 $\tilde{x}(t)$ 满足

$$\tilde{x}(t_i) = x_i, \quad i = 1, 2, 3, \cdots, n \tag{2.2}$$

则 $\widetilde{x}(t)$ 为 $x(t)$ 的插值函数，轨迹点对应的时间序列 $t_1, t_2, \cdots, t_n$ 称为插值节点，$t \in [a, b]$ 称为插值区间。

不同的插值方法得到的结果也存在差异。结合过往研究，本书选取了几种常用的轨迹插值算法对浮动车轨迹缺失段进行补齐，并结合实际情况加以调整，通过分析重构的轨迹误差来确定最终的方法。

1. 分段线性插值

顾名思义，分段线性插值就是将每两个相邻的点用直线连接，得到一条连续的折线。它的计算过程比较简单，是最基础的插值方法之一。假设两节点分别为 (t_1, x_1) 和 (t_2, x_2)，则该段的插值函数为

$$x(t) = \frac{t - t_2}{t_1 - t_2} \cdot x_1 + \frac{t - t_1}{t_2 - t_1} \cdot x_2 \tag{2.3}$$

分段线性插值法的运算量较小，插值误差也较小，插值函数具有连续性，但是由于在已知点的斜率是不变的，所以插值结果不光滑，存在角点。这一点与车辆运行的实际情况也有出入，因为在时空坐标下，轨迹点对应的斜率代表此刻车辆的瞬时速度，而车辆的速度增减总有个过程，不可能突变。

2. 分段二次样条插值

二次样条曲线，又称抛物样条曲线，是拉格朗日多项式插值方法之一。假设有三个轨迹点 $p_1(t_1, x_1), p_2(t_2, x_2), p_3(t_3, x_3)$，二次样条插值要求存在唯一确定的抛物线通过这三个点，抛物线对应的二次多项式如下：

$$x(t) = a_1 + a_2 t + a_3 t^2, \quad 0 \leqslant t \leqslant 1 \tag{2.4}$$

式中，a_1, a_2, a_3 为抛物样条曲线参数。确定 a_1, a_2, a_3 需要满足以下三个独立条件：

(1) 曲线段以 p_1 为起始点，即当变量 $t = 0$ 时，曲线过 p_1 点：

$$x(0) = a_1 = p_1 \tag{2.5}$$

(2) 曲线段以 p_3 点为终点，即当变量 $t = 1$ 时，曲线过 p_3 点：

$$x(1) = a_1 + a_2 + a_3 = p_3 \tag{2.6}$$

(3) 当变量 $t = 0.5$ 时，曲线过 p_2 点，且 p_2 点切向量等于 $p_3 - p_1$，如图 2.3 所示。

$$x(0.5) = a_1 + 0.5 a_2 + 0.25 a_3 = p_2 \tag{2.7}$$

2.2 基于插值算法的个体车辆时空轨迹重构模型

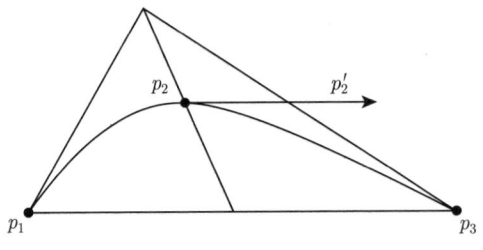

图 2.3 p_2 点切向量

联立式 (2.5)、式 (2.6) 和式 (2.7)，可以求解出三个参数

$$\begin{cases} a_1 = p_1 \\ a_2 = 4p_2 - p_3 - 3p_1 \\ a_3 = 2p_1 + 2p_3 - 4p_2 \end{cases} \tag{2.8}$$

代入式 (2.4) 中，化简后可得表达式

$$\begin{aligned} x(t) &= (2t^2 - 3t + 1)p_1 + (-4t^2 + 4t)p_2 + (2t^2 - t)p_3 \\ &= \begin{bmatrix} t^2 & t & 1 \end{bmatrix} \begin{bmatrix} 2 & -4 & 2 \\ -3 & 4 & -1 \\ 1 & 0 & 0 \end{bmatrix} \begin{bmatrix} p_1 \\ p_2 \\ p_3 \end{bmatrix} \end{aligned} \tag{2.9}$$

如果某辆车的轨迹点序列长度为 n，则按照上述方法，可以得到 $n-2$ 条抛物线段。但是插值后的轨迹曲线必须是完整连续的光滑曲线，按上述方法，每两个点之间都有两条不重合的抛物线，如图 2.4 所示。

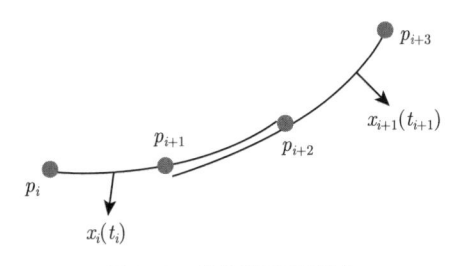

图 2.4 抛物线重叠部分

因此，在重叠部分，考虑用加权合成的方法将两曲线合成一条。在二次样条曲线中，两权函数都是简单的一次函数并且互补，可以记为 $w(T)$ 和 $1-w(T)$。则合成的曲线表达式可为

$$x(t) = w(T) \cdot x_i(t_i) + (1 - w(T)) \cdot x_{i+1}(t_{i+1}) \tag{2.10}$$

式中，$T \in [0,1]$。对于曲线重合段，有 $t_i \in [0.5, 1]$，$t_{i+1} \in [0, 0.5]$，$T \in [0,1]$。选用统一的变量 t 来表示，设 $t \in [0, 0.5]$，则有

$$T = 2t,\ t_i = t + 0.5,\ t_{i+1} = 1 - t \tag{2.11}$$

联立式 (2.9)、式 (2.11)，可得合成的曲线表达式：

$$x(t) = (-4t^3 + 4t^2 - t)p_i + (12t^3 - 10t^2 + 1)p_{i+1} + (-12t^3 + 8t^2 + t)p_{i+2} + (4t^3 - 2t^2)p_{i+3} \tag{2.12}$$

式中，$t \in [0, 0.5]$，且 $i = 1, 2, 3, \cdots, n-3$。

值得注意的是，车辆的空间位置是单调不减的。然而，采用二次样条插值有可能会导致插值点空间位置小于轨迹点的情况。因此本书考虑在二次样条插值的基础上，增加一个判断条件。即将 $t = t_i$ 时刻插值点空间坐标计算值 $x(t_i)$ 与 $x(t_{i-1})$ 进行比较，插值结果取大者，用数学语言可以表示为

$$x_i = \max\{x(t_i), x(t_{i-1})\} \tag{2.13}$$

3. 分段三次样条插值

与分段二次样条插值类似，在每个分段区间 $[t_i, t_{i+1}]$ 上，$x(t)$ 都是三次多项式。除满足插值条件之外，还要求 $x(t), x'(t), x''(t)$ 连续。假设需要重构 n 段轨迹曲线，可以将第 i 段曲线的表达式记为

$$x_i(t) = a_i + b_i t + c_i t^2 + d_i t^3 \tag{2.14}$$

则共有 $4n$ 个未知数需要求解，需要建立 $4n$ 个方程。根据插值法的特点，确定未知参数可以用以下条件：

(1) 所有已知轨迹点满足 $x(t_i) = x_i (i = 0, 1, 2, \cdots, n)$。

(2) 若 $x(t)$ 连续，则除了两个端点值，内部每一个点都满足

$$x_i(t_{i+1}) = x_{i+1}(t_{i+1}) = x_{i+1} \tag{2.15}$$

则共有 $2(n-1)$ 个方程，加上两个端点方程，共有 $2n$ 个。

(3) 若 $x'(t)$ 连续，则内部每一个点都满足

$$x_i'(t_{i+1}) = x_{i+1}'(t_{i+1}) \tag{2.16}$$

则共有 $n-1$ 个方程。

(4) 若 $x''(t)$ 连续，则内部每一个点都满足

$$x_i''(t_{i+1}) = x_{i+1}''(t_{i+1}) \tag{2.17}$$

2.2 基于插值算法的个体车辆时空轨迹重构模型

则共有 $n-1$ 个方程。

(5) 考虑三个边界条件：

自然边界，端点二阶导数为 0，即 $x''(a) = x''(b) = 0$；

固定边界，将端点一阶导数值记为 A 和 B，即 $x'_0(a) = A, x'_{n-1}(b) = B$；

非扭结边界，假设第一个插值点的三阶导数值等于左端点的三阶导数值，最后一个插值点的三阶导数值等于右端点的三阶导数值，用数学语言可以表示为

$$x'''_0(a) = x'''_1(t_1), \quad x'''_{n-1}(t_n) = x'''_{n-2}(t_{n-1}) \tag{2.18}$$

至此，可以得到 $4n$ 个方程，对所有未知参数进行求解。

同样需要注意的是，与分段二次样条插值类似，由于车辆的空间位置是单调不减的，而分段三次样条插值结果同样可能出现振荡现象，如图 2.5 所示，虚线部分表示插值结果与实际不相符的部分。

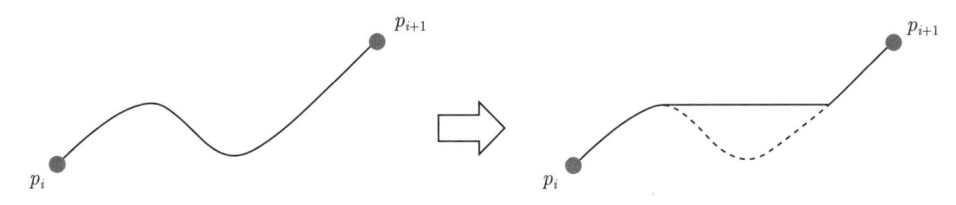

图 2.5 三次样条插值结果与实际不相符的特殊情况与调整

因此本书考虑在三次样条插值的基础上也增加一个判断条件。即将 $t = t_i$ 时刻插值点空间坐标计算值 $x(t_i)$ 与 $x(t_{i-1})$ 进行比较，并且 $x(t_i)$ 不可小于左边插值点 $x(t_{i-1})$，用数学语言可以表示为

$$x_i = \max\{x(t_i), x(t_{i-1})\} \tag{2.19}$$

4. 分段三次 Hermite 插值

分段三次 Hermite 插值与分段三次样条插值条件类似，在每个分段区间上，插值函数都是三次多项式。但是分段三次 Hermite 插值只要求在插值点处插值函数连续，插值函数的一阶导数连续。相比较之下，分段三次样条插值曲线会更加光滑，但是不能避免振荡，而分段 Hermite 插值曲线在大部分情况下可以避免振荡。对于浮动车时空轨迹序列 $(t_1, x_1), (t_2, x_2), \cdots, (t_n, x_n)$，在区间 $[t_{i-1}, t_i]$ 上需要满足以下插值条件：

$$\begin{cases} x_{i-1} = f(t_{i-1}) \\ x_i = f(t_i) \\ x'_i = f'(t_i) \\ x'_{i-1} = f'(t_{i-1}) \end{cases} \tag{2.20}$$

$f(t)$ 的表达式可以用分段三次多项式来近似表示为

$$X(t) = \begin{cases} x_1(t),\ t \in [a, t_1] \\ x_2(t),\ t \in [t_1, t_2] \\ \cdots\cdots \\ x_n(t),\ t \in [t_{n-1}, t_n] \end{cases} \tag{2.21}$$

在 Hermite 插值法中，多项式 $x_i(t)$ 可以用基函数构造如下：

$$x_i(t) = x_{i-1}\varphi_{i-1}(t) + x_i\varphi_i(t) + x'_{i-1}\phi_{i-1}(t) + x'_i\phi_i(t) \tag{2.22}$$

式中，$\varphi_{i-1}(t)$，$\varphi_i(t)$，$\phi_{i-1}(t)$，$\phi_i(t)$ 均为三次多项式，并称为三次 Hermite 插值多项式的基函数。对式 (2.22) 两边求导，可以得到

$$x'_i(t) = x_{i-1}\varphi'_{i-1}(t) + x_i\varphi'_i(t) + x'_{i-1}\phi'_{i-1}(t) + x'_i\phi'_i(t) \tag{2.23}$$

结合式 (2.20) 的插值条件可得

$$\begin{cases} \varphi_{i-1}(t_{i-1}) = 1, \varphi_i(t_{i-1}) = 0, \phi_{i-1}(t_{i-1}) = 0, \phi_i(t_{i-1}) = 0 \\ \varphi_{i-1}(t_i) = 0, \varphi_i(t_i) = 1, \phi_{i-1}(t_i) = 0, \phi_i(t_i) = 0 \\ \varphi'_{i-1}(t_{i-1}) = 0, \varphi'_i(t_{i-1}) = 0, \phi'_{i-1}(t_{i-1}) = 1, \phi'_i(t_{i-1}) = 0 \\ \varphi'_{i-1}(t_i) = 0, \varphi'_i(t_i) = 1, \phi'_{i-1}(t_i) = 1, \phi'_i(t_i) = 1 \end{cases} \tag{2.24}$$

记 $\Delta_i = t_i - t_{i-1}$，根据已知条件，可以假设基函数 $\varphi_{i-1}(t)$ 的表达式为

$$\varphi_{i-1}(t) = (ct + d)(t - t_i)^2 \tag{2.25}$$

两边求导可得

$$\varphi'_{i-1}(t) = 2(ct + d)(t - t_i) + c(t - t_i)^2 \tag{2.26}$$

联立式 (2.24)、式 (2.25) 和式 (2.26)，可以求解出 $\varphi_{i-1}(t)$ 的参数 c 和 d：

$$c = \frac{2}{\Delta_i^3},\quad d = \frac{1}{\Delta_i^2} - \frac{2t_{i-1}}{\Delta_i^3} \tag{2.27}$$

将式 (2.27) 代入式 (2.25)，最终求解出 $\varphi_{i-1}(t)$ 的表达式为

$$\varphi_{i-1}(t) = \left(\frac{2}{\Delta_i^3}t + \frac{1}{\Delta_i^2} - \frac{2t_{i-1}}{\Delta_i^3}\right)(t - t_i)^2 = \left(1 + 2\frac{t - t_{i-1}}{\Delta_i}\right) \cdot \frac{(t - t_i)^2}{\Delta_i^2} \tag{2.28}$$

同理，剩下三个基函数 $\varphi_i(t)$，$\phi_{i-1}(t)$，$\phi_i(t)$ 的表达式为

$$\begin{cases} \varphi_i(t) = \left(1 - 2\dfrac{t - t_{i-1}}{\Delta_i}\right) \cdot \dfrac{(t - t_i)^2}{\Delta_i^2} \\ \phi_{i-1}(t) = \dfrac{1}{\Delta_i^2}(t - t_{i-1})(t - t_i)^2 \\ \phi_i(t) = \dfrac{1}{\Delta_i^2}(t - t_i)(t - t_{i-1})^2 \end{cases} \quad (2.29)$$

最终，将式 (2.28)、式 (2.29) 代入式 (2.22) 中，可以得到多项式 $x_i(t)$ 的表达式：

$$\begin{aligned} x_i(t) = & \dfrac{[\Delta_i + 2(t - t_{i-1})](t - t_i)^2}{\Delta_i^3} x_{i-1} + \dfrac{[\Delta_i - 2(t - t_{i-1})](t - t_i)^2}{\Delta_i^3} x_i \\ & + \dfrac{(t - t_{i-1})(t - t_i)^2}{\Delta_i^2} x'_{i-1} + \dfrac{(t - t_i)(t - t_{i-1})^2}{\Delta_i^2} x'_i \end{aligned} \quad (2.30)$$

根据以上过程可以求出每个插值区间上的多项式表达式，进而得到最终的分段三次 Hermite 多项式表达式 $X(t)$。

分段三次 Hermite 插值只有在被插值函数在插值节点处的函数值和导数值已知时才可以使用，而这在实际问题中是无法实现的。但是对于本书研究的场景，每辆浮动车的每个轨迹点都对应记录一个瞬时速度值，该值可以近似认为是当前轨迹点对应时空函数的导数值。并且车辆的瞬时速度均大于等于零，两个轨迹点之间插值曲线的形状基本被限定，大多数情况下不会出现与三次样条插值类似的振荡现象。

2.2.3 个体车辆轨迹重构精度评价方法

为了比较不同插值方法重构轨迹的精度，本书考虑采用交叉验证的方式进行重构轨迹误差分析。误差指标采用平均绝对误差 (mean absolute error，MAE) 和均方根误差 (root mean square error，RMSE)。则

$$\text{MAE}_j = \dfrac{1}{n} \sum_{i=1}^{n} |x_i - \widehat{x}_i| \quad (2.31)$$

$$\text{RMSE}_j = \sqrt{\dfrac{1}{n} \sum_{i=1}^{n} (x_i - \widehat{x}_i)^2} \quad (2.32)$$

式中，$\widehat{x}_i$ 为第 i 个轨迹点的插值结果；$x_i - \widehat{x}_i$ 为插值结果与真实位置间的偏差 (图 2.6)。

假设一共有 m 辆浮动车,则所有车的误差可以表示为

$$\mathrm{MAE} = \frac{1}{m}\sum_{j=1}^{m}\mathrm{MAE}_j \tag{2.33}$$

$$\mathrm{RMSE} = \frac{1}{m}\sum_{j=1}^{m}\mathrm{RMSE}_j \tag{2.34}$$

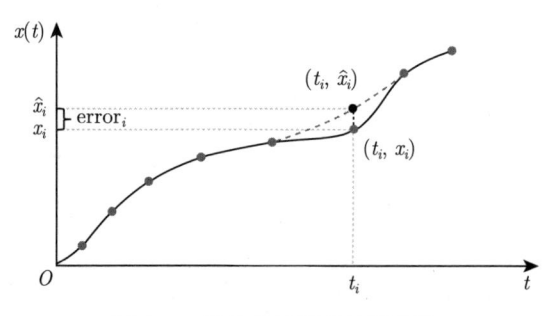

图 2.6　重构轨迹误差计算方法

2.2.4　交通流基本图及其参数提取方法

1. 三角形交通流基本图

交通流基本图 (fundamental diagram, FD) 指的是在平稳态下道路交通流的流率、速度和密度三个参数之间的函数关系的图形展现[7]。在三个参数中,速度和密度的关系是核心,如图 2.7(a) 所示,交通流速度随着密度的增大而单调减小,这可以从微观驾驶行为的角度来理解。通常来说,每个驾驶员都希望通过提高速度来降低出行的时耗。当车辆速度增大时,驾驶员需要保持足够的安全车距,而每个驾驶员的反应时间是相对稳定的,因而车辆速度越大,所需要的反应距离越大,安全车距也就越大。反映到宏观层面,交通密度较低时,平均车头间距较大,车流速度也大;反之,交通密度增大时,车头间距减小,车速随之减小,当车头间距趋于车身长度时,交通密度达到最大值 (阻塞密度),此时交通流速度趋于 0。

另外,流率 q、速度 v 和密度 k 存在恒定关系 $q = kv$,利用该关系式可以推导出流率-密度关系曲线的大致形式。假定交通密度趋于 0 时,速度达到最大值,称该速度为自由流速度,记为 $v(k=0) = v_\mathrm{f}$;交通密度达到阻塞密度 k_j 时,速度接近 0,记为 $v(k=k_\mathrm{j}) = 0$。

(1) $q = kv$ 可以写为 $q(k) = k \cdot v(k)$,根据边界条件可得,$q(0) = v(0) \cdot 0 = 0$,$q(k_\mathrm{j}) = v(k_\mathrm{j}) \cdot k_\mathrm{j} = 0 \cdot k_\mathrm{j} = 0$,即 $q(k)$ 曲线端点均为零值。

2.2 基于插值算法的个体车辆时空轨迹重构模型

(2) 求 $q(k)$ 的一阶导数可得 $q'(k) = v'(k)k + v(k)$，代入边界条件得到 $q'(0) = v'(0) \cdot 0 + v(0) = v_f > 0$，$q'(k_j) = v'(k_j) \cdot k_j + v(k_j) = v'(k_j) \cdot k_j < 0$，因此 $q(k)$ 曲线在左端点处单调增，在右端点处单调减。

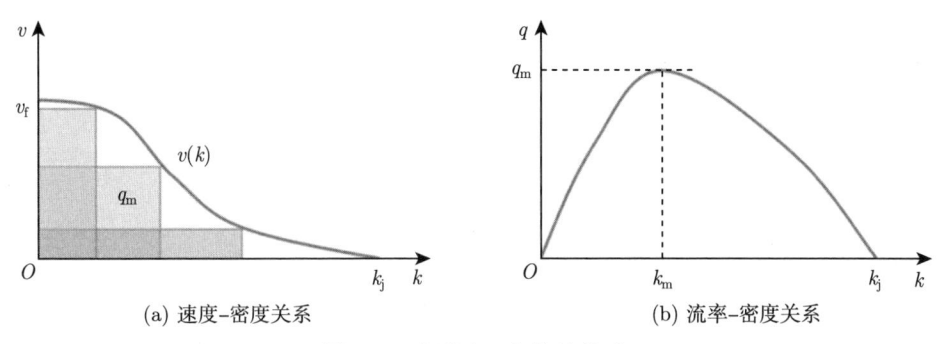

(a) 速度-密度关系

(b) 流率-密度关系

图 2.7 交通流三参数的关系

(3) 结合图 2.7(a)，流率 q 可以表示为 $v(k)$ 曲线上某一点横纵坐标的乘积，即点对应的矩形的面积，并且随着密度 k 从 0 变化到 k_j，该面积先增大达到某一极值后又减小。将极值对应的流率记为 q_m，对应的密度记为 k_m，称为最佳密度。

结合以上三点，可以得到如图 2.7(b) 所示的流率-密度曲线。通常，密度小于 k_m 对应区间的交通流为非拥挤状态，密度大于 k_m 对应区间的交通流为拥挤状态。在交通流基本图形式中，连续型基本图是最常见的，典型的模型有 Greenshields 模型、Greenberg 模型、Underwood 模型和 Newell 模型等。此外，还有一种常用的多段式基本图——直线式基本图，因为它的流率-密度曲线与坐标轴围成三角形，所以它也被称为三角形基本图，如图 2.8 所示。

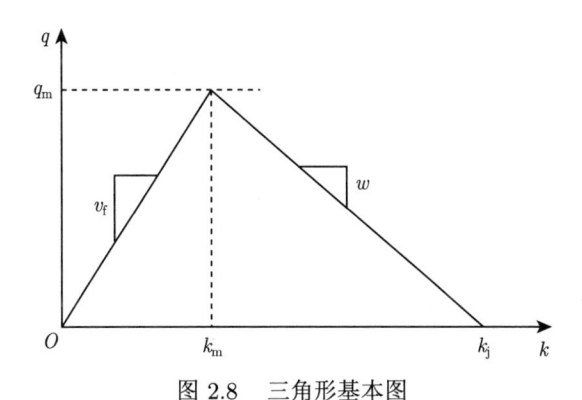

图 2.8 三角形基本图

在非拥挤状态下，交通流具有恒定的速度 v_f，流率线性增加直至最大值 (通行能力)；当密度大于最佳密度 k_m 时，交通流处于拥挤状态，流率线性减小。三角形基本图的流率–密度表达式如下：

$$q(k) = \begin{cases} v_\mathrm{f} k, & 0 \leqslant k < k_\mathrm{m} \\ w(k_\mathrm{j} - k), & k_\mathrm{m} \leqslant k < k_\mathrm{j} \end{cases} \tag{2.35}$$

式中，w 为交通流激波波速，与交通流前进方向相逆。结合 $q = kv$，可以得到速度–密度表达式：

$$v(k) = \begin{cases} v_\mathrm{f}, & 0 \leqslant k < k_\mathrm{m} \\ w\left(\dfrac{k_\mathrm{j}}{k} - 1\right), & k_\mathrm{m} \leqslant k < k_\mathrm{j} \end{cases} \tag{2.36}$$

2. 交通流基本图参数提取

在路段交通条件稳定的情况下，浮动车的时空轨迹与其他车辆的时空轨迹具有一定的相似性，因此本书考虑利用重构的浮动车轨迹来估算研究路段的交通流基本图参数。

(1) 自由流速度提取。自由流速度 v_f 指的是在道路上不受其他车辆干扰，并且由驾驶员主观意愿自由选择的行驶速度。本书考虑利用平峰时刻通过目标路段的浮动车轨迹来估计 v_f，具体方法如下。

假定在某平峰时段共有 n 辆浮动车通过该路段，其中第 i 辆浮动车的轨迹经插值后如图 2.9 所示。从车辆进入路段的起始时刻开始，以步长 Δt 为窗口向右平滑，对于第 j 个窗口，对应的瞬时速度可以近似计算为

$$v_j = \dfrac{\Delta x}{\Delta t} \tag{2.37}$$

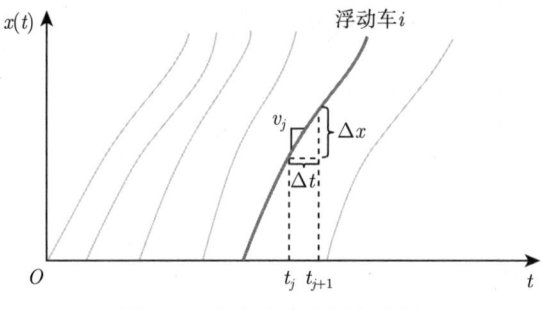

图 2.9　自由流速度提取过程

由此可以得到浮动车 i 在整个路段上速度的分布情况，根据帕累托法则[8]，本书取 80% 分位的速度作为根据车辆 i 估算的自由流速度，记为 $v_{i-80\mathrm{th}}$。重复上

2.2 基于插值算法的个体车辆时空轨迹重构模型

述过程，可以得到每辆浮动车自由流速度的估计值，那么该路段的自由流速度可以近似计算为

$$v_{\text{f}} = \frac{1}{n}\sum_{i=1}^{n} v_{i-80\text{th}} \tag{2.38}$$

(2) 交通流激波波速提取。交通流激波指的是在拥挤乃至阻塞状态下与车流前进方向相反的波，类似于管道内的水流突然受阻时的后涌现象。本书试图从多辆浮动车时空轨迹中拥堵发生处来拟合交通流激波，但是这种方法条件比较苛刻，就是浮动车时空轨迹图中必须要有拥挤状态乃至阻塞状态的产生，具体的研究思路如图 2.10 所示。

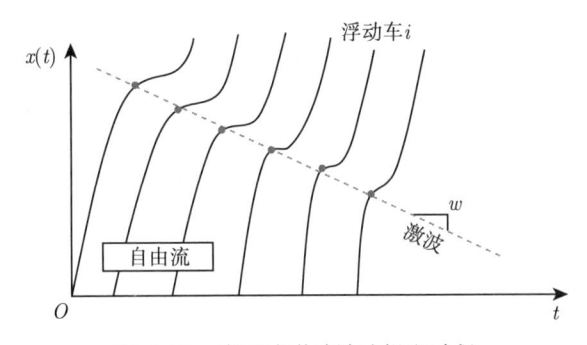

图 2.10 交通流激波波速提取过程

从各条浮动车时空轨迹图上找到进入拥挤状态的拐点，用这些拐点来拟合出交通流激波，对应拟合直线的斜率代表波速大小。由于交通发生拥挤状态时并不一定会产生阻塞，因此本书以阻塞状态下浮动车时空轨迹的拐点来拟合交通流激波。

(3) 阻塞密度计算。在已知自由流速度 v_{f} 和交通流激波波速 w 的情况下，要计算阻塞密度 k_{j}，还需要得到道路的饱和流率 q_{m}。借鉴《道路通行能力手册》(HCM 2010) 关于快速路基本通行能力的描述，不同设计车速的快速路基本通行能力如表 2.1 所示。

表 2.1 快速路不同设计车速的一条车道基本通行能力

设计车速/(km/h)	基本通行能力/(pcu/h)
100	2200
80	2100
60	1800

注：pcu, passenger car unit, 小客车单位。

基本通行能力描述的是道路和交通都处于理想条件下，标准车以最小的车头

间距连续行驶的理想交通流,在单位时间内通过道路断面的最大车辆数[9]。因此,本书考虑饱和流率 q_m 取基本通行能力。那么根据三角形基本图的特点,阻塞密度 k_j 可以计算为

$$k_j = k_m \frac{v_f + w}{w} = \frac{q_m}{v_f} \cdot \frac{v_f + w}{w} \tag{2.39}$$

式中,k_m 为车流达到饱和流率时对应的最佳密度。

2.3 基于运动波理论的全时空车辆轨迹重构模型

1955 年,Lighthill 和 Whitham[10] 首次将流体运动学理论应用于交通领域,交通流宏观连续模型就此诞生。1956 年,Richards 也提出了类似的交通流理论,因此,该模型也被称为 LWR 模型,又称为一阶连续模型。在 LWR 模型中,交通流被视为由车辆构成的流体,他们应用流体动力学的研究方法建立了交通流速度和密度的偏微分方程,来表征交通流的动力学特性。

Newell 于 1993 年提出,LWR 运动波模型可基于交通流三角形基本图进行简化[11]。Daganzo 基于变分理论提出任一位置的累计流量的计算方法[12],为全时空轨迹重构提供了理论基础。

2.3.1 Newell 运动波模型的特性

假设有一均质路段,长度为 l,交通流特征符合三角形基本图。路段的上游端口和下游端口各设置了检测器,用于记录过车数据。以 $t=0$ 为初始时刻,此时 $x=l$ 处的车辆为参考车。下文中用到的关键变量及对应含义如表 2.2 所示。为方便计算,假设 $N(x,t)$ 在几何上是光滑曲面,即 $N(x,t)$ 关于 x 和 t 可微。

表 2.2 变量及对应含义

变量	含义
l	路段长度
$N(x,t)$	t 时刻,x 位置的累计流量
$U(t)$	$[0,t]$ 时段路段上游卡口通过的累计车辆数
$D(t)$	$[0,t]$ 时段路段下游卡口通过的累计车辆数
N_0	$t=0$ 时刻路段内初始车辆数
v_f	路段自由流速度
w	拥挤状态下交通流激波波速
k_j	阻塞密度
k_m	最佳密度
e_i	车辆 i 经过上游卡口的时间
d_i	车辆 i 经过下游卡口的时间
$x_i(t)$	t 时刻车辆 i 的位置
$\delta_i(t)$	t 时刻车辆 i 的顺序
Δt	重构车辆轨迹的时间步长

2.3 基于运动波理论的全时空车辆轨迹重构模型

很显然，对任意时刻 t，$N(x,t)$、$U(t)$ 和 $D(t)$ 都是单调不减的。用 $N_{\mathrm{f}}(x,t)$ 表示非拥挤状态下的累计流量，用 $N_{\mathrm{c}}(x,t)$ 表示拥挤状态下的累计流量，$N(x,t)$ 可以表示为

$$N(x,t) = \min\{N_{\mathrm{f}}(x,t), N_{\mathrm{c}}(x,t)\} \tag{2.40}$$

结合交通流基本图，容易得到

$$-k_{\mathrm{j}} \leqslant \frac{\partial N_{\mathrm{c}}(x,t)}{\partial x} \leqslant -k_{\mathrm{m}} \leqslant \frac{\partial N_{\mathrm{f}}(x,t)}{\partial x} \leqslant 0 \tag{2.41}$$

根据式 (2.40) 和式 (2.41)，对于任意时刻 t，在几何上累计流量 N 关于 x 的图像应当为 $N_{\mathrm{f}}(x)$ 和 $N_{\mathrm{c}}(x)$ 曲线叠加后取下方的部分，两曲线交界于某段位置 $[x_1, x_2]$ 处（$x_1 = x_2$ 时两曲线交于一点），且对应的斜率为临界值 $-k_{\mathrm{m}}$，如图 2.11 所示。整个路段实际上可以被划分为三段[13]：

当 $x \in [0, x_1)$ 时，$N(x,t) = N_{\mathrm{f}}(x,t) < N_{\mathrm{c}}(x,t)$，交通流处于非拥挤状态；

当 $x \in [x_1, x_2]$ 时，$N(x,t) = N_{\mathrm{f}}(x,t) = N_{\mathrm{c}}(x,t)$，交通流处于临界状态，此时流率达到最大值；

当 $x \in [x_2, l]$ 时，$N(x,t) = N_{\mathrm{c}}(x,t) < N_{\mathrm{f}}(x,t)$，交通流处于拥挤状态。

考虑极端情况下，当 $x_1 = x_2 = 0$ 时，$N(x,t) = N_{\mathrm{c}}(x,t)$，整个道路交通流均为拥挤状态；当 $x_1 = x_2 = l$ 时，$N(x,t) = N_{\mathrm{f}}(x,t)$，整个道路交通流处于非拥挤状态。

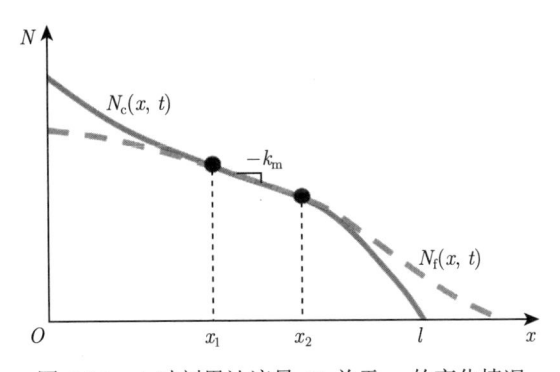

图 2.11 t 时刻累计流量 N 关于 x 的变化情况

将 $x_{\mathrm{f}}(n,t)$ 和 $x_{\mathrm{c}}(n,t)$ 记为 $N_{\mathrm{f}}(x,t)$ 和 $N_{\mathrm{c}}(x,t)$ 的反函数，则有

$$N_{\mathrm{f}}(x_{\mathrm{f}}(n,t),t) = U\left(t - \frac{x_{\mathrm{f}}(n,t)}{v_{\mathrm{f}}}\right) + N_0 = n \tag{2.42}$$

$$N_{\mathrm{c}}(x_{\mathrm{c}}(n,t),t) = D\left(t - \frac{l - x_{\mathrm{c}}(n,t)}{w}\right) + [l - x_{\mathrm{c}}(n,t)]k_{\mathrm{j}} = n \tag{2.43}$$

结合图 2.11 将路段分成三段来分析：

当 $x \in [0, x_1)$ 时，$N(x,t) = N_f(x,t) < N_c(x,t)$ 且 $x_f(n,t) < x_c(n,t)$，则有 $n = N(x(n,t),t) = N_f(x_f(n,t),t)$，故 $x(n,t) = x_f(n,t)$，即对于这部分路段，满足 $x(n,t) = \min\{x_f(n,t), x_c(n,t)\}$；

当 $x \in [x_1, x_2)$ 时，$N(x,t) = N_f(x,t) = N_c(x,t)$ 且 $x_f(n,t) = x_c(n,t)$，则有 $n = N(x(n,t),t) = N_f(x_f(n,t),t) = N_c(x_c(n,t),t)$，故 $x(n,t) = x_f(n,t) = x_c(n,t)$，该部分路段同样满足 $x(n,t) = \min\{x_f(n,t), x_c(n,t)\}$；

当 $x \in [x_2, l]$ 时，$N(x,t) = N_c(x,t) < N_f(x,t)$ 且 $x_f(n,t) > x_c(n,t)$，则有 $n = N(x(n,t),t) = N_c(x_c(n,t),t)$，故 $x(n,t) = x_c(n,t)$，即对于这部分路段，满足 $x(n,t) = \min\{x_f(n,t), x_c(n,t)\}$。

综上所述，对于 $N(x,t)$ 的反函数 $x(n,t)$，式 (2.40) 的形式同样适用，即

$$x(n,t) = \min\{x_f(n,t), x_c(n,t)\} \tag{2.44}$$

2.3.2 考虑车辆顺序的 Newell 运动波模型

已知参考车为 $t = 0$ 时，$x = l$ 处的车辆。用 $\delta_i(t)$ 表示 t 时刻车辆 i 的顺序，对应时刻的车辆位置为 $x_i(t)$，则事实上 $\delta_i(t)$ 等同于 $[0,t]$ 时段内，$x = x_i(t)$ 处的累计流量，即

$$\delta_i(t) = N(x_i(t), t) \tag{2.45}$$

考虑 $x(n,t)$ 为 $N(x,t)$ 的反函数，则有

$$x_i(t) = x(\delta_i(t), t) \tag{2.46}$$

用 $x_i^f(t)$ 和 $x_i^c(t)$ 表示 $N_f(x,t)$ 和 $N_c(x,t)$ 的反函数，则联立式 (2.42) 和式 (2.43)，式 (2.45) 可以写成

$$N_f(x_i^f(t), t) = U\left(t - \frac{x_i^f(t)}{v_f}\right) + N_0 = \delta_i(t) \tag{2.47}$$

$$N_c(x_i^c(t), t) = D\left(t - \frac{l - x_i^c(t)}{w}\right) + [l - x_i^c(t)]k_j = \delta_i(t) \tag{2.48}$$

同样，式 (2.46) 可以写为

$$x_i^f(t) = x_f(\delta_i(t), t) \tag{2.49}$$

$$x_i^c(t) = x_c(\delta_i(t), t) \tag{2.50}$$

则可得

$$x_i(t) = \min\{x_i^f(t), x_i^c(t)\} \tag{2.51}$$

由式 (2.51) 可知，在已知交通流基本图参数的情况下，要求得交通流中任一车辆 i 在任一时刻 t 的位置 $x_i(t)$，等同于计算任一时刻 t 车辆 i 的顺序 $\delta_i(t)$，通过比较拥挤和非拥挤情况下的车辆位置即可得到最终结果。

在实际的道路交通流中，车辆的换道、超车行为是普遍存在的。由于本书只研究沿道路前进方向的位置变化，故对车辆的换道行为不展开研究，只考虑车辆在车流前进方向上的顺序变化。用 e_i 和 d_i 分别表示车辆进入道路上游和离开下游的时间，则当 $\delta_i(t) = \delta_i(e_i) = \delta_i(d_i)$ 时，表明车辆 i 在通过该路段时没有被超越或者超越其他车辆，也可能超越该车的车辆数和该车辆超越的车辆数相等，但是这种情况对于路段较短的情况比较特殊，本书不作考虑。

根据以上分析，可以用变量 C_i 来表示车辆 i 通过该路段时顺序的变化量，即

$$C_i = \delta_i(d_i) - \delta_i(e_i) \tag{2.52}$$

当 $C_i > 0$ 时，车辆通过该路段时被 C_i 辆车超越；当 $C_i = 0$ 时，车辆通过该路段时顺序没有变化；当 $C_i < 0$ 时，车辆通过该路段时超越了 C_i 辆车。

考虑较一般的情况，对于车辆 i 和车辆 j，在时段 $[t_1, t_2]$ 内，若 $\delta_i(t_1) < \delta_j(t_1)$，$\delta_i(t_2) > \delta_j(t_2)$，则表明在该时段内车辆 i 被车辆 j 超越了，在空间上表现为 $x_i(t_1) > x_j(t_1)$，$x_i(t_2) < x_j(t_2)$。因此，C_i 和 $\delta_i(t)$ 可以用于刻画车辆的超车行为。

当交通流运行稳定时，可以对 $\delta_i(t)$ 随时间的变化进行简化，本书考虑用线性模型来表示 $\delta_i(t)$，即

$$\delta_i(t) = \alpha_i t + \beta_i \tag{2.53}$$

当 $t = e_i$ 时

$$\delta_i(e_i) = N(x_i(e_i), e_i) = N(0, e_i) = U(e_i) + N_0 \tag{2.54}$$

当 $t = d_i$ 时

$$\delta_i(d_i) = N(x_i(d_i), d_i) = N(l, d_i) = D(d_i) \tag{2.55}$$

根据线性函数斜率计算公式，可以得到

$$\alpha_i = \frac{\delta_i(d_i) - \delta_i(e_i)}{d_i - e_i} = \frac{C_i}{d_i - e_i} \tag{2.56}$$

$$\beta_i = N_0 + U(e_i) - \frac{C_i \cdot e_i}{d_i - e_i} \tag{2.57}$$

则化简后 $\delta_i(t)$ 的表达式为

$$\delta_i(t) = \frac{C_i}{d_i - e_i}(t - e_i) + N_0 + U(e_i) \tag{2.58}$$

2.3.3 考虑超车行为的车辆时空轨迹重构算法

如图 2.12 所示,假设有一均质路段,长度为 l,路段上下游均设有车辆身份识别卡口用于记录过车数据。交通流稳定且交通特征符合三角形基本图模式。交通流中浮动车的时空位置可以采集并经过修复得到,而其他车辆的时空轨迹则是需要重构的对象。

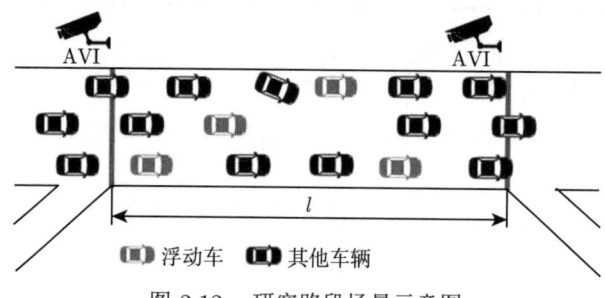

图 2.12 研究路段场景示意图

重构车辆时空轨迹相当于求得任一时刻 t 交通流中任一车辆 i 位置 $x_i(t)$。因为时间 t 是连续变量,则 $x_i(t)$ 也是连续的,当计算 $x_i(t)$ 的时间步长 Δt 足够小时,$x_i(t)$ 可以近似认为是车辆 i 的时空轨迹。在计算 $x_i(t)$ 之前,需要先求得以下参数:

(1) 交通流基本图参数 v_f, k_j 和 w;
(2) $t = 0$ 时刻路段内部初始车辆数 N_0;
(3) 路段上下游卡口累计流量关于时间的函数 $U(t)$ 和 $D(t)$;
(4) 任一时刻 t 车辆 i 的顺序 $\delta_i(t)$。

本书考虑用每辆车通过上下游卡口时,对应累计流量差的平均值 n_0 来估计 $t = 0$ 时刻路段内部初始车辆数 N_0,即

$$N_0 \approx n_0 = \frac{\sum_{i}^{m}[D(d_i) - U(e_i)]}{m} \tag{2.59}$$

式中,m 为通过上下游卡口且均被记录数据的车辆数。

路段上下游卡口累计流量函数 $U(t)$ 和 $D(t)$ 实际上是分段函数,因为函数值对应的是车辆数,均为整数。为了方便计算,将 $U(t)$ 和 $D(t)$ 用分段线性插值方法进行连续化处理,转换为分段线性函数,使得每个时刻 t 都能对应一个函数值,如图 2.13 所示,$D(t)$ 与 $U(t)$ 的处理方法相同。

图 2.13　$U(t)$ 的分段线性化处理

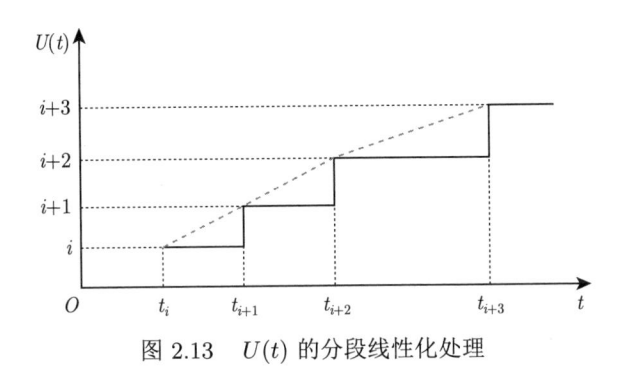

任一时刻 t 车辆 i 的顺序 $\delta_i(t)$ 可以由式 (2.58) 计算得到，联立式 (2.47)、式 (2.48) 即可求解出交通流非拥挤和拥挤状态下对应的位置 $x_i^f(t)$ 和 $x_i^c(t)$，比较后可得最终的位置 $x_i(t)$。

综合上述分析，在得到初始参数 v_f, k_j, w 和函数 $U(t), D(t)$ 后，车辆时空轨迹重构的算法步骤如下：

步骤 1　计算车辆 i 通过路段时顺序的变化量 C_i。

步骤 2　将车辆 i 进入和离开路段的时间区间 $[e_i, d_i]$ 以步长 $\Delta t = 0.1\text{s}$ 划分。

步骤 3　计算 $t = \mu\Delta t$ 时的顺序 $\delta_i(t)$：

$$\delta_i(\mu\Delta t) = \frac{C_i}{d_i - e_i}(\mu\Delta t - e_i) + N_0 + U(e_i) \tag{2.60}$$

式中，$t = \mu\Delta t \in [e_i, d_i]$。

步骤 4　当 $t = \mu\Delta t$ 时，计算在非拥挤情况下，车辆 i 的位置 $x_i^f(t)$：

已知 $N_f(x_i^f(t), t) = U\left(t - \dfrac{x_i^f(t)}{v_f}\right) + N_0 = \delta_i(t)$，则

$$x_i^f(\mu\Delta t) = v_f\left\{\mu\Delta t - U^{-1}[\delta_i(\mu\Delta t) - N_0]\right\} \tag{2.61}$$

式中，$U^{-1}(t)$ 为 $U(t)$ 的逆函数。

步骤 5　当 $t = \mu\Delta t$ 时，计算在拥挤情况下，车辆 i 的位置 $x_i^c(t)$：

已知 $N_c(x_i^c(t), t) = D\left(t - \dfrac{l - x_i^c(t)}{w}\right) + [l - x_i^c(t)]k_j = \delta_i(t)$，$x_i^c(t)$ 的表达式不能直接求得，可以将该式转化为函数方程：

$$D\left(t - \frac{l - x_i^c(\mu\Delta t)}{w}\right) + [l - x_i^c(\mu\Delta t)]k_j - \delta_i(\mu\Delta t) = 0 \tag{2.62}$$

式中，唯一未知数 $x_i^c(\mu\Delta t)$ 可以由二分法、牛顿法、梯度法等近似求解。

步骤 6 比较 $x_i^{\mathrm{f}}(\mu\Delta t)$ 和 $x_i^{\mathrm{c}}(\mu\Delta t)$ 大小，取小者作为 $t = \mu\Delta t$ 时车辆 i 的估计位置。因为不确定 $x_i^{\mathrm{f}}(\mu\Delta t)$ 和 $x_i^{\mathrm{c}}(\mu\Delta t)$ 的单调性，所以增加约束，将 $x_i(\mu\Delta t)$ 与上一个估计值比较，取较大者，以满足 $x_i(t)$ 单调不减：

$$x_i(\mu\Delta t) = \max\left\{\min\left\{x_i^{\mathrm{f}}(\mu\Delta t), x_i^{\mathrm{c}}(\mu\Delta t)\right\}, x_i((\mu-1)\Delta t)\right\} \tag{2.63}$$

步骤 7 返回步骤 3，计算 $t = \mu\Delta t + \Delta t$ 时刻的 $\delta_i(t)$、$x_i^{\mathrm{f}}(t)$ 和 $x_i^{\mathrm{c}}(t)$，直到 $t + \Delta t \geqslant d_i$。此时，可以得到车辆 i 以 $\Delta t = 0.1\mathrm{s}$ 为时间间隔的位置序列：$x_i(e_i), x_i(e_i + \Delta t), x_i(e_i + 2\Delta t), \cdots, x_i(d_i)$。

2.3.4 基于数据融合的车辆时空轨迹重构框架

根据轨迹重构算法，可以得到通过两个卡口的所有车辆的时空轨迹序列，在时空图上可以清楚地展现交通状态的演变。本书所用到的数据融合方法主要在于数据层面和特征层面的融合。具体而言，借助车辆 GPS 轨迹数据与路网 GIS(geographical information system, 地理信息系统) 数据进行地图匹配是数据层面的融合，而根据匹配后的 GPS 轨迹数据和 AVI 数据估计出交通流基本图参数作为其他车辆轨迹重构算法的输入条件则为特征层面的融合。具体的车辆时空轨迹重构框架如图 2.14 所示。

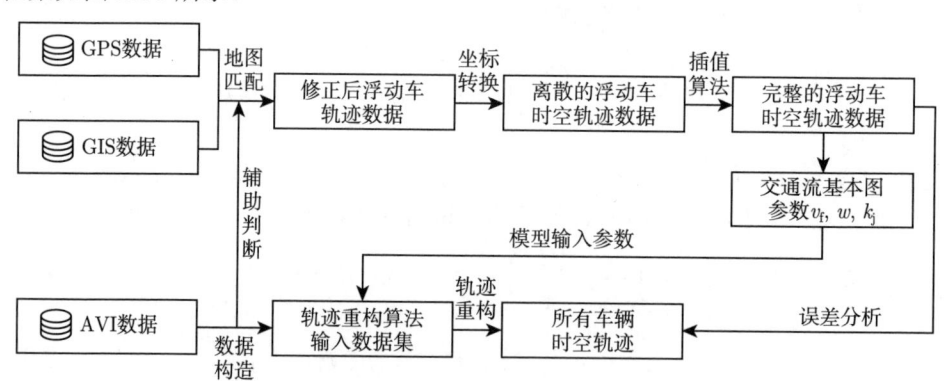

图 2.14 基于数据融合的车辆时空轨迹重构框架

2.3.5 全时空车辆轨迹重构精度评价方法

由于 AVI 数据只记录了车辆到达和离开上下游卡口的时间，因此在路段内车辆的运行情况是未知的。根据国内外以往的研究，应用比较多的轨迹重构精度评价方法是根据车辆在路段的出行时间误差来分析的。本书提出的方法将出行时间拆分成以 $\Delta t(0.1\mathrm{s})$ 为步长的多个时间区间重构车辆轨迹。只要车辆实际运行满足基本图假设 (实际行驶速度不超过自由流速度 v_{f})，得到的车辆出行时间预测结果和实际情况是一致的。因此，用出行时间误差来评价轨迹重构精度并不完全适用。

2.3 基于运动波理论的全时空车辆轨迹重构模型

本书利用浮动车 GPS 数据集和卡口 AVI 数据集的关联性，考虑用重构得到的浮动车轨迹来进行轨迹重构精度的评价。比较直观的方法就是用平均绝对误差 (MAE) 和均方根误差 (RMSE)，即比较每个时刻 t 对应的浮动车 i 的真实位置和预测位置之差。

$$\text{MAE}_i = \frac{1}{n} \sum_{\mu=e_i/\Delta t}^{d_i/\Delta t} |x_i(\mu \Delta t) - \widehat{x}_i(\mu \Delta t)| \tag{2.64}$$

$$\text{RMSE}_i = \sqrt{\frac{1}{n} \sum_{\mu=e_i/\Delta t}^{d_i/\Delta t} |x_i(\mu \Delta t) - \widehat{x}_i(\mu \Delta t)|^2} \tag{2.65}$$

式中，$n = \dfrac{d_i - e_i}{\Delta t}$；$x_i(t)$ 为 t 时刻车辆 i 的实际位置；$\widehat{x}_i(t)$ 为 t 时刻车辆 i 的预测位置。

此外，重构轨迹误差还可用相对误差来表示。如图 2.15 所示，记 S_{i1} 为浮动车 i 实际轨迹围成的面积，S_{i2} 为实际轨迹与重构轨迹围成的面积，那么相对误差可以用两部分的面积之比来表示：

$$\text{error}_i = \frac{S_{i2}}{S_{i1}} = \frac{\int_{e_i}^{d_i} |x_i(t) - \widehat{x}_i(t)| \, \mathrm{d}t}{\int_{e_i}^{d_i} x_i(t) \mathrm{d}t} \approx \frac{\sum\limits_{\mu=e_i/\Delta t}^{d_i/\Delta t} |x_i(\mu \Delta t) - \widehat{x}_i(\mu \Delta t)|}{\sum\limits_{\mu=e_i/\Delta t}^{d_i/\Delta t} x_i(\mu \Delta t)} \tag{2.66}$$

因为本书所取 $\Delta t = 0.1\text{s}$ 足够小，所以可以近似认为 $x_i(t)$ 和 $\widehat{x}_i(t)$ 围成的面积是以 Δt 为宽的多个矩形面积之和，可以作为积分的近似计算。

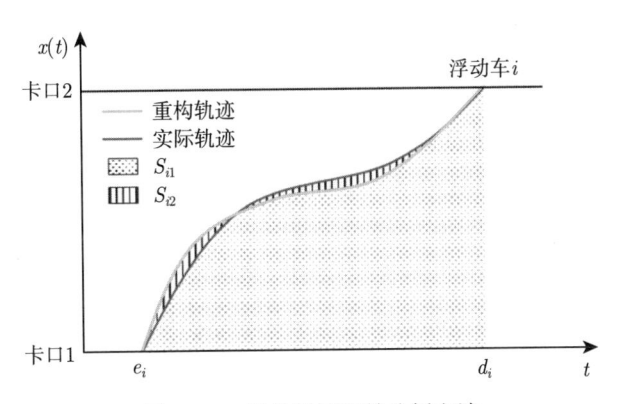

图 2.15　重构轨迹误差分析方法

2.4 案例分析

2.4.1 案例背景及数据准备

1. 案例背景

深圳机场南路位于深圳市宝安区宝安航城街道，是深圳宝安国际机场、深圳机场客运码头连接城市道路网的重要快速主干道，西起领航路，东至机场宝安立交 (图 2.16)。路段全长约 4.552km。道路主车道为双向六车道，辅道双向四车道，中间设有高架，长约 2km，道路全程最高限速 80km/h。

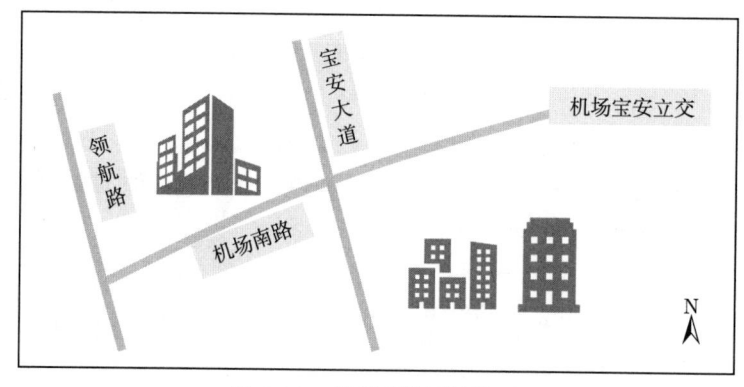

图 2.16　机场南路周边情况

本书的研究路段选取机场南路由西向东方向的高架路段，如图 2.17 所示。路段在机场南路机场人行天桥与下角山人行天桥之间，两天桥均设有车辆身份识别监控摄像头，记录由西向东的过车数据。其中，编号 3 和 4 分别为快速路段的出

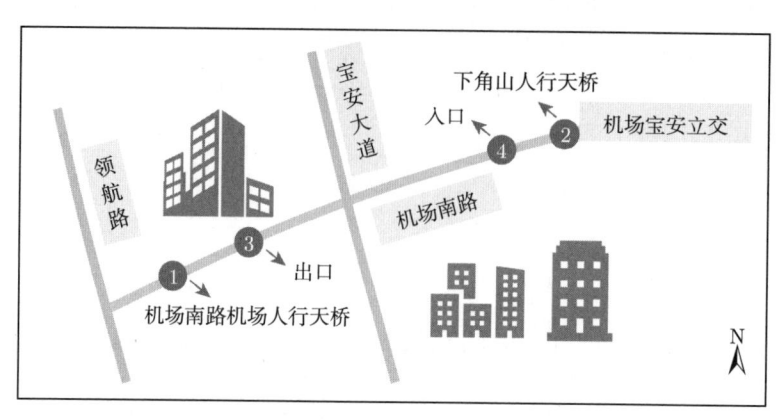

图 2.17　研究路段情况

2.4 案例分析

口和入口,出口距离上游卡口约 600m,入口距离上游卡口约 1700m,编号 3 和 4 之间路段为高架。

2. 数据准备

本书选取深圳市 2016 年 9 月 1 日晚高峰时段出租车 GPS 数据和 AVI 数据作为基础数据。目标路段部分路网数据从 OpenStreetMap (OSM) 开源地图上下载。得到的路段部分 GIS 数据如图 2.18 所示,路段具体长度在 GIS 中可以求出,为 1990m。

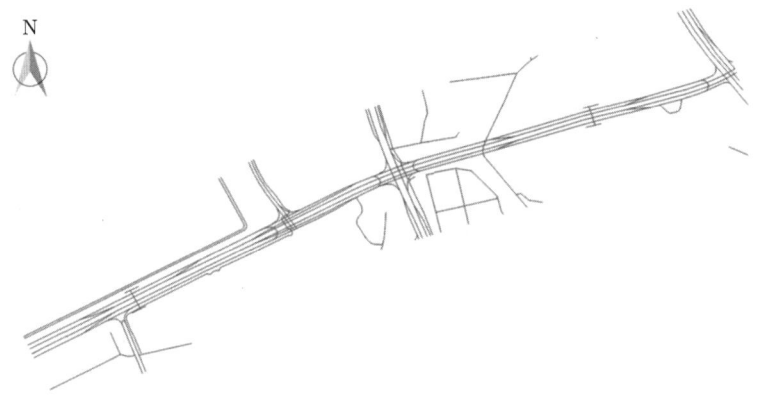

图 2.18 研究路段 GIS 数据

研究路段上下游卡口信息如表 2.3 所示。

表 2.3 机场南路研究路段上下游卡口信息

卡口名称	经度/(°E)	纬度/(°N)	ID
机场人行天桥西往东	113.824647	22.614894	20507302
下角山人行天桥东侧西往东	113.844703	22.622033	20507303

根据一般的通勤时间,将晚高峰时段定为 17:30~19:30。获取该时段内通过目标路段的浮动车 GPS 数据和 AVI 数据的方法如下:

(1) 以卡口 ID 为条件,筛选 17:30~19:30 内连续通过上下游卡口的 AVI 数据。

(2) 对于浮动车数据,以车牌号遍历,判断车牌号是否存在于筛选后的 AVI 数据中,保留判断为"是"的浮动车数据,并以车辆到达上下游卡口的时间为条件进一步筛选。

(3) 从筛选结果中保留路段内部轨迹点数大于 5 的浮动车数据,最终得到晚高峰时段内通过研究路段的浮动车 GPS 数据集。

数据筛选后进一步除噪,最后共得到浮动车 GPS 数据 162 条,AVI 数据 3042 条,浮动车的渗透率约为 5.3%。以 15min 为间隔统计晚高峰各时段内 AVI 记录的车流量,如表 2.4 所示。各时段内车辆数相差不大,17:30:00~18:30:00 时段内车流量略高于 18:30:00~19:30:00 时段,在整个晚高峰时段内研究路段较为畅通。

表 2.4 晚高峰各时段内 AVI 记录的车流量 (以 15min 为间隔)

时段	车辆数/辆	时段	车辆数/辆
17:30:00~17:45:00	408	18:30:00~18:45:00	328
17:45:00~18:00:00	447	18:45:00~19:00:00	362
18:00:00~18:15:00	337	19:00:00~19:15:00	372
18:15:00~18:30:00	406	19:15:00~19:30:00	342

2.4.2 浮动车轨迹重构与误差分析

1. 轨迹修正与坐标转换

经过数据处理,得到晚高峰时段通过研究路段的浮动车 GPS 轨迹数据。通过对 GPS 轨迹点进行经纬度的修正,将 GPS 轨迹点与研究路段相匹配,轨迹点修正前后如图 2.19 所示。

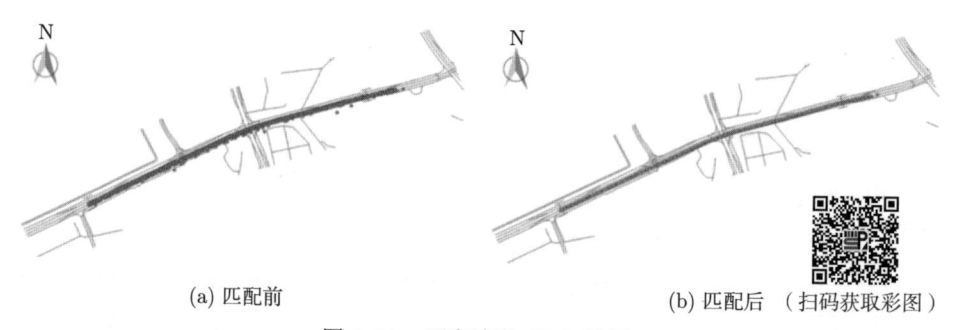

(a) 匹配前　　　　　　　　　　(b) 匹配后　(扫码获取彩图)

图 2.19 研究路段 GPS 数据

从匹配前后对比图来看,匹配前大部分浮动车 GPS 轨迹点精度已经较高,只有少部分点偏离路段较远。为了方便轨迹点的时空坐标转换,匹配过程忽略道路宽度,统一将 GPS 轨迹点匹配到道路中心线上,得到修正后的 GPS 数据集。

以上下游卡口的经纬度坐标为起终点,对每辆车的 GPS 轨迹进行时空坐标转换,得到转换后的浮动车时空轨迹数据集,图 2.20 是车牌号为 "粤 B****5" 的浮动车轨迹时空坐标转换的结果。

2. 轨迹插值及误差分析

分别用分段线性插值、分段二次样条插值、分段三次样条插值和分段三次 Hermite 插值这四种插值算法对离散的浮动车时空轨迹进行插值补齐。图 2.21 是车牌为 "粤 B****5" 的浮动车分别用四种方法插值得到的完整时空轨迹,横坐

2.4 案例分析

标为相对于车辆进入路段时刻的时间序列。从插值结果看,四种插值方法结果差别不大,其中分段线性插值得到的轨迹不如其他三种方法得到的轨迹光滑,时空轨迹拐角处四种插值结果差别较大。

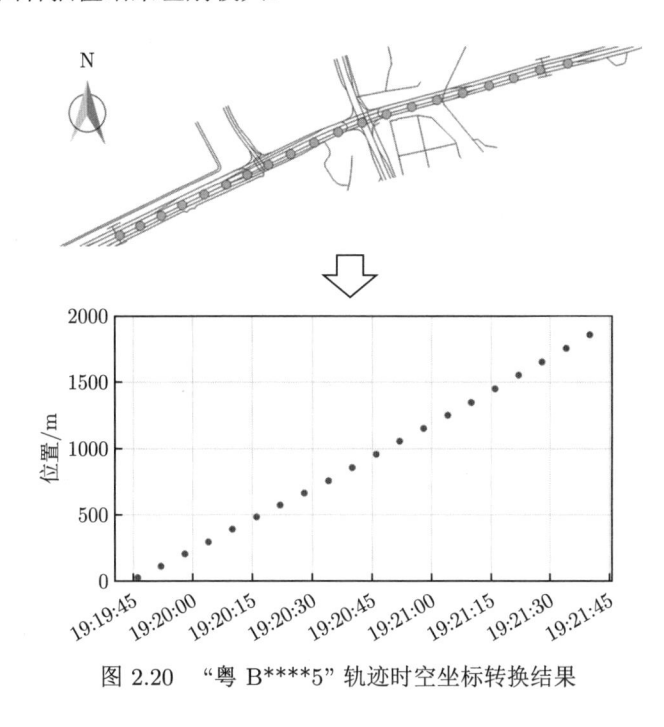

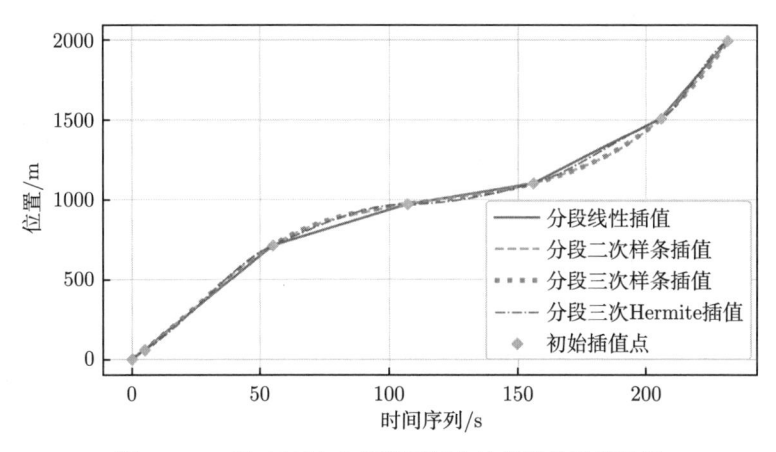

图 2.20 "粤 B****5" 轨迹时空坐标转换结果

图 2.21 "粤 B****5" 采用不同方法得到的插值结果

表 2.5 为所有浮动车轨迹采用不同方法插值得到的误差结果,对应的误差分布如图 2.22 所示。

表 2.5　不同插值算法误差计算结果

插值算法	MAE	RMSE
分段线性插值	26.070	43.977
分段二次样条插值	33.286	58.643
分段三次样条插值	36.0616	66.612
分段三次 Hermite 插值	24.546	41.010

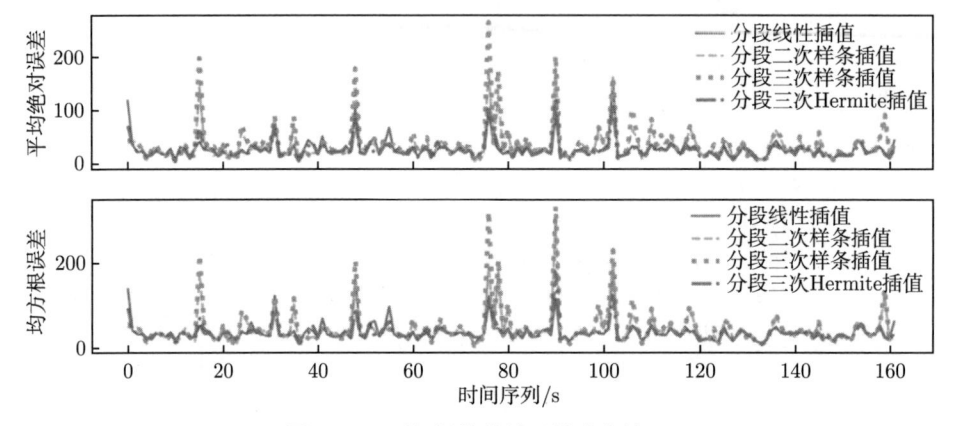

图 2.22　不同插值算法误差分布情况

根据表 2.5 不同插值算法误差计算结果，首先，分段三次 Hermite 插值法的 MAE 和 RMSE 分别为 24.546 和 41.010，均小于其他三种方法，说明对于本书的数据集而言，用分段三次 Hermite 插值法进行浮动车时空轨迹重构的误差最小。其次，分段线性插值法的 MAE 和 RMSE 分别为 26.070 和 43.977，略高于分段三次 Hermite 插值法，但小于另外两种方法，这说明分段线性插值也有较高的精度，但是得到的轨迹曲线不够平滑，与实际情况不相符。最后，分段二次样条插值和三次样条插值的 MAE 和 RMSE 均较大，后者的误差略大于前者，接近分段三次 Hermite 插值法误差的 1.5 倍。

从图 2.22 来看，四种插值结果的 MAE 和 RMSE 分布较为一致。但是，其中 8 辆浮动车轨迹的误差较大。这 8 辆浮动车在路段内部的时空轨迹点如图 2.23 所示，这几辆车的轨迹的共同点在于：路段内部轨迹点数量都较少，有 7 辆车只有 5 个轨迹点，另外 1 辆有 6 个轨迹点；都存在部分轨迹点距离较远的情况。由于本书的插值误差分析采用的是交叉验证法，当被验证的轨迹点距离其邻近轨迹点较远时，在同一时刻被验证点位置的预测值和实际值会有很大偏离，导致平均误差较大。

3. 浮动车时空轨迹可视化

根据上一小节的误差分析，选取分段三次 Hermite 插值法作为本案例浮动车

2.4 案例分析

时空轨迹重构的方法，得到 162 辆浮动车完整的时空轨迹曲线。为了更清楚地展示车辆的运行状态变化，本书以 0.1s 为窗口滑动，近似计算车辆的瞬时速度，并根据速度大小赋予各对应轨迹点不同深浅的颜色，用热力图方法呈现，如图 2.24 所示。

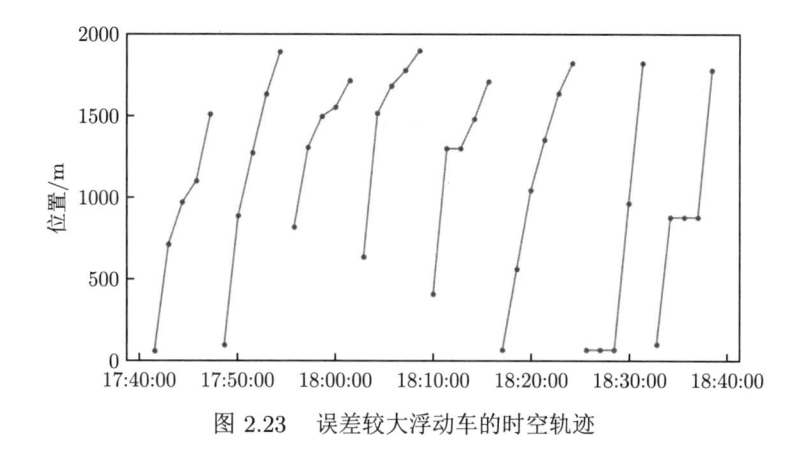

图 2.23 误差较大浮动车的时空轨迹

图 2.24 浮动车的时空轨迹重构结果

（扫码获取彩图）

由图 2.24 可以看出，在研究时段内浮动车在整个交通流中分布较均匀，不存在轨迹数据集中于某一个时段内的情况，因此能够大致看出研究路段整体交通流在时空图上的分布情况。研究路段在整个晚高峰期间内交通较为畅通，大部分浮动车均能以接近自由流的速度行驶。其中，在 18:00~18:30 时段内，距离上游卡口约 1750m 处出现拥堵状态，车流以低速缓慢前进，并且拥堵状态向上游传播至距离上游卡口约 1500m 处。路段距离上游 1700m 左右有一匝道接入，并且 1700m 后部分路段存在交织区，产生拥堵的可能原因是在该时段内，路段在此处入口匝道的车流量较大,匝道接入的交通流对主路上车流产生影响,导致主路车辆减速,产生了与车流前进方向相反的交通流激波。

图 2.24 显示还有小部分浮动车在路段中出现了停车现象,如图中圈出的轨迹,出现这种现象的原因可能有以下几点:短暂的停车行为可能是其他车辆的变道超车行为,导致该浮动车为躲避冲突急刹,速度下降较快,之后又加速前进;部分出现在路段出口附近的停车行为可能是浮动车前车减速变道离开路段,导致该浮动车出现短暂的急刹车行为避让;时间间隔较长的停车行为可能是车辆熄火、故障或驾驶员个人原因导致。

除此之外,在时空轨迹的起始位置附近车速都偏低,而实际上路段在该位置并不存在瓶颈或对车流有干扰。该误差主要是由插值算法本身特点造成的,大部分浮动车在起始位置处(上游卡口)与第一个插值点空间距离较近,空间坐标 x 从 0 开始增加,该段起始位置附近 x 增加比较缓慢,因此估计出的瞬时速度也较小。

4. 基本图参数估计

(1) 自由流速度估计。选取 2016 年 9 月 1 日 0:00~2:00 通过该路段的浮动车数据作为自由流速度估计的数据集。经过轨迹插值重构后,共得到 105 辆浮动车的轨迹数据。图 2.25 为浮动车 80% 分位速度估计结果。其中图 2.25(a) 为所有浮动车 80% 分位速度估计值箱线图,可以看到有 4 个离群值,其中有 3 辆车的 80% 分位速度偏小,1 辆车的 80% 分位速度偏大,因此在计算平均值时对这 4 辆车的数据进行剔除。剔除离群数据后得到的各浮动车的 80% 分位速度估计值

(a) 所有浮动车80%分位速度估计值箱线图

(b) 剔除离群数据后各浮动车80%分位速度分布

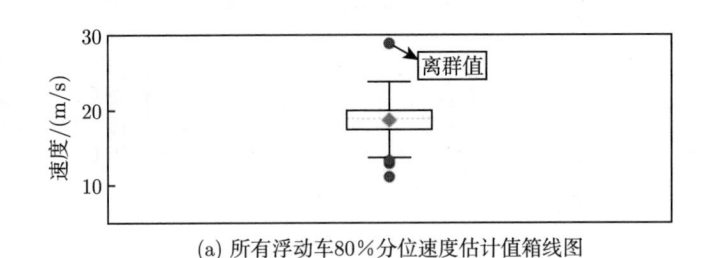

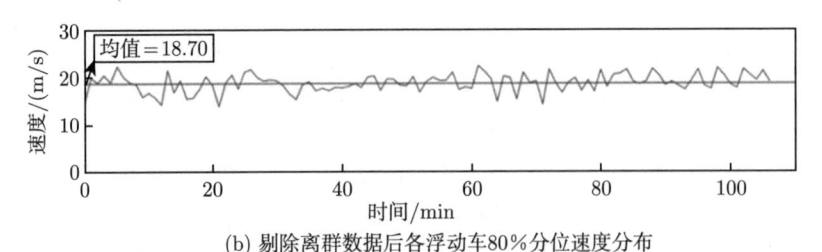

图 2.25　浮动车 80% 分位速度估计结果

分布如图 2.25 (b) 所示，从整体上看数据没有较大的起伏，平均值为 18.70，即该路段自由流速度 v_f 估计值为 18.70m/s，约为 67.32km/h，比道路限速略低。

(2) 交通流激波波速估计。从图 2.24 可以看出，研究时段内没有出现明显的阻塞流，拥挤区域有少部分浮动车有停车行为，因此本书考虑从有明显停车行为的浮动车轨迹来拟合交通流激波波速。如图 2.26 所示，虚线表示交通流激波，其斜率可近似认为是激波的波速。计算这些虚线斜率的平均值，得到 $w \approx 4.15\mathrm{m/s}$。

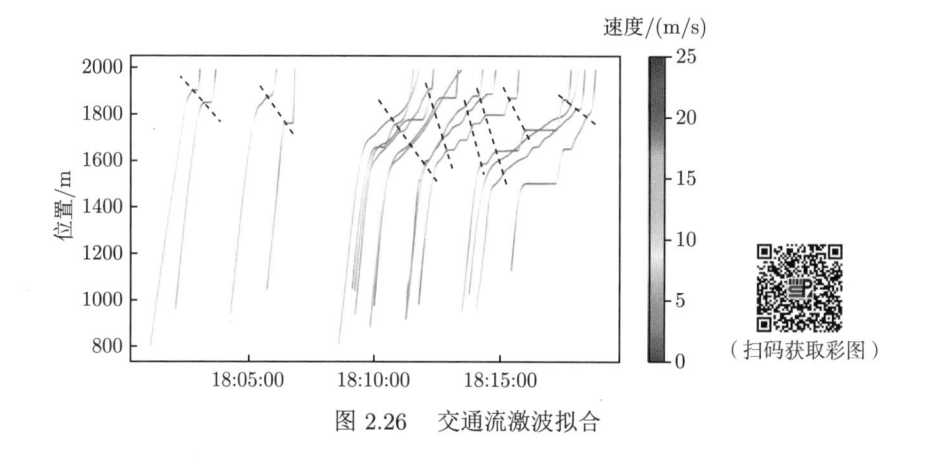

图 2.26 交通流激波拟合

(3) 阻塞密度估计。研究路段西向东方向为 3 车道，限速 80km/h，本书认为该路段高峰时段内无中、大型车通行，根据表 2.1 可以取单车道饱和流率为 2100pcu/h，那么该路段的饱和流率 $q_\mathrm{m} = 6300\mathrm{pcu/h}$。已估计得到 $v_\mathrm{f} = 18.70\mathrm{m/s}$，$w = 4.15\mathrm{m/s}$，则阻塞密度估计值可用式 (2.67) 计算为

$$k_\mathrm{j} = \frac{q_\mathrm{m}}{v_\mathrm{f}} \cdot \frac{v_\mathrm{f} + w}{w} = \frac{6300/3600}{18.70} \times \frac{18.70 + 4.15}{4.15} \approx 0.515 \; \mathrm{pcu/m} \tag{2.67}$$

即每条车道平均阻塞密度约为 171.7pcu/km。假设平均车长为 5m，那么阻塞情况下平均车头间距约为 5.79m，本书认为该值较为合理。

2.4.3　全时空轨迹重构与误差分析

1. 数据集构建及输入参数设置

在轨迹重构之前，先基于筛选后的 AVI 数据构建模型的输入数据集，数据集示例见表 2.6。起始时刻设置为 17:30:00，参考车为该时刻通过下游卡口的第一辆车。因此在 17:30:00，路段内部已经存在一部分初始车辆，故表 2.6 输入数据集示例内部分数据 $U(t)$ 和 e_i 字段数据有缺失。

表 2.6　输入数据集示例

ID	$U(t)$/辆	$D(t)$/辆	e_i	d_i
粤 S****9		1		2016/9/1 17:30:00
粤 B****8		2		2016/9/1 17:30:00
粤 S****P		3		2016/9/1 17:30:03
...	...	...	...	...
粤 S****6	22	87	2016/9/1 17:30:38	2016/9/1 17:32:40
...	...	...	...	...
粤 B****2	2948	3042	2016/9/1 19:28:09	2016/9/1 19:29:58

基于输入数据集，可以得到路段上下游卡口累计流量函数 $U(t)$ 和 $D(t)$，以 17:30:00 为基准，用分段线性插值方法对函数 $U(t)$ 和 $D(t)$ 进行连续化处理，结果如图 2.27 所示。对于研究时段内任一时刻，均能求得 $U(t)$ 和 $D(t)$ 函数值，为后续车辆轨迹重构提供数据支撑。

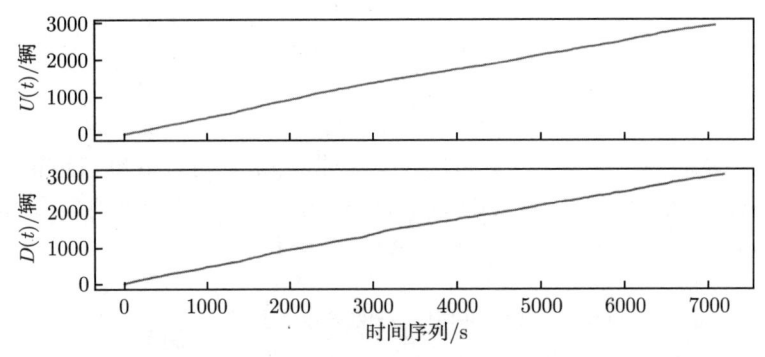

图 2.27　上下游卡口累计流量函数分段线性化结果

路段内部初始车辆数 N_0 由式 (2.59) 计算估计值并取整，为 79 辆。路段长度在 GIS 中求出为 1990m。此外，研究路段的交通流基本图参数已经在上一节求出，如表 2.7 所示。

表 2.7　输入数据集字段说明

参数	v_f/(m/s)	w/(m/s)	k_j/(pcu/m)
估计值	18.70	4.15	0.515

2. 轨迹重构结果与误差分析

基于 2.4.1 节构建的数据集和输入参数，根据 2.3.3 节提出的轨迹重构算法对

2.4 案例分析

晚高峰时段内通过路段的所有车辆 (不包括路段中间从出口离开和入口进入的车辆) 进行轨迹重构。其中,在拥挤情况下车辆 i 的位置采用牛顿法求解,收敛误差设置为 0.01m。

任一时刻 t 车辆 i 的顺序 $\delta_i(t)$ 表达式中,斜率 α_i 可反映该车顺序增减及变化的快慢。图 2.28 为所有车辆的系数 α_i 的分布情况。系数的整体均值为 -0.04,接近于 0,并且从分布图上看,数据分布比较接近正态分布。这说明研究范围内的车辆驾驶员驾驶行为相对保守,没有比较激进的超车意愿。

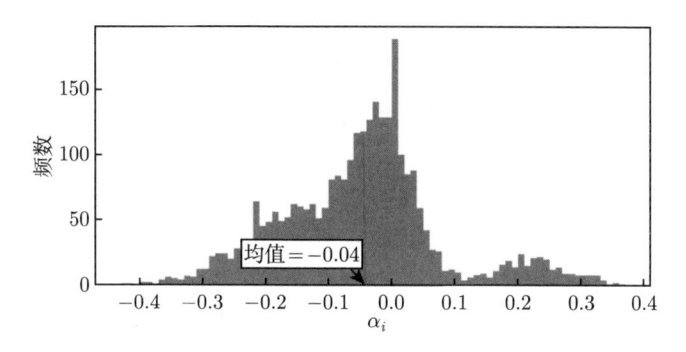

图 2.28 车辆顺序变化系数 α_i 的分布

用 2.4.2 节得到的 162 辆完整的浮动车时空轨迹作为观测数据集对算法精度进行验证,所有浮动车时空轨迹的观测值和预测值如图 2.29 所示,其中,车牌号为 "粤 B****3" 浮动车的时空轨迹观测值和预测值如图 2.30 所示。

图 2.29 浮动车时空轨迹观测值与预测值对比

(扫码获取彩图)

从图 2.29 的预测结果来看,整体上浮动车时空轨迹的观测值和预测值较为一致,但是每个时段的误差分布不够均匀。首先在 17:30:00~17:40:00、17:50:00~18:00:00 这两个时段内,浮动车在同一时刻对应空间位置的预测值小于观测值，并且在上下游卡口所记录的行程时间内，预测轨迹还没有到达下游卡口的位置。产生这一误差的可能原因在于，在非拥挤状态下，根据计算公式 (2.61)，车辆的位置预测值与自由流速度有很大关系，而该时段内车辆的平均速度超过了估计的自由流速度。在 18:00:00~18:20:00 时段内，对于距离上游卡口 1500~1750m 处的拥挤状态部分的轨迹重构，预测的车辆时空轨迹相对观测值在空间上有约 100m 的滞后，而在时间上较为一致。

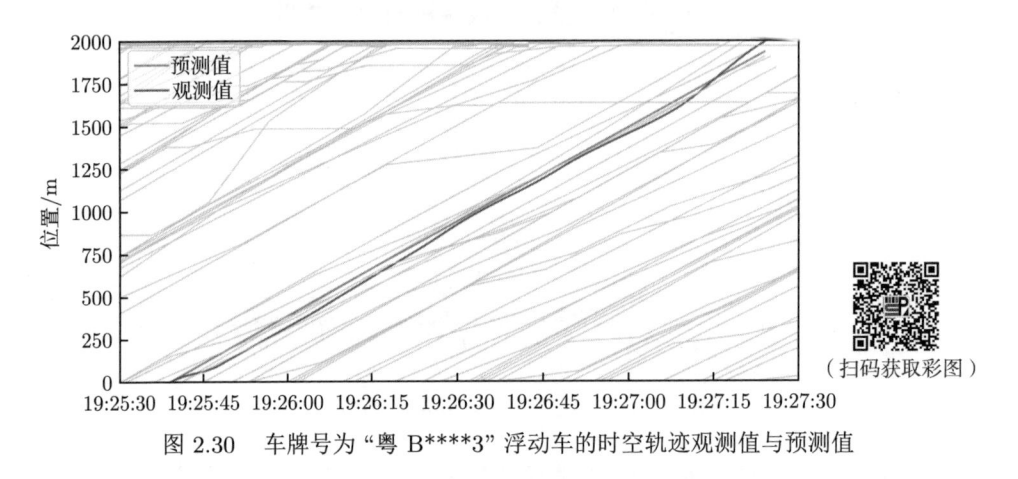

图 2.30　车牌号为 "粤 B****3" 浮动车的时空轨迹观测值与预测值

从图 2.30 来看，该浮动车的时空轨迹观测值和预测值比较一致，RE(relative error，相对误差)、MAE 和 RMSE 的计算结果分别为 4.05%、37.81 和 41.26。在前半段时空轨迹的估计上误差较大，车辆在刚进入路段时存在减速行为，可能是其他车辆变道超车导致，而该算法只在比较宏观的角度下对车辆位置进行预测，因此这一微观行为没有被预测出来。

图 2.31 为所有浮动车时空轨迹重构的预测误差 RE、MAE 和 RMSE 的计算结果分布情况，误差的平均值分别为 $RE_{mean} = 0.0710$，$MAE_{mean} = 71.37$，$RMSE_{mean} = 84.24$，从各浮动车轨迹预测的误差分布来看，整体处于较稳定的水平，没有出现异常的起伏，有一半左右的浮动车轨迹预测值的误差处在较低水平，另一半车辆的误差在平均值附近有较大起伏。其中 MAE 和 RMSE 的误差相对较大，意味着对任一时刻平均每辆车的空间位置估计值的平均误差有 100m 多。而 RE 误差接近 10%，说明预测的轨迹精度达到了合理水平，轨迹重构算法具有较高的可信度和精度。

误差产生的原因主要有以下几点：

(1) 研究路段较长，接近 2000m，与模型假设的理想化场景有差距。并且模型假设研究路段交通流特征需要符合三角形基本图，实际路段中间有一个出口和一个入口，交通流特征与三角形基本图有差距。

2.4 案例分析

(2) 当路段内部存在出入口时，研究时段内一般有车辆出入，但本书并未将其考虑入内。中途出入的车辆存在变道行为，会对主路车流产生影响，导致车辆减速避让，但是本书提出的轨迹重构算法并不能捕捉到这种出入车辆的影响。

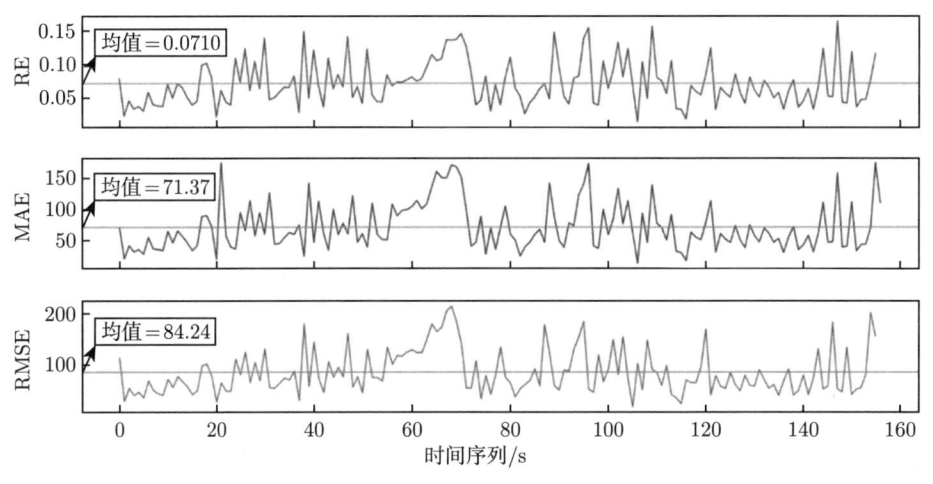

图 2.31 所有浮动车轨迹预测误差 RE、MAE、RMSE 分布

(3) 车辆行驶很大程度上还受驾驶员个人因素和驾驶行为影响，例如在同一车道的车队中，不同驾驶员对车距的判断以及反应能力不同，驾驶行为也有保守和激进的区别。因此，在非拥挤流中，某些车辆会出现减速、急刹和加速现象，而本书提出的算法并未考虑这种微观的行为，导致预测出的轨迹与观测值误差较大。

(4) 车辆行驶也会受环境的影响，实际路段不同范围的道路本身环境、周边环境存在差异，对车辆产生影响。

(5) 原始浮动车的 GPS 估计数据是离散的，数据上传存在延迟误差。并且，在地图匹配、坐标时空转换和轨迹插值等过程中均存在误差，导致用于验证的观测轨迹数据本身存在一定的误差。

(6) 基本图参数估计存在误差。本书所提出的基本图三参数估计方法不够精确，根据实际数据估计结果来看，自由流速度 v_f 估计值较为合理，但交通流激波波速 w 存在较大误差，因为得到的浮动车时空轨迹图中没有出现明显的拥堵状态，这也导致阻塞密度 k_j 的估计值存在误差。

3. 车辆时空轨迹可视化

因为研究时段内车辆数较多，时空轨迹较密集，为了更清楚地展示交通流运行状态变化，同样以 0.1s 为窗口滑动，近似计算车辆的瞬时速度，并根据速度大小赋予对应轨迹点不同深浅的颜色，用热力图方法呈现，如图 2.32 所示。

图 2.32　路段晚高峰车辆时空轨迹

（扫码获取彩图）

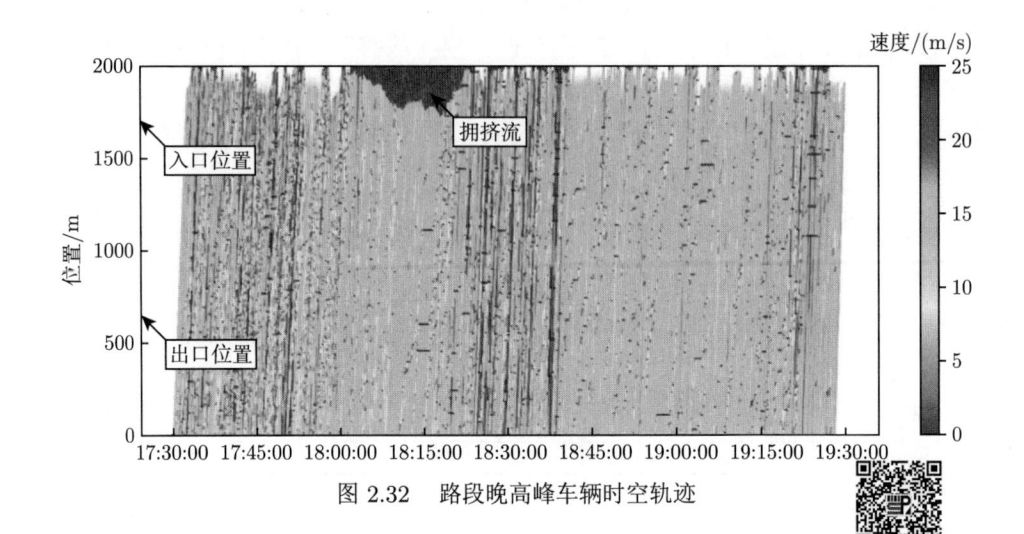

从结果来看，整个研究路段在晚高峰时段内较为畅通。其中，18:30:00～19:30:00时段内总体交通流比 17:30:00～18:30:00 时段内畅通。在 18:00:00～18:25:00 时段内，距离上游卡口 1700～2000m 处出现了拥挤流，平均车辆行驶速度较小（小于 5m/s），主要原因在于附近入口匝道接入车流对主路车流造成影响。除此之外，从预测效果来看，在 18:00:00 之前和 18:38:00 之后预测的车辆轨迹绝大部分都滞后于观测轨迹，因为在对应的出行时间内，预测车辆位置还没有到达下游卡口处。原因可能是路段的自由流速度估计值偏小，因为估计的自由流速度为 18.7m/s(67.32km/h)，小于路段限速 (80km/h)，在道路畅通状态下，按估计的自由流速度预测的位置会滞后于实际车辆位置。

结合时空轨迹图，除了从宏观上能看出交通流运行状态变化情况，从微观角度也能提取图中任意一块时空区域的交通流特征参数，如图 2.33 所示。

选取任一辆车的时空轨迹，通过判断它从上方超越其他车辆轨迹的交叉点个数，可以得知该车在路段内行驶时超车数以及产生超车行为的大致时间和位置。例如，图中标识出车牌号为 "粤 B****W" 车辆的时空轨迹，在路段运行期间，它一共发生 4 次超车行为，大致的时空坐标分别为 (19:26:29, 260m)、(19:27:10, 900m)、(19:27:20, 1150m) 和 (19:27:55, 1700m)。

选取时空轨迹图中任意一块区域，通过统计某时刻某空间范围内或某空间位置处在某一时间范围内的轨迹通过数，可以估计对应时刻的车流密度和流率。例如图 2.33 中框线标出位置，在 19:25:30 时，距离上游卡口 1250～1750m 范围内共有 16 辆车在运行，可以估算出此时该范围的车流密度大约为 32pcu/km。距离上游卡口 1500m 处，在 19:25:30～19:26:00 时段内，通过了 11 辆车，则平均车头时距为 2.73s/pcu，对应的流率估计值为 1318pcu/h。

图 2.33　交通流特征参数提取

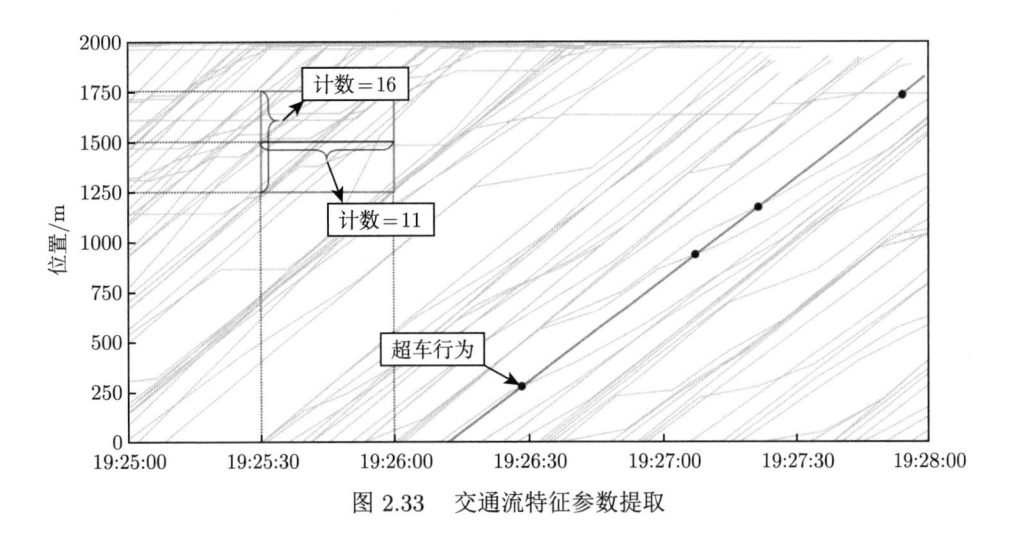

对于入口位置处，可以用上述方法提取对应部分路段的密度，得到密度随时间变化趋势，如图 2.34 所示。在 18:00:00~18:25:00 这一时段内，该路段的车流密度明显大于其他时段。这说明在该时段内，入口匝道车流对主路车流产生了显著的影响，使得主路车流运行受阻，产生了拥挤流。

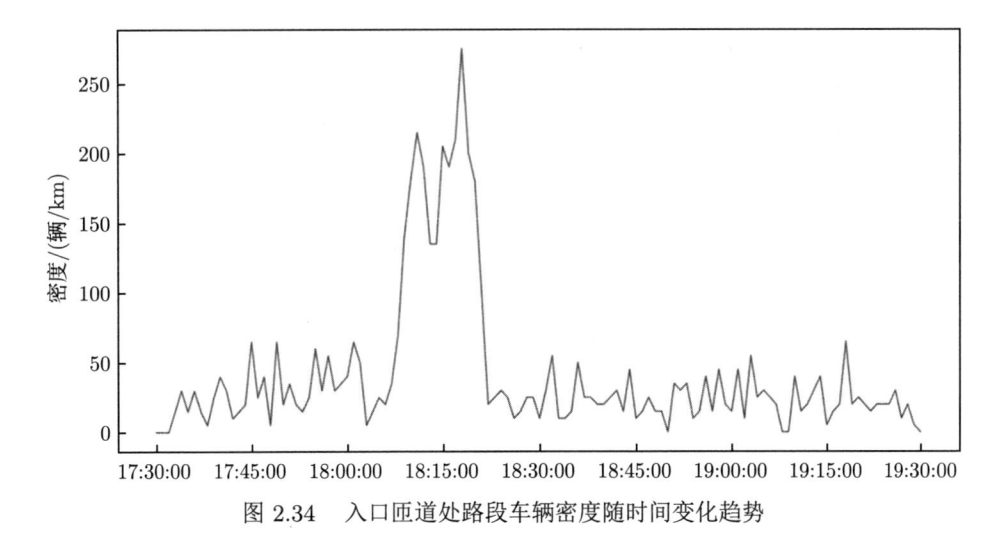

图 2.34　入口匝道处路段车辆密度随时间变化趋势

2.5　本章小结

本章以深圳机场南路部分路段为研究对象，利用晚高峰时段车辆 GPS 数据和 AVI 数据对浮动车轨迹重构和全样本车辆轨迹重构算法进行了实证分析。首先对预处理后的数据进行地图匹配以及坐标转换，得到离散的浮动车时空轨迹点。其次，应用四种插值算法对轨迹缺失段进行修复，从结果来看，四种插值算法修复后的车辆轨迹较为接近，其中分段三次 Hermite 插值法重构的车辆轨迹误差最小。根据重构的浮动车轨迹估计出交通流基本图参数，作为下一步全样本车辆轨迹重构算法的输入条件。最后，以浮动车轨迹为验证集进行了路段全样本车辆的轨迹重构，复现了研究路段在晚高峰时段内交通流状态的演变，结果显示重构误差在合理范围内，证明了本书提出的轨迹重构算法的有效性。

参 考 文 献

[1] 丁军, 张佐, 陈洪昕, 等. 车辆轨迹数据的若干处理方法研究 [C]//第十一届海峡两岸智能运输系统学术研讨会论文集, 2011: 69-73.

[2] 邢皓, 谭世琦, 张佐, 等. 车辆轨迹重构方法综述 [J]. 交通工程, 2019, 19(4): 20-28.

[3] Huang Z F, Qiao S J, Han N, et al. Survey on vehicle map matching techniques[J]. CAAI Transactions on Intelligence Technology, 2021, 6(1): 55-71.

[4] Hadiuzzaman M, Haque N, Musabbir S R, et al. Variational formulation incorporating spatial capacity changes to reconstruct trajectory for heterogeneous traffic conditions[J]. Canadian Journal of Civil Engineering, 2017, 44(8): 598-610.

[5] Islam M R, Hadiuzzaman M, Barua S, et al. Alternative approach for vehicle trajectory reconstruction under spatiotemporal side friction using lopsided network[J]. IET Intelligent Transport Systems, 2019, 13(2): 356-366.

[6] Kincaid D, Cheney W. 数值分析 (原书第 3 版)[M]. 王国荣, 俞耀明, 徐兆亮, 译. 北京: 机械工业出版社, 2005.

[7] 王昊, 金诚杰. 交通流理论及应用 [M]. 北京: 人民交通出版社, 2020.

[8] 克里斯·安德森. 长尾理论 [M]. 乔江涛, 译. 北京: 中信出版社, 2006.

[9] 王炜, 陈峻, 过秀成, 等. 交通工程学 [M]. 3 版. 南京: 东南大学出版社, 2019.

[10] Lighthill M J, Whitham G B. On kinematic waves II. A theory of traffic flow on long crowded roads[J]. Proceedings of the Royal Society of London Series A: Mathematical and Physical Sciences, 1955, 229(1178): 317-345.

[11] Newell G F. A simplified theory of kinematic waves in highway traffic, part II: Queueing at freeway bottlenecks[J]. Transportation Research Part B: methodological, 1993, 27: 289-303.

[12] Daganzo C F. A variational formulation of kinematic waves: Basic theory and complex boundary conditions[J]. Transportation Research Part B: Methodological, 2005, 39(2): 187-196.

[13] Rey A, Jin W L, Ritchie S G. An extension of Newell's simplified kinematic wave model to account for first-in-first-out violation: With an application to vehicle trajectory estimation[J]. Transportation Research Part C: Emerging Technologies, 2019, 109: 79-94.

第 3 章

基于自动车辆识别数据的机动车出行路径识别

3.1 概　　述

出行路径识别 (又称地图匹配) 指识别车辆真实行驶路段的过程[1]。现有的出行路径识别模型主要针对高分辨率的 GNSS (global navigation satellite system, 全球导航卫星系统) 轨迹开发，已经广泛应用于交通状态监测与分析[2-12]。

但受限于样本渗透率，GNSS 轨迹仅能提供单一车型 (如出租车) 的行驶速度和行驶时间信息，无法涵盖所有车型的运行状态[13]。与 GNSS 数据不同，AVI 数据可以提供准全样本的车辆运行数据[14]。在完成出行路径识别后，它不仅可以提供所有车型的行驶速度和行驶时间信息，还可以通过集计计算得到全路网上的流量信息[15]。因此，开发基于 AVI 数据的出行路径识别模型有着巨大研究价值和良好应用前景。

但由于 AVI 轨迹数据的稀疏性特征，开发针对 AVI 轨迹数据的出行路径识别模型面临着两方面的挑战：

(1) 考虑到 AVI 检测器稀疏且不均匀地分布在城市交通网络中，相邻 AVI 观测点的空间距离一般较大，这导致存在着大量的连接该 AVI 观测点对的可行路径[16]。若对 AVI 观测点对间的可行路径考虑不够充分，将导致较高的计算误差。然而并不是所有的可行路径都是合理且对机动车具有吸引力的。在路径识别过程中引入过多可行但不合理的路径不仅会增加计算量，也会对计算结果造成干扰。综上，在 AVI 观测点对间检索出可行并合理的路径作为候选集合是一个较为棘手的问题。

(2) 随着 AVI 观测点对间候选路径长度的增大，机动车驾驶员真实出行路径推断问题中的不确定性也随之增加。此外，GNSS 定位数据中通常包含的方向角和速度信息在 AVI 数据中也是缺失的[17]。因此，基于稀疏 AVI 轨迹数据的路径识别算法需要在不确定性大和信息测度少的情况下实现车辆运行路径的精准识别。

为准确识别与车辆运行的 AVI 轨迹匹配的行驶路径，本书开发了为稀疏 AVI 数据定制的地图匹配模型，记为 AVI-MM 模型。它不仅可以生成足量且合理的路径作为匹配候选项，还基于时空分析定义了可靠的路径匹配概率。

3.2 观测数据与行驶路径匹配模型

3.2.1 符号定义

定义 3.1 路网 G_R 被定义为一个有向图 (V_R, E_R),其中 V_R 是代表所有节点(交叉路口、道路起点、终点) 的集合,E_R 表示所有路段的集合。每个路段 $l \in E_R$ 是一个有着两个端点 $l.v^-$ 和 $l.v^+$、长度 $l.\text{len}$、道路等级 $l.\text{lev}$(例如主干道或次干路等)、方向 $l.\text{dir}$(单向或双向) 以及车道数量 $l.\text{lan}$ 的有向线段。图 3.1 展示了一个样例路网。

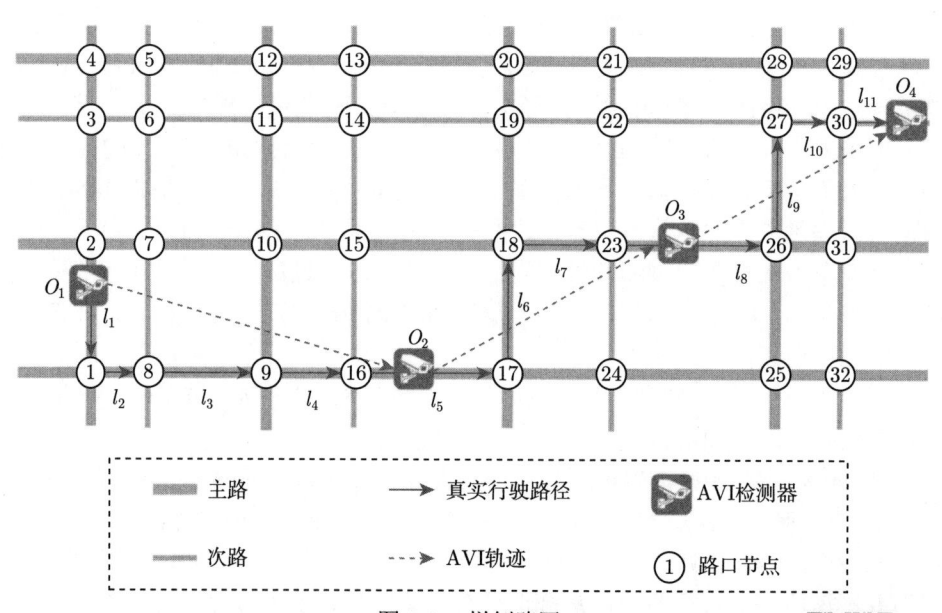

图 3.1 样例路网

定义 3.2 交通小区 $\text{taz}_{x,y}$ 是指分析交通需求的基本空间单元。就分辨率和具体含义而言,交通小区有很多种划分方法。为不失一般性,本书将研究区域依据经纬度坐标划分为 $X \times Y$ 的网格阵列,其中第 x 行、第 y 列的网格代表交通小区 $\text{taz}_{x,y}$。

定义 3.3 路径 P 是一个相连路段的列表 $[l_1, \cdots, l_x, \cdots, l_X]$,其中 $l_{x+1}.v^- = l_x.v^+$。当车辆在两项活动之间行驶时,驾驶员必须选择连接它们的一个路径 (即路径选择问题)。

定义 3.4 AVI 观测 O 是指当车辆经过 AVI 检测器时被记录下的信息集合。它至少包含 4 项属性:$O.\text{id}$ 车辆 ID(如车牌号),$O.t$ 车辆经过检测器时的时间戳,$O.x$ 检测位置和 $O.c$ 检测器类型。根据检测器安装的位置,AVI 观测的类型一般分为两类：路侧观测 $O.c = 0$ 和停车观测 $O.c = 1$。停车观测准确记录了驾驶员的活动地点、活动开始时间和活动结束时间，而路侧观测则可以捕捉出行途中的子行程表。

定义 3.5 单次出行 AVI 轨迹 T 是指追踪车辆的 AVI 观测序列 $[O_1, \cdots, O_i, \cdots, O_I]$，记为 $O_{i:I}$。图 3.1 中展示了包含 4 个观测的 AVI 轨迹 (虚线)。不难发现，当出行路径和多数活动信息缺失时，稀疏的 AVI 轨迹仅能对样本车辆的出行-活动行为给出较为粗略的描述。

基于以上定义，本章拟解决的问题可定义为：

问题 3.1 给定车辆单次出行的 AVI 轨迹 $\text{Tr}_n = [O_1, \cdots, O_i, \cdots, O_I]$，识别本次出行连续行驶路径 P。

3.2.2 模型构建

路径识别模型的目标就是基于观测到的机动车 AVI 轨迹推断出其真实出行轨迹。假设机动车驾驶员沿路径 $P = [l_1, \cdots, l_x, \cdots, l_X]$ 出行时由路侧 AVI 检测器记录下出行轨迹 $\text{Tr}_n = [O_1, \cdots, O_i, \cdots, O_I]$，并令他在 AVI 观测点对 (O_{i-1}, O_i) 间的子行驶路径为 SP_i，则完整的出行路径 P 可以分解为子路径序列 $[\text{SP}_1, \cdots, \text{SP}_i, \cdots, \text{SP}_I]$。因为 AVI 检测器位置固定且被准确定位，所以可以假设各子路径 SP_i 间相互独立。此时，机动车驾驶员单次出行的完整路径可由通过单独识别出每个 AVI 观测点对间的子出行路径得到。

对于 AVI 观测点对 (O_{i-1}, O_i)，连接它们的子路径 $\overline{\text{SP}_i}$ 可由下式估计得到

$$\overline{\text{SP}_i} = \arg\max_{\text{SP}_i \in \Psi_i} \Pr(\text{SP}_i | O_{i-1}, O_i) \tag{3.1}$$

式中，$\Pr(\text{SP}_i | O_{i-1}, O_i)$ 为给定 AVI 观测点对 (O_{i-1}, O_i) 时真实行驶路径为 SP_i 的匹配概率；Ψ_i 为连接该检测点对路径的候选集合。

基于贝叶斯公式，匹配概率 $\Pr(\text{SP}_i | O_{i-1}, O_i)$ 可以变换为

$$\Pr(\text{SP}_i | O_{i-1}, O_i) = \frac{\Pr(O_{i-1}, O_i | \text{SP}_i) \Pr(\text{SP}_i)}{\sum_{\text{SP}'_i \in \Psi_i} \Pr(O_{i-1}, O_i | \text{SP}'_i) \Pr(\text{SP}'_i)} \tag{3.2}$$

式中，$\Pr(\text{SP}_i)$ 为机动车驾驶员选择路径的先验概率，可由第 8 章中介绍的路径选择模型定义；$\Pr(O_{i-1}, O_i | \text{SP}_i)$ 为给定出行子路径时，观测到 AVI 记录 (O_{i-1}, O_i) 的似然值。

以图 3.1 给出的 AVI 轨迹为例，图 3.2 给出基于上述模型提出的针对稀疏 AVI 轨迹的路径识别处理流程。该算法首先将完整的 AVI 轨迹两两分解为独立的 AVI 观测点对。对于各个 AVI 观测点对，分别生成连接它们的候选路径集合 Ψ_i。接着，

计算候选集合中所有路径的先验概率 $\Pr(\mathrm{SP}_i)$ 和似然函数值 $\Pr(O_{i-1}, O_i|\mathrm{SP}_i)$，从而得到匹配概率 $\Pr(\mathrm{SP}_i|O_{i-1}, O_i)$。选择匹配概率最大的子路径作为对应 AVI 观测点对间的识别结果。最终的匹配结果可以通过连接这些识别的子路径序列得到。

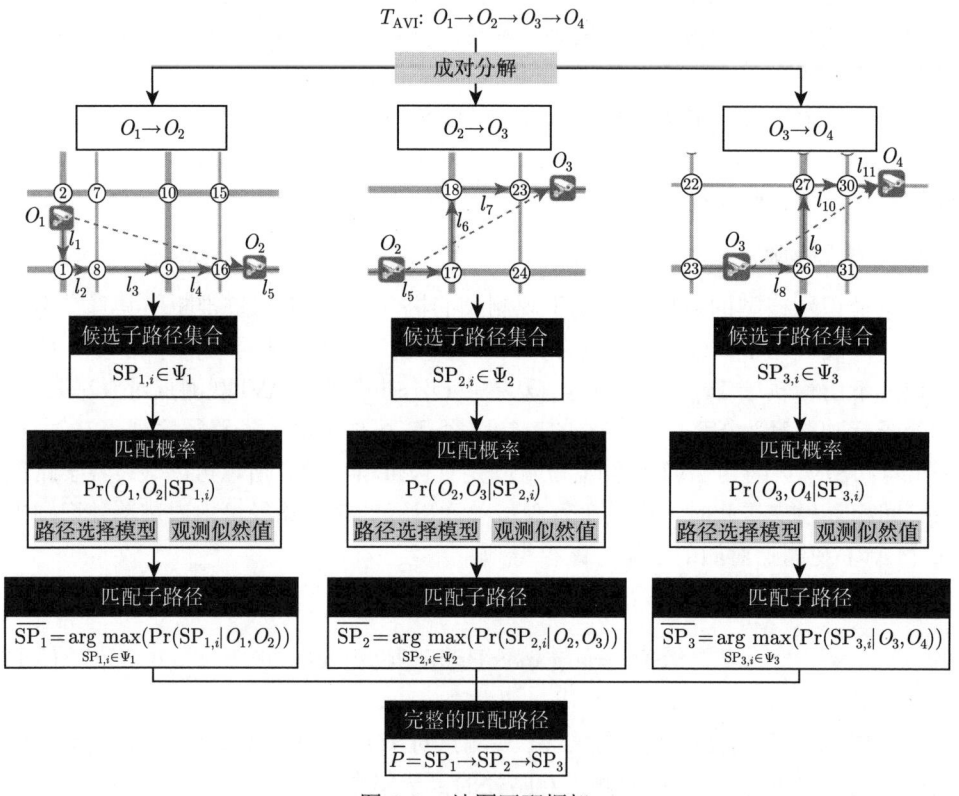

图 3.2 地图匹配框架

3.3 候选路径集生成算法

实现提出的 AVI-MM 模型的前提是为每个 AVI 观测点对 (O_{i-1}, O_i) 生成足够的候选子路径。现有的路径识别模型通常选择一条最短路径或 K 条最短路径作为候选子路径。但是，当 AVI 观测点对的间距较大且路网较为密集的时候，其间存在的可行路径数据数量巨大，仅考虑最短路径是不够的。路径选择行为研究领域提出了包括 K 最短路径方法 [18](K-shortest path approach)、标记方法 (labelling approach)[19]、路段修剪方法 (link elimination approach)[18]、路段惩罚方法 (link penalty approach)[20]、仿真方法 (simulation approach)[21]、约束穷举方

法 (constrained enumeration approach)[22] 以及基于概率论的方法 (probabilistic approach)[23,24] 在内的大量候选路径生成算法。

这些算法大多基于对出行者诸如最短路径偏好和无环路径的行为假设建立。但是这些假设并不符合地图匹配情景下的真实出行路径。为说明该问题，共收集了深圳某 AVI 检测器间 3012 个实测样本。图 3.3(a) 绘制了这些样本的真实出行路径 (用各车辆的 GNSS 轨迹表示)，而图 3.3(b)~(i) 则依次展示了观测频数最高的 8 条路径。尽管该检测器对间的最短路径 (图 3.3(b)) 依然是最受欢迎的选项，但仅有 31.21%(940/3012) 的观测样本选择该路径。如果仅将最短路径或少数几条次短路径选作候选项，则大多数被机动车驾驶员真实选择的子路径将无法被正确识别。此外，有不少热门子路径 (图 3.3(e)，(f) 以及 (i)) 中存在迂回和环形路线。这也与现有候选路径生成算法中路径选择行为假设不符。虽然无法找到机动车驾驶员选择这些子路径的真实原因 (可能是道路施工、避开拥堵路段以及交通事故等)，但这些路径确实在观测样本中占有一定的比例。如果这些受欢迎的路径没有被添加至候选集合中，将导致不必要的识别误差。

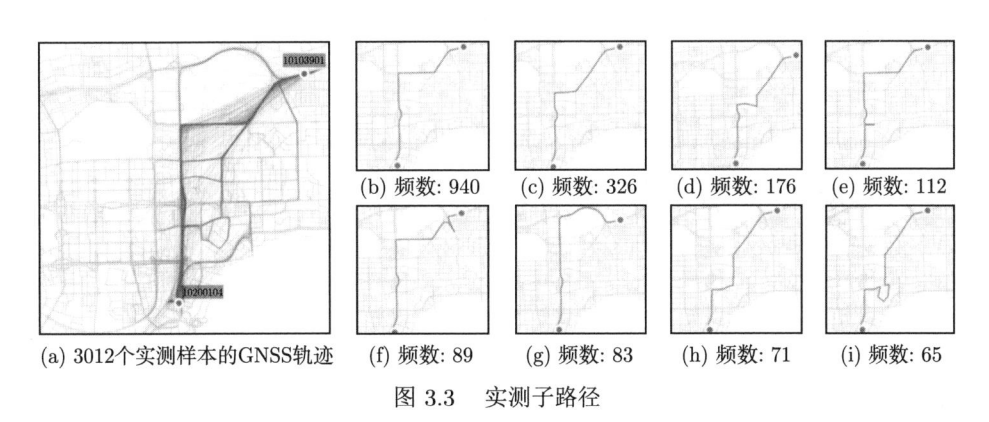

(a) 3012个实测样本的GNSS轨迹　(b) 频数: 940　(c) 频数: 326　(d) 频数: 176　(e) 频数: 112

(f) 频数: 89　(g) 频数: 83　(h) 频数: 71　(i) 频数: 65

图 3.3　实测子路径

浮动车的历史出行 GNSS 轨迹样本数据一般蕴含着机动车驾驶员候选路径集的组成和偏好信息。本节基于随机游走算法提出数据驱动的候选路径集生成算法。它依据 GNSS 历史数据的统计频次定义各个节点处的随机转向概率，生成符合机动车驾驶员真实出行规律的候选子路径。转向概率 $\Pr(n_x, n_y)$ 的定义是行驶车辆在节点 n_x 转向节点 n_y 的概率。一个较为简单且直接的转向概率计算方法是枚举所有和当前节点 n_x 连接的 n_y，并计算经过节点 n_y 的 GNSS 样本数占经过节点 n_x 总样本数的比例：

$$\Pr(n_x, n_y) = \frac{N_{n_x,n_y}}{\sum_{n_{y'} \in \Omega_x} N_{n_x,n_{y'}}} \qquad (3.3)$$

式中，N_{n_x,n_y} 是所有从当前节点 n_x 驶向节点 n_y 样本的数量；Ω_x 是所有直接连接当前节点 n_x 的节点 $n_{y'}$ 的集合。

但是，当机动车驾驶员在 AVI 观测点对 (O_{i-1}, O_i) 间连续行驶时，他的行驶路线在全局上总是指向第二个检测器的位置。由公式定义的转向概率仅描述了机动车辆在节点 n_x 的一般转向概率，而没有考虑行驶方向（即驶向检测器位置 $O_i.x$）的影响。令 $\Pr(n_x, n_y|O_i.x)$ 为考虑行驶方向约束条件下机动车辆行驶至当前节点 n_x 并转向下一节点 n_y 的概率：

$$\Pr(n_x, n_y|O_i.x) = \frac{N_{n_x,n_y} ||n_y, O_i.x||}{\sum_{n_{y'} \in \Omega_x} N_{n_x,n_{y'}} ||n_{y'}, O_i.x||} \tag{3.4}$$

式中，$||n_y, O_i.x||$ 是节点和检测器位置间的直线距离。该距离描述了游走方向是否指向目标检测器位置。

最终，一条路径的生成概率可以由下式定义：

$$\Pr(\text{SP}_i \Psi_i) = \prod_{x=1}^{X} \Pr(n_x, n_{x+1}|O_i.x) \tag{3.5}$$

式中，X 为生成的候选路径上的节点数量。

算法 3-1 给出基于以上定义的候选路径集生成算法的伪代码。

算法 3-1　候选路径集生成算法

输入：研究区域路网，AVI 观测点对
输出：候选路径集合 Ψ_i
步骤 1　初始化
1　　$\Psi_i = \varnothing$;
2　　设定随机游走次数 R;
3　　$r = 1$;
步骤 2　计算转向概率
4　　基于式 (3.4) 计算路网中所有节点的转向概率；
步骤 3　随机游走
5　　While $r \leqslant R$:
6　　　　SP $= \varnothing$;
7　　　　$n_x = O_{i-1}.x$;
8　　　　While $n_x \neq O_{i-1}.x$:
9　　　　　　根据转向概率随机选择下游节点 $n_{y'} \in \Omega_x$;
10　　　　　更新路径：SP = SP.append($n_{y'}$);
11　　　　　在下一节点随机游走：$n_x = n_{y'}$;
12　　　　更新候选集：$\Psi_i = \Psi_i \cup \text{SP}$

3.4 AVI 观测点对似然概率

AVI 观测点对的似然函数 $\Pr(O_{i-1}, O_i|\mathrm{SP}_i)$ 是当给出一个假设子路径 SP_i 时，生成 AVI 观测点对 (O_{i-1}, O_i) 的概率。该概率可分别通过时间分析和空间分析定义：

$$\Pr(O_{i-1}, O_i|\mathrm{SP}_i) = \overset{S}{\Pr}(O_{i-1}.x, O_i.x|\mathrm{SP}_i) \overset{T}{\Pr}(O_{i-1}.t, O_i.t|\mathrm{SP}_i) \tag{3.6}$$

式中，$\overset{S}{\Pr}(O_{i-1}.x, O_i.x|\mathrm{SP}_i)$ 为空间测度上的似然函数值；$\overset{T}{\Pr}(O_{i-1}.t, O_i.t|\mathrm{SP}_i)$ 为时间测度上的似然函数值。这两类似然函数值将在接下来两小节分别介绍。

3.4.1 时间分析

Lou 等通过比较观测行驶速度和候选子路径的期望速度来定义时间测度上的似然函数值[4]。当观测到的行驶速度与候选子路径的平均行驶速度接近时，追踪车辆在该候选子路径上行驶的可能性也较大。但是该方法并未给出估算候选子路径的行驶速度分布。考虑到各路段上的交通状态在交通拥堵条件下变化较大，稀疏 AVI 观测点间的较长的候选子路径的出行时间或行驶速度将呈现出较大的不确定性。本节将融合 GNSS 轨迹数据和 AVI 观测点信息定义时间测度上的似然函数，利用观测到的行驶时间和候选子路径期望行驶时间的差值来衡量 AVI 观测点与该候选项的匹配程度：

$$\overset{T}{\Pr}(O_{i-1}.t, O_i.t|\mathrm{SP}_i) = \overset{S}{\Pr}(t_i - \bar{t}_{\mathrm{SP}_i}) \tag{3.7}$$

式中，$t_i = O_i.t - O_{i-1}.t$ 为 AVI 系统观测的机动车辆行驶时间；$\bar{t}_{\mathrm{SP}_i}$ 为子出行路径 $\mathrm{SP} \in \Psi_i$ 的期望出行时间。

直觉上，观测的出行时间应接近于真实路径的期望出行时间。为验证该假设，共收集了深圳某观测点对间沿着 3 条路径行驶的 1365 个样本数据。图 3.4(a) 给出了这些样本的 GNSS 轨迹分布，表 3.1 则总结了三条路径的属性值。其中，928 个样本选择了路径 A，273 个样本选择了路径 B，164 个样本选择了路径 C。这说明机动车驾驶员在 AVI 检测器间行驶时，仍然倾向于选择效用值较高的路径。但候选路径的效用值并不是判断机动车驾驶员真实路径选择的唯一标准。图 3.4(b) 则给出了这三条路径上收集样本的出行时间分布。假设该 AVI 检测器对观测到某车辆的出行时间为 20min，则该机动车驾驶员选择路径 C 的可能性应该远大于路径 B。因此，可以基于不同候选路径的出行时间分布推断出机动车驾驶员的真实行驶路径。由图 3.4(b) 可以发现各条路径的行驶时间都以其期望值呈现正态分

布，于是有

$$t_i - \bar{t}_{\mathrm{SP}_i} \sim N(0, D(t_i - \bar{t}_{\mathrm{SP}_i})) \tag{3.8}$$

式中，$N(0, D(t_i - \bar{t}_{\mathrm{SP}_i}))$ 为期望为 0、方差为 $D(t_i - \bar{t}_{\mathrm{SP}_i})$ 的正态分布。当行驶在候选路径 SP_i 上的 GNSS 样本数量足够多时，$D(t_i - \bar{t}_{\mathrm{SP}_i})$ 可以直接通过这些样本进行估算。但当 AVI 观测点对间的候选路径长度较大时，在这条路径上可收集的 GNSS 样本数量一般较少 (甚至没有)。这导致无法直接从 GNSS 样本中估计得到可信度较高的 $D(t_i - \bar{t}_{\mathrm{SP}_i})$。

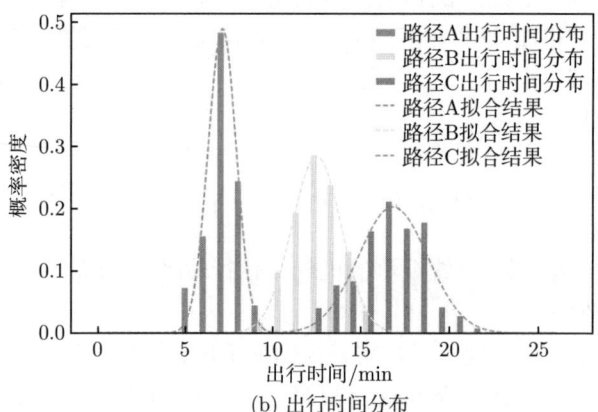

图 3.4　观测点对间样本的出行轨迹分布和出行时间分布

表 3.1　路径变量属性解释

路径属性	路径 A	路径 B	路径 C
路径长度/m	8239.25	9022.70	8971.15
信号灯数量	0	0	7
平均出行时间/min	7.11	12.49	16.83
快速路占比	1	1	0.37
观测样本数量	928	273	164

3.4 AVI 观测点对似然概率

为得到每一条候选路径可计算、置信度高的 $D(t_i - \bar{t}_{\mathrm{SP}_i})$，将提出一种基于路段 $l_x \in \mathrm{SP}_i$ 行驶时间 t_x 的出行时间的方差估计方法。其推导过程如下：

假设存在 $E(t_i - \bar{t}_{\mathrm{SP}_i}) = 0$，$(t_i - \bar{t}_{\mathrm{SP}_i})$ 的方差可以表示为

$$D(t_i - \bar{t}_{\mathrm{SP}_i}) = E[t_i - \bar{t}_{\mathrm{SP}_i} - E(t_i - \bar{t}_{\mathrm{SP}_i})]^2 = E(t_i - \bar{t}_{\mathrm{SP}_i})^2 \tag{3.9}$$

如果子路径 SP_i 由路段序列 $[l_1, \cdots, l_x, \cdots, l_X]$ 构成，则观测行驶时间 t_i 和路径 SP_i 的期望行驶时间 $\bar{t}_{\mathrm{SP}_i}$ 可以分别分解为 $t_1 + \cdots + t_x + \cdots + t_X$ 和 $\bar{t}_1 + \cdots + \bar{t}_x + \cdots + \bar{t}_X$，其中 t_x 和 $\bar{t}_x$ 分别为路段 l_x 的真实行驶时间和期望行驶时间。于是有

$$\begin{aligned}
E(t_i - \bar{t}_{\mathrm{SP}_i})^2 &= E(t_1 + \cdots + t_x + \cdots + t_X - \bar{t}_1 - \cdots - \bar{t}_x - \cdots - \bar{t}_X)^2 \\
&= E\left(\sum_{x=1}^{X}(t_x - \bar{t}_x)\right)^2 \\
&= E\left(\sum_{x=1}^{X}(t_x - \bar{t}_x)^2 + \sum_{x=1}^{X}\sum_{y=1}^{Y}(t_x - \bar{t}_x)(t_y - \bar{t}_y)\right) \\
&= \sum_{x=1}^{X} E(t_x - \bar{t}_x)^2 + \sum_{x=1}^{X}\sum_{y=1}^{Y} E((t_x - \bar{t}_x)(t_y - \bar{t}_y))
\end{aligned} \tag{3.10}$$

因为 t_x 和 t_y 相互独立，所以有

$$E((t_x - \bar{t}_x)(t_y - \bar{t}_y)) = 0 \tag{3.11}$$

因此，上式可以被简化为

$$E(t_i - \bar{t}_{\mathrm{SP}_i})^2 = \sum_{x=1}^{X} E(t_x - \bar{t}_x)^2 \tag{3.12}$$

上式中 $E(t_x - \bar{t}_x)^2$ 可以进一步分解为

$$\begin{aligned}
E(t_x - \bar{t}_x)^2 &= E\left(t_x - \frac{\sum_{n=1}^{N_x} t_{x,n}}{N_x}\right)^2 \\
&= \frac{1}{N_x^2} E\left(\sum_{n=1}^{N_x}(t_x - t_{x,n})^2\right)
\end{aligned}$$

$$= \frac{1}{N_x} D(t_x) \tag{3.13}$$

最终，可推导得到 $t_i - \bar{t}_{\mathrm{SP}_i}$ 的方差为

$$D(t_i - \bar{t}_{\mathrm{SP}_i}) = \sum_{x=1}^{X} \frac{1}{N_x} D(t_x) \tag{3.14}$$

式中，N_x 是路段 l_x 可收集到的 GNSS 样本数量；$t_{x,n}$ 为行驶在该路段上的第 n 个 GNSS 样本的行驶时间；$D(t_x)$ 为路段 l_x 行驶时间的方差。$D(t_x)$ 可由各路段上的 GNSS 样本直接估算得到。

式 (3.14) 反映出影响时间约束 $t_i - \bar{t}_{\mathrm{SP}_i}$ 不确定性 (即 $D(t_i - \bar{t}_{\mathrm{SP}_i})$) 主要有三个因素：

(1) 路段 l_x 上的 GNSS 样本数 N_x。N_x 和 $D(t_i - \bar{t}_{\mathrm{SP}_i})$ 成反比，即 N_x 越大，$D(t_i - \bar{t}_{\mathrm{SP}_i})$ 越小。

(2) 子路径包含的路段数量 X。一般情况下，候选子路径 SP_i 的长度越长 (即 X 越大)，$D(t_i - \bar{t}_{\mathrm{SP}_i})$ 越大。

(3) 路段 l_x 行驶时间的方差 $D(t_x)$。当路径 SP_i 上路段 l_x 的行驶时间存在较大不确定性 (即 $D(t_x)$ 较大) 时，该子路径的出行时间 $D(t_i - \bar{t}_{\mathrm{SP}_i})$ 的不确定性也会增大。

3.4.2 空间分析

在空间分析中，基于 Lou 等提出的转移概率定义了 $\overset{\mathrm{S}}{\Pr}(O_{i-1}.x, O_i.x|\mathrm{SP}_i)$[4]。它假设机动车驾驶员在 AVI 观测点对间连续行驶时倾向于选择长度更接近于二者间直线距离的候选路径，从而避开迂回或绕行路线。于是，$\overset{\mathrm{S}}{\Pr}(O_{i-1}.x, O_i.x|\mathrm{SP}_i)$ 可被定义为

$$\overset{\mathrm{S}}{\Pr}(O_{i-1}.x, O_i.x|\mathrm{SP}_i) = \frac{||O_{i-1}.x, O_i.x||}{\mathrm{SP}_i.\mathrm{len}} \tag{3.15}$$

式中，$||O_{i-1}.x, O_i.x||$ 为 AVI 检测器对间的欧几里得距离；$\mathrm{SP}_i.\mathrm{len}$ 为路径 $\mathrm{SP}_i \in \Psi_i$ 的长度。

3.5 案例分析

3.5.1 数据来源

为验证和评估本书提出的模型与算法，收集了来自深圳的实测数据集。共包括以下四个部分：

(1) 路网数据。包括下载自开源地图 OpenStreetMap[2] 长度共计 21 985km 的机动车路网数据。该路网覆盖了 40km×50km 空间范围，并包含 237 440 个节点和 215 771 个路段数据。

(2) 兴趣点 (point of interest, POI) 数据。一个交通小区内部包含的 POI 数量和类型揭示了该小区的用地性质。该类数据可以用来推断驾驶员活动的相关属性信息 (例如活动地点和活动时长)。共收集了来自 OpenStreetMap 平台的 12 类 POI 数据。各类数据相关统计特征如表 3.2 所示。

表 3.2 各数据集统计

数据类型	属性	统计量
GNSS	2016 年 9 月	14 230 辆出租车 112 辆私家车
AVI	2016 年 9 月	715 个路侧检测器 2070 个停车场检测器
路网	路段数量 节点数量 道路里程	215 771 个 237 440 个 21 985km
POI	居民区 宾馆 餐厅 商店 停车场 学校 药店 医院 银行 政府机构 公园 公交站	4325 个 2184 个 10 583 个 14 629 个 5308 个 1967 个 5069 个 2004 个 4907 个 741 个 186 个 9646 个

(3) GNSS 数据。GNSS 数据集共包括两部分内容。一部分是收集自 2016 年 9 月深圳 14 230 辆出租车的运营数据。该数据集的平均采样间隔为 15s。它将被用来计算提出模型中涉及的观测概率和转移概率。另一部分数据来自用地图导航数据记录的 112 辆私家车行驶轨迹数据。该部分数据的采样间隔为 1s。基于文献 [20] 提出的地图匹配算法和文献 [21] 介绍的活动识别算法，这些驾驶员的日出行链信息可以被准确且完备地提取出来。因此，这部分数据集可以被用作测试集来评价各类方法的推断精度。

(4) AVI 数据。该数据集拥有和 GNSS 数据集相同的时间 (2016 年 9 月) 和空间 (深圳全市) 跨度。一部分 AVI 数据来自 715 个路侧检测器，而另一部分来自安装在居民区、写字楼、商场等场所配建停车场的 2070 个检测器。

依据车牌信息，可以获取同一辆车的 GNSS 轨迹信息和 AVI 轨迹信息。为实施交叉验证,提取 10 000 辆车共计 1 485 476 次出行样本作为训练集,提取 1000 辆车共计 156 192 次出行样本作为训练集。基于针对高分辨 GNSS 轨迹数据开发的隐马尔可夫模型 (hidden Markov model,HMM) 地图匹配算法,可以为每个出行样本的 GNSS 轨迹匹配一条具体路径。通过人工校核,该方法可以实现 97.8% 的正确率。因此,GNSS 轨迹的匹配结果可以近似作为该样本的真实路径。训练样本集中的匹配路径将被应用于路径识别模型中相关参数的估计,而测试样本集中的匹配路径则会被作为机动车驾驶员的真实行驶路径来验证和评估提出的路径识别方法。

3.5.2 候选路径集生成

考虑到存在大量的 AVI 检测器,给出每两个检测点对间的候选路径生成结果将占用大量空间。在本小节仅给出图 3.5 中 AVI 检测器间候选子路径的生成结果。通过迭代候选子路径集生成算法 3500 次,共生成 111 条候选子路径。为展示候选集中各子路径的分布,计算各路段上候选路径经过的次数并在图 3.5 (a) 用不同宽度的线段表示。可以发现,生成候选子路径的空间分布和观测到的子路径空间分布基本一致。图 3.5(b)~(i) 展示了 8 条生成频次较高的候选子路径。与图 3.3(b)~(i) 中 8 条观测频次较高的子路径相比,生成路径不仅在路径构成上与观测子路径基本一致,在生成频次上与观测频次相差也不大。综上,由算法定义的候选路径集生成算法可以很好地复现机动车驾驶员的真实出行路径选择集合。

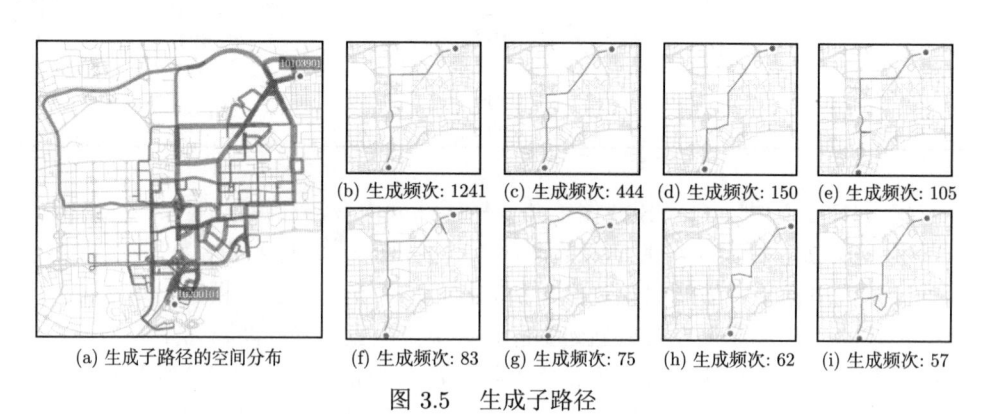

(a) 生成子路径的空间分布　(b) 生成频次: 1241　(c) 生成频次: 444　(d) 生成频次: 150　(e) 生成频次: 105
(f) 生成频次: 83　(g) 生成频次: 75　(h) 生成频次: 62　(i) 生成频次: 57

图 3.5　生成子路径

3.5.3 未知参数估计

提出的路径识别方法 AVI-MM 中共有两类未知参数需要估计。

第一类是 3.4.1 节时间分析中引入的观测行驶时间与路径行驶时间期望差值的方差 $D(t_i - \bar{t}_{SP_i})$。该参数可以利用训练样本中的 GNSS 轨迹数据估计得到。

3.5 案例分析

第二类为路径选择模型中的未知参数。训练集中的所有样本都被用来训练路径选择模型中的偏好参数。基于第 8 章介绍的半监督学习方法对每对 AVI 检测器间的路径选择行为模型进行参数估计。其似然函数定义如下[25]：

$$\overline{\beta} = \arg\max \sum_{n=1}^{N_{O_{i-1},O_i}} \delta_n \Pr(\mathrm{SP}_i) \tag{3.16}$$

式中，N_{O_{i-1},O_i} 为收集到的 AVI 观测点对间的所有样本数量。路径选择偏好参数的估计结果如表 3.3 所示。所有估计的偏好参数符号符合现实，且都经过显著性检验 (t 检验值大于 1.96)。拟合优度比为 0.7，说明偏好参数估计结果可以实现对观测数据较好的拟合[26]。

表 3.3　路径选择模型偏好参数估计结果

项目	偏好参数	标准差	t 检验
行驶时间	−0.17855989	0.01775730	−10.05557762
快速路占比	0.00052969	0.00016155	3.27872473
信号灯数量	−9.22457142	0.34606721	−26.65543322
路径重叠系数 (Path-size)	1.87071617	0.042439814	4.07927929
LL(0): −7729.02, LL(β): 5401.68, 拟合优度比: 0.7			

3.5.4　识别精度与计算效率

为全面评价提出的路径识别方法，本小节分别构建识别精度指标和计算效率指标如下：

(1) 识别精度。与大多数地图匹配算法类似，本小节基于真实路径和匹配路径间的差别来评价识别结果的精度。根据 Newson 和 Krumm[6] 的定义，路径识别精度定义如下：

$$\mathrm{Accuracy} = 1 - \frac{1}{I}\sum_{i=1}^{I} \frac{\sum_{l^- \in \mathrm{SP}_i} l^-.\mathrm{len} + \sum_{l^+ \in \overline{\mathrm{SP}_i}} l^+.\mathrm{len}}{\mathrm{SP}_i.\mathrm{len}} \times 100\% \tag{3.17}$$

式中，$\overline{\mathrm{SP}_i}$ 是 AVI 观测点对 (O_{i-1},O_i) 间的估计行驶路径；l^+ 和 l^- 分别是估计结果中多加和多减的路段。

(2) 计算效率。由于 AVI-MM 模型中的候选路径集生成过程和参数估计过程可以被独立执行，因此在评价路径识别算法计算效率的时候可以仅考虑 AVI 轨迹与具体路径的匹配过程。于是，可定义输入更新的 AVI 观测点和匹配结果输出之间的输入输出延迟 (input-to-output latency) 为评价路径识别算法计算效率的指标。

三种被广泛应用于高分辨率 GNSS 轨迹的地图匹配方法也被用来做对比分析：

(1) HMM 算法。考虑到 AVI 观测点的位置信息都是准确的，用于衡量定位误差的观测概率均被设置为 1。因此，该方法仅考虑转移概率。

(2) ST-matching (时空匹配) 算法。与 HMM 算法类似，该方法中用于校正定位误差的空间分析将被忽略。此外，在时间分析中，本书中式 (3.7) 定义的时间约束方程将替代原方法中的速度约束。

(3) CRF(conditional random field，条件随机场) 算法。该方法中的潜在可能性方程 (potential function) 由空间可达性、时间可达性、中间点空间分析以及行驶方向一致性定义。Liu 等提出的训练方法将应用于该方法的权值向量的估计[3]。

利用测试集中的样本对以上三种传统方法和提出的 AVI-MM 方法进行对比实验。表 3.4 总结了不同方法的识别精度和计算延迟时间。

表 3.4 识别精度与计算延迟对比

	HMM	CRF	ST-matching	AVI-MM
平均识别精度/%	30.85	57.69	66.24	87.74
平均计算延迟/s	0.013	0.045	0.017	0.03

总体而言，提出的 AVI-MM 算法的路径识别精度远高于其他三种方法。HMM 算法的计算精度远低于其他方法。事实上，当仅考虑 AVI 观测点间的转移连续性时，HMM 算法的路径识别结果往往是 AVI 观测点对间的最短路径。在考虑更多特征值后，CRF 算法的精度略高于 HMM 算法。ST-matching 的匹配精度在 CRF 算法基础上进一步提高。这表明由式 (3.7) 定义的时间约束对提高路径识别精度有很大帮助。

AVI-MM 算法和 CRF 算法的计算效率略高于 HMM 算法和 ST-matching 算法。但考虑到 AVI-MM 算法的计算延迟仅有 0.03s 以及 AVI 数据观测点总量较少，可认为 AVI-MM 算法可以实现大量 AVI 观测样本的高效识别。表 3.4 的计算结果也证明了 AVI-MM 算法在大幅度提升稀疏 AVI 估计数据匹配精度的同时，并未使计算效率受到太大影响。

3.5.5 AVI 观测点间距对匹配精度的影响

AVI 检测器在城市路网上分布稀疏且不均匀，提出的路径识别方法能否在 AVI 观测间距较大时获得较为满意的匹配精度尤为重要。根据 AVI 观测点间的空间距离，将测试集中 AVI 观测点对分为 11 组：(0km,5km]、(5km,10km]、(10km,15km]、(15km,20km]、(20km,25km]、(25km,30km]、(30km,35km]、(35km,40km]、(40km,45km]、(45km,50km]、(50km,+∞)。

3.5 案例分析

图 3.6(a) 展示了匹配精度随 AVI 观测点对间距变化的情况。即使 AVI 观测点对间空间间隔已经增大至 20km 以上，提出的 AVI-MM 方法仍可以正确识别 82.55% 的路段。在测试数据集中，84.02% 的样本的 AVI 观测点间距都小于 20km。因此，可认为 AVI-MM 对 AVI 观测点对空间距离具有一定的鲁棒性。

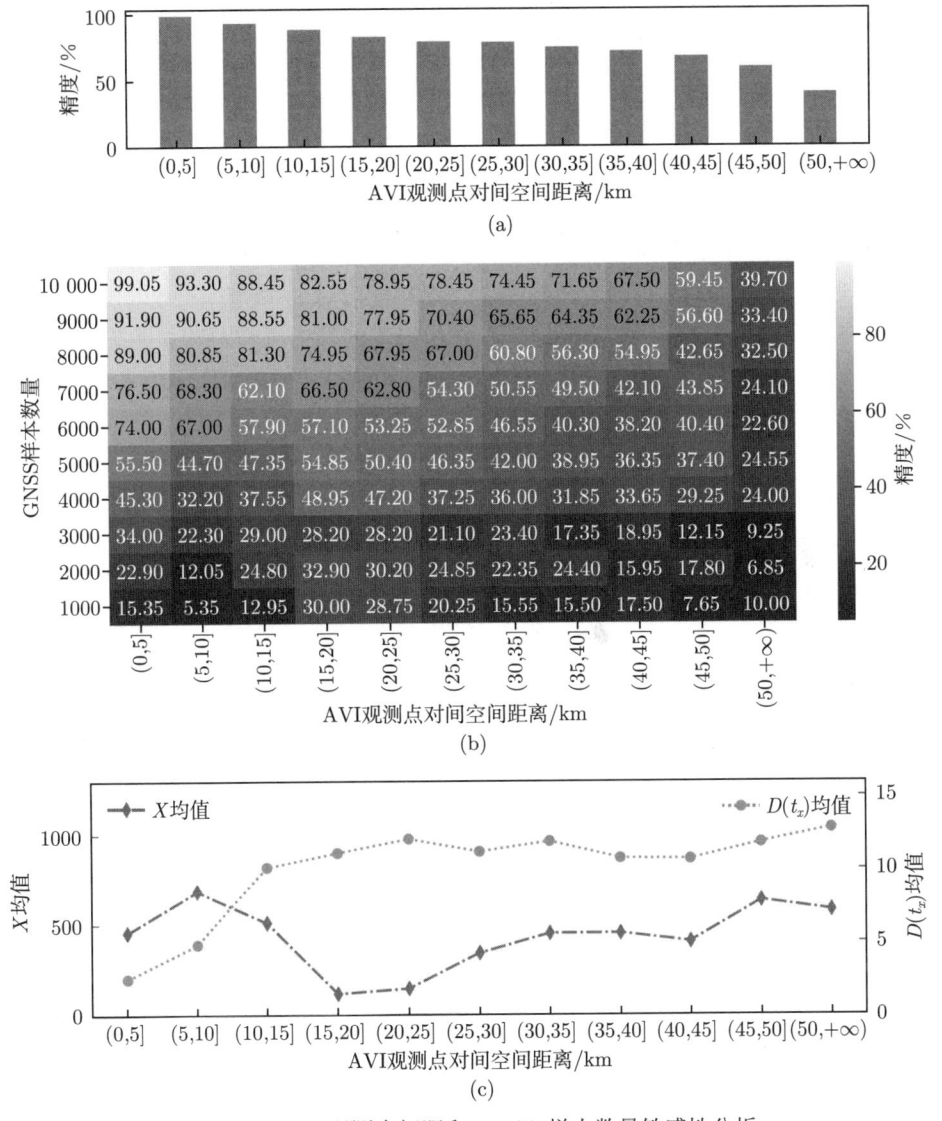

图 3.6 AVI 观测点间距和 GNSS 样本数量敏感性分析

3.5.6 GNSS 样本数量对匹配精度的影响

AVI-MM 融合 AVI 数据和 GNSS 数据定义了 AVI 轨迹和机动车车辆行驶路径间的匹配概率。根据式 (3.10)，匹配概率的时间观测的不确定性随着 GNSS 样本的增加而降低。为验证该问题，人为地将训练集中的 GNSS 样本数量减少为 10 000 个、9000 个、8000 个、7000 个、6000 个、5000 个、4000 个、3000 个、2000 个、1000 个共计 10 个层级。在 10 个 GNSS 样本数量级别基础上依据上一小节中的 AVI 观测点对空间距离对训练样本进行分组实验。图 3.6(b) 报告了所有组别的实验结果。不出所料，AVI-MM 的匹配精度随着训练集中 GNSS 样本数量的减少而降低。但意外的是，当 AVI 观测点对空间距离在 (5km, 10km] 时，匹配概率对 GNSS 样本数量异常敏感。

这一现象也可以由式 (3.14) 推导的时间观测的不确定性 $D(t_i - \bar{t}_{SP_i})$ 来解释。图 3.6(c) 给出了不同空间间隔的 AVI 观测点对间匹配路径的平均路段数量和各路段行驶时间方差（即式 (3.14) 中的 X 和 $D(t_x)$ 均值）。可以发现，尽管 X 的值相对较小，$D(t_i - \bar{t}_{SP_i})$ 在 (5km, 10km] 区间内取得峰值。根据式 (3.14)，$D(t_i - \bar{t}_{SP_i})$ 与 $D(t_x)$ 成正比而与 X 成反比，因此，可以推断 AVI-MM 的匹配精度在 (5km, 10km] 区间随着 GNSS 样本数量增加而快速下降的原因是该路段的行驶时间不确定性过高。综上，收集足够的 GNSS 样本对提高 AVI-MM 的路径识别正确率十分重要。

3.5.7 路径候选集大小对匹配精度的影响

为评估候选集规模大小对 AVI-MM 匹配精度的影响，将 AVI 观测点对按照空间间隔划分为 3 组：(0km,5km]、(5km,20km]、(20km,50km]。为每对 AVI 观测点生成包含 5 个、25 个、50 个、75 个、100 个、125 个、150 个、175 个、200 个、225 个、250 个不同数量候选项的候选集，并分别进行实验测试。图 3.7 给出匹配精度随候选集

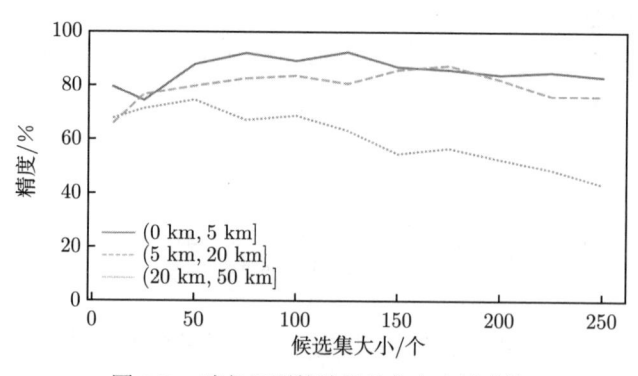

图 3.7 路径识别算法候选集大小敏感性

规模大小变化的趋势曲线。对于三组不同间距的 AVI 观测点对，匹配精度先是随着候选集中候选路径数量的增加而提高，但是，随着候选集规模持续增大，匹配精度缓慢下降。这是由于大量可行但不合理的候选路径可能会导致路径选择模型参数的有偏估计，并进一步降低了匹配精度。因此，设定一个合理的候选集规模，对提高 AVI-MM 的匹配精度和计算效率十分关键。在图 3.7 中，3 组 AVI 观测 ((0km,5km], (5km,20km], (20km,50km]) 的最优候选集大小分别是 75 个、175 个和 50 个。

3.6 本章小结

本章旨在基于离散的车辆 AVI 轨迹数据识别连续的出行路径信息，进而为精确判别全局的路网运行状态提供基本参数。现有的路径识别方法大多是针对 GNSS 数据，但 GNSS 数据存在样本量小、位置噪声等问题，阻碍了其在智能交通系统 (intelligent transportation system, ITS) 中的应用。相比之下，AVI 数据具有独特的优势，可以解决 GNSS 数据的相关问题。但由于 AVI 数据的稀疏性问题，现有的地图匹配方法不适合用于 AVI 数据。本章提出了一种针对稀疏 AVI 数据的地图匹配方法——AVI-MM。与传统方法相比，AVI-MM 在不损失计算效率的前提下，显著提高了匹配精度，并具有良好的鲁棒性。

参 考 文 献

[1] Quddus M A, Ochieng W Y, Noland R B. Current map-matching algorithms for transport applications: State-of-the art and future research directions[J]. Transportation Research Part C: Emerging Technologies, 2007, 15(5): 312-328.

[2] Quddus M, Washington S. Shortest path and vehicle trajectory aided map-matching for low frequency GPS data[J]. Transportation Research Part C: Emerging Technologies, 2015, 55: 328-339.

[3] Liu X L, Liu K, Li M X, et al. A ST-CRF map-matching method for low-frequency floating car data[J]. IEEE Transactions on Intelligent Transportation Systems, 2017, 18(5): 1241-1254.

[4] Lou Y, Zhang C Y, Zheng Y, et al. Map-matching for low-sampling-rate GPS trajectories[C]//Proceedings of the 17th ACM SIGSPATIAL International Conference on Advances in Geographic Information Systems, Seattle, Washington. ACM, 2009: 352-361.

[5] Jagadeesh G R, Srikanthan T. Online map-matching of noisy and sparse location data with hidden Markov and route choice models[J]. IEEE Transactions on Intelligent Transportation Systems, 2017, 18(9): 2423-2434.

[6] Newson P, Krumm J. Hidden Markov map matching through noise and sparseness[C]// Proceedings of the 17th ACM SIGSPATIAL International Conference on Advances in Geographic Information Systems, Seattle, Washington. ACM, 2009: 336-343.

[7] Koller H, Widhalm P, Dragaschnig M, et al. Fast hidden Markov model map-matching for sparse and noisy trajectories[C]//2015 IEEE 18th International Conference on Intelligent Transportation Systems, Gran Canaria, Spain, 2015: 2557-2561.

[8] Srivatsa M, Ganti R, Wang J J, et al. Map matching: Facts and myths[C]//Proceedings of the 21st ACM SIGSPATIAL International Conference on Advances in Geographic Information Systems, Orlando, Florida, 2013: 484-487.

[9] Lafferty J D, McCallum A, Pereira F C N. Conditional random fields: Probabilistic models for segmenting and labeling sequence data[C]//Proceedings of the Eighteenth International Conference on Machine Learning, 2001: 282-289.

[10] Hunter T, Abbeel P, Bayen A. The path inference filter: Model-based low-latency map matching of probe vehicle data[J]. IEEE Transactions on Intelligent Transportation Systems, 2014, 15(2): 507-529.

[11] Bierlaire M, Chen J M, Newman J. A probabilistic map matching method for smartphone GPS data[J]. Transportation Research Part C: Emerging Technologies, 2013, 26: 78-98.

[12] Hsueh Y L, Chen H C. Map matching for low-sampling-rate GPS trajectories by exploring real-time moving directions[J]. Information Sciences, 2018, 433/434: 55-69.

[13] Li D W, Miwa T, Morikawa T, et al. Incorporating observed and unobserved heterogeneity in route choice analysis with sampled choice sets[J]. Transportation Research Part C: Emerging Technologies, 2016, 67: 31-46.

[14] Ozbay S, Erçelebi E. Automatic vehicle identification by plate recognition[J]. World Academy of Science, Engineering, 2005, 9(41): 222-225.

[15] Ahmed M M, Abdel-Aty M A. The viability of using automatic vehicle identification data for real-time crash prediction[J]. IEEE Transactions on Intelligent Transportation Systems, 2012, 13(2): 459-468.

[16] Larionov A A, Ivanov R E, Vishnevsky V M. UHF RFID in automatic vehicle identification: Analysis and simulation[J]. IEEE Journal of Radio Frequency Identification, 2017, 1(1): 3-12.

[17] Hashemi M, Karimi H A. A critical review of real-time map-matching algorithms: Current issues and future directions[J]. Computers, Environment and Urban Systems, 2014, 48: 153-165.

[18] Bekhor S, Toledo T, Prashker J. Implementation issues of route choice models in path-based algorithms[C]// International Conference on Travel Behaviour Research, Japan, 2006.

[19] Ben-Akiva M, Bergman M, Daly A J, et al. Modeling inter-urban route choice behaviour[C]//International Symposium on Transportation and Traffic Theory, Netherlands, 1984: 299-330.

[20] Azevedo J, Santos Costa M E O, Silvestre Madeira J J E R, et al. An algorithm for the ranking of shortest paths[J]. European Journal of Operational Research, 1993, 69(1): 97-106.

[21] Ramming M S. Network knowledge and route choice[D]. Cambridge, Massachusetts: Massachusetts Institute of Technology, 2002.

[22] Prato C G, Bekhor S. Applying branch-and-bound technique to route choice set generation[J]. Transportation Research Record: Journal of the Transportation Research Board, 2006, 1985(1): 19-28.

[23] Frejinger E, Bierlaire M, Ben-Akiva M. Sampling of alternatives for route choice modeling[J]. Transportation Research Part B: Methodological, 2009, 43(10): 984-994.

[24] Cascetta E, Papola A. Random utility models with implicit availability/perception of choice alternatives for the simulation of travel demand[J]. Transportation Research Part C: Emerging Technologies, 2001, 9(4): 249-263.

[25] Prato C G. Route choice modeling: Past, present and future research directions[J]. Journal of Choice Modelling, 2009, 2(1): 65-100.

[26] Ben-Akiva M E, Lerman S R. Discrete Choice Analysis: Theory and Application to Travel Demand[M]. Cambridge: MIT Press, 1985.

第4章

片段化观测条件下的机动车出行链提取

4.1 概　　述

伴随着信息技术和人工智能技术的发展，AVI 系统的识别效率和正确率均有大幅提高。它可以通过安装在路侧和停车场的固定检测器 (如摄像监控设备) 自动识别通过车辆，从而产生了大量机动车出行的内生性移动数据 [1]。与其他内生性移动数据类似，AVI 数据可以直接且准确地捕捉到机动车驾驶员出行和活动决策的关键时刻 [2,3]。一方面，包括活动地点、活动开始时间、活动时长以及活动结束时间在内的活动属性信息都可以被停车场的 AVI 设备准确记录；另一方面，车辆的行驶路径也可以通过行驶途中被路侧 AVI 检测器捕捉到的过车记录间接推断出来。

现有文献提出了大量可用于出行链的方法。它们大致可以分为两类：基于规则的方法 [4-8] 和基于模型的方法 [9-15]。基于规则的方法要求观测到的车辆行驶轨迹序列的采样间隔必须小于活动持续时间，否则一些短期活动可能无法识别。因此，它很难检测稀疏蜂窝网络数据中的短期活动，只能适用于高分辨率的 GNSS 轨迹数据。鉴于 AVI 观测的采样间隔随机且稀疏分布，该方法可能无法从 AVI 数据合理地推断出机动车驾驶员的活动序列。而且，这种方法需要领域知识和专业经验来设计筛选规则，可能会给推理结果带来较高的不确定性。基于模型的方法假设隐藏的活动必须仅与观察到的状态相关联，但是，某些活动可能会由于 AVI 数据的不完整性和稀疏性而无法观测。因此，基于模型的方法无法应用于推断这些未观察到的活动。

本章节的研究目标就是将 AVI 系统观测到的准全样本车辆行驶轨迹转换为驾驶员的出行链信息。但是，基于 AVI 数据的出行链信息推断存在巨大挑战：

(1) 数据缺失问题。由于现有城市 AVI 系统仅在部分停车场 (区) 安装了 AVI 检测设备，因此只有少部分机动车驾驶员的出行活动能被记录下来。以图 4.1 为例，该机动车驾驶员该日参加了 5 项活动，但仅有第 3 项活动被安装在该活动地点停车场的 AVI 系统记录下来，其他活动的地点、开始时间、时长以及结束时间等属性信息都是缺失的。如何推断出这些未观测到的活动的属性信息是一个棘手但必须解决的问题。

4.1 概　　述

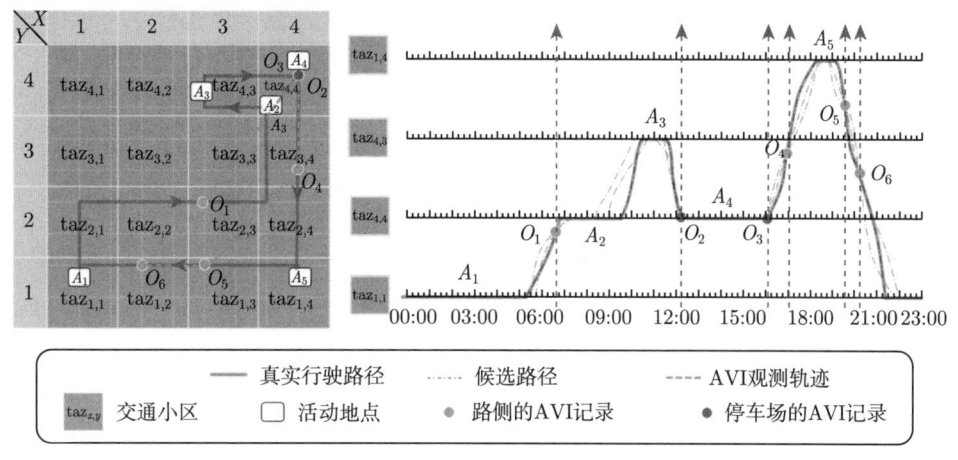

图 4.1　出行链示例

（2）数据稀疏问题。因为 AVI 检测器在城市路网上的分布非常稀疏，所以两个相邻的 AVI 观测记录间的空间距离一般都比较远。这进一步导致检测器间机动车运行状态的不确定性的增大。如图 4.1 所示，该驾驶员在第 1 和第 2 个 AVI 观测记录间参加的两项活动都未被 AVI 系统捕捉到。这就要求出行链信息推断模型不仅能够准确判断驾驶员在检测器间是否存在活动，还要能够甄别出驾驶员的活动数量。考虑到每两个检测器对之间存在着大量可能的出行和活动的组合模式，为每个检测点对生成合理的候选集合并从所有可选组合中找到最优解将是非常困难的。

为解决以上问题，本书提出了一种基于时间和空间分析的机动车驾驶员出行链信息推断方法 (spatial-temporal itinerary inference，ST-II)。该方法共包括四个部分，其框架如图 4.2 所示。

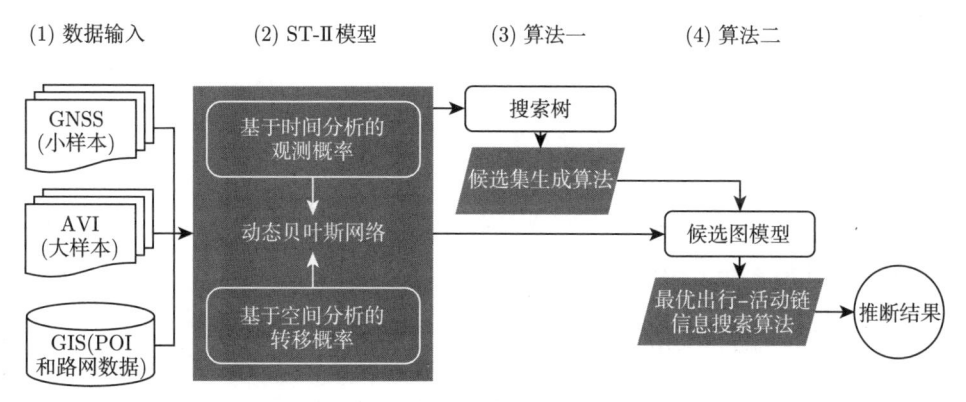

图 4.2　出行链信息提取方法框架图

(3) 数据输入共包括三个数据集：① 收集自少量浮动车样本的 GNSS 数据；② 基于准全样本车辆的 AVI 数据；③ 包括路网数据和 POI 数据在内的 GIS 数据。本书收集了来自深圳的以上三类实测数据。

(4) ST-II 模型是一个基于动态贝叶斯网络的出行链概率模型。它整合基于时间分析的观测概率和基于空间分析的转移概率两个部分，给出了一条可行的出行链与观测到 AVI 记录序列间的匹配概率 (详见第 4.2 节)。

(5) 候选集生成是指搜索每两个相邻的 AVI 观测记录间所有合理的出行和活动模式的集合的过程。它排除了大量可行但不合理的出行和活动模式组合，从而降低了问题求解的复杂程度。第 4.3 节开发了一种基于后缀树 (suffix tree) 的出行和活动模式候选集生成算法。

(6) 最优出行链求解是指依据 ST-II 模型给出的匹配概率从所有出行和活动模式中搜索出最优的出行序列。第 4.4 节在构建的候选图基础上给出了最优出行链求解算法。

4.2 基于概率图的出行链提取模型

4.2.1 符号定义

道路网络 G_R、交通小区 $taz_{x,y}$、路径 P、AVI 观测 O 以及 AVI 轨迹 $[O_1, \cdots, O_i, \cdots, O_I]$ 的定义同第 3 章 (详见定义 3.1～定义 3.5)。本章新涉及的符号定义如下：

定义 4.1 出行 T 是从一项活动到达下一项活动的短途旅行。它主要包括以下 5 项属性：$T.P$ 一条具体的路径，$T.t^-$ 出发时间，$T.t^+$ 到达时间，$T.x^-$ 出发地点和 $T.x^+$ 到达地点。为简化问题，小区内部交通出行将被忽略。

定义 4.2 活动 A 是指在特定交通小区内有一定目的的行动。每项活动包含 4 项属性：$A.x$ 活动地点，$A.t^-$ 活动开始时间，$A.t^+$ 活动结束时间和 $A.d$ 活动时长。图 4.1 给出了 5 个样例活动的空间属性 (活动地点) 和时间属性 (活动开始时间、结束时间以及持续时长)。

定义 4.3 时段 $(\delta(h-1), \delta h)$ 是用来表示出行者个体的出行和活动决策关键时刻的离散变量。本书以天为研究时域并将其等分为 H 个时段。每个时段的长度 δ 为 $1440/H$ min，则第 h 个时段可以表示为 $(\delta(h-1), \delta h)$。出行和活动的时间属性都将用时段来表示。

定义 4.4 子行程表 $M(K_i)$ 是指两个 AVI 观测点对 (O_{i-1}, O_i) 间驾驶员选择的出行–活动组合，其中 K_i 是活动数量。它的定义需要考虑三种情况：

4.2 基于概率图的出行链提取模型

$$M(K_i) = \begin{cases} [A_1^i], & O_{i-1}.c = 1 \text{ 和 } O_i.c = 1 \\ [T_0^i], & K_i = 0 \text{ 和 } \{O_{i-1}.c = 0 \text{ 或 } O_i.c = 0\} \\ [T_0^i, A_1^i, \cdots, A_k^i, T_k^i, \cdots, A_{K_i}^i, T_{K_i}^i], \\ & K_i \geqslant 1 \text{ 和 } \{O_{i-1}.c = 0 \text{ 或 } O_i.c = 0\} \end{cases} \quad (4.1)$$

当 AVI 观测 O_{i-1} 和 O_i 都为停车观测时 (即 $O_{i-1}.c = 1$ 和 $O_i.c = 1$),它们之间的运动状态仅包含一个属性已知的活动。当两个 AVI 观测中至少有一个是路侧观测时 (即 $O_{i-1}.c = 0$ 或 $O_i.c = 0$),运动状态 $M(K_i)$ 的定义需要进一步分为两种情况讨论:① 当 $K_i = 0$ 时,车辆在 O_{i-1} 和 O_i 间连续行驶,并且有 $T_0^i.x^- = O_{i-1}.x$, $T_0^i.x^+ = O_i.x$, $T_0^i.t^- = O_{i-1}.t$ 和 $T_0^i.t^+ = O_i.t$;② 当 $K_i \geqslant 1$ 时,车辆在 O_{i-1} 和 O_i 间包含有 K_i 项活动和 K_i+1 次出行,并且这些活动和出行在时空属性上密切相关 ($T_0^i.x^- = O_{i-1}.x$, $T_{K_i}^i.x^+ = O_i.x$, $A_{K_i}^i.x = T_k^{i-1}.x^- = T_k^{i-1}.x^+$, $T_0^i.t^- = O_{i-1}.t$, $T_k^i.t^+ = O_i.t$, $A_k^i.t^- = T_k^{i-1}.t^+$, $A_k^i.t^- = T_k^{i-1}.t^+$)。

定义 4.5 候选集合 Φ_i 是 AVI 观测点对 (O_{i-1}, O_i) 间所有合理的运动状态的集合。

定义 4.6 日出行链 Iti_n 为驾驶员 n 当天的按时间排序的运动状态序列,$\text{Iti}_n = [M(K_1), \cdots, M(K_i), \cdots, M(K_I)]$,其中 $M(K_i) \in \Phi_i$。根据式 (4.1),出行链可以进一步转化成出行和活动的组合序列 $[T_0^1, A_1^1, \cdots, T_{k-1}^i, A_k^i, T_k^i, \cdots, T_{K_I}^I]$。它因此可以提供驾驶员个体一天完整的出行和活动信息。

基于以上定义,本章节研究问题可定义为:

问题 4.1 给定车辆单次出行的 AVI 轨迹 $[O_1, \cdots, O_i, \cdots, O_I]$,识别出其驾驶员的出行链 $[T_0^1, A_1^1, \cdots, T_{k-1}^i, A_k^i, T_k^i, \cdots, T_{K_I}^I]$。

4.2.2 图模型结构

为解决问题 4.1,基于动态贝叶斯网络 (dynamic Bayesian network, DBN)[16] 提出了整合时空分析的出行链推断模型。图 4.3(a) 给出了 ST-II 的贝叶斯网络结构,其中节点表示各个随机变量,边表示各个节点间的相关关系。与标准的隐马尔可夫模型 (HMM) 相同 (贝叶斯网络结构见图 4.3(b)),ST-II 同样包含以下两类节点[17]:

(1) 观测节点。每个观测节点 O_i 对应一个 AVI 观测。单个车辆的 AVI 观测按时间顺序排列 (即 AVI 轨迹 $[O_1, \cdots, O_i, \cdots, O_I]$) 便构成了 ST-II 的上层观测节点 (图 4.3(a) 中的白色圆圈)。

(2) 隐藏节点。每个隐藏节点 h_i 表示一个潜在的驾驶员运动状态 $M(K_i) \in \Phi_i$。驾驶员的出行活动链中的运动状态序列 $\text{Iti}_n = [M(K_1), \cdots, M(K_i), \cdots, M(K_I)]$ 组成了 ST-II 的下层隐藏节点 (图 4.3(a) 中的黑色圆圈)。

(a) ST-II 模型

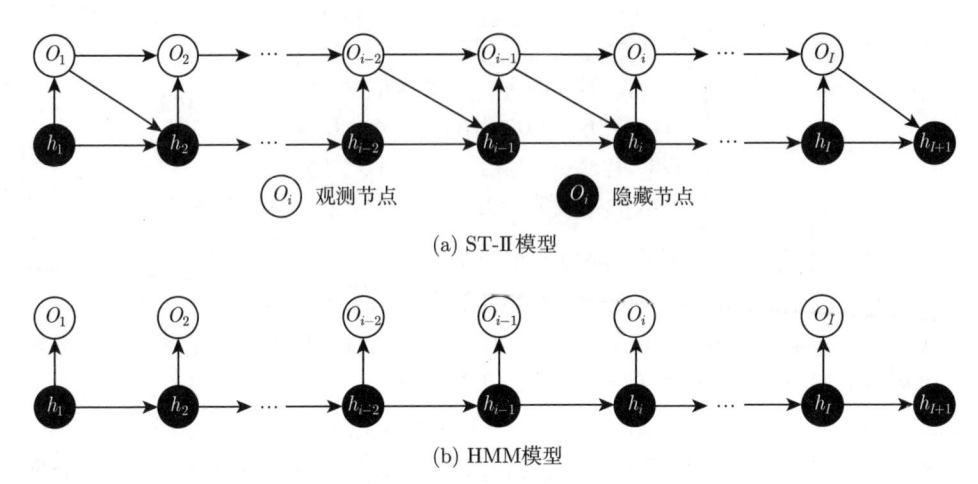

(b) HMM 模型

图 4.3　图模型结构

值得注意的是，ST-II 模型与标准的 HMM 既有相似之处，也有不同[18]。如图 4.3(b) 所示，HMM 假设每个观测节点仅依赖于其对应的隐藏节点。这种相关关系一般通过观测概率 (measurement probability) 或排放概率 (emission probability) 来衡量。但在出行链的推断问题中，AVI 观测 O_i 不仅取决于当前的运动状态 $M(K_i)$，还受到前一个 AVI 观测 O_{i-1} 的影响。一个典型的例子是 AVI 观测的时间戳 $O_i.t$ 由前一个 AVI 观测时间戳 $O_{i-1}.t$ 和它们之间的隐藏运动状态所消耗的时间共同决定：

$$O_i.t = O_{i-1}.t + \sum_{k=0}^{K} T_k^i.d + \sum_{k=1}^{K} A_k^i.d \tag{4.2}$$

因此，ST-II 将基于时间分析重新定义描述这种相关关系的观测概率。

在标准的 HMM 中，转移概率是从给定的前序隐藏节点状态转化为一个给定的当前隐藏节点状态的可能性。它考虑了两个相邻的隐藏节点间的相关关系，却忽视了与存在于它们之间的 AVI 观测 O_{i-1} 的相关关系。当 $O_{i-1}.c = 0$ 时，$O_{i-1}.x = 0$ 是从 $M(K_{i-1})$ 转移到 $M(K_i)$ 必须经历的中间点；当 $O_{i-1}.c = 1$ 时，$O_{i-1}.x$ 则是连接 $M(K_{i-1})$ 和 $M(K_i)$ 的出行起点或终点。如果忽略了 $O_{i-1}.x$ 对状态转移的限制，就是忽略了出行和活动间的相关关系。因此，转移概率需要在对三者空间关系进行分析的基础上重新定义。

4.2.3　匹配概率推导

基于上一小节定义的动态贝叶斯网络，ST-II 可以推导出与给定 AVI 轨迹条件最匹配的出行链。具体推导过程包括前向推断 (forward inference) 和后向追踪 (backward tracking) 两个部分[19]。

1. 前向推断

定义在假定驾驶员已经选择了最有可能的前序隐藏运动状态 $h_{1:i-1}$ 条件下，其以运动状态 $h_i = M(K_i)$ 结束并生成观测的 AVI 轨迹 $O_{1:i}$ 的概率为

$$\begin{aligned} &F\left(M\left(K_i\right)\right) \\ &= \max_{h_{1:i-1}} \Pr\left(h_{1:i-1}, h_i = M\left(K_i\right) | O_{1:i}\right) \\ &= \max_{h_{1:i-1}} \Pr\left(h_{1:i-1}, h_i = M\left(K_i\right) | O_{1:i-1}, O_i\right) \\ &= \max_{h_{1:i-1}} \frac{1}{Z_i} \Pr\left(O_i | h_{1:i-1}, h_i = M\left(K_i\right), O_{1:i-2}, O_{1:i-1}\right) \Pr\left(h_{1:i-1}, h_i = M\left(K_i\right) | O_{1:i-1}\right) \\ &= \frac{1}{Z_i} \Pr(O_i | h_i = M\left(K_i\right), O_{i-1}) \max_{h_{1:i-1}} \Pr\left(h_{1:i-1}, h_i = M\left(K_i\right) | O_{1:i-1}\right) \quad (4.3) \end{aligned}$$

式中，第一项 $\frac{1}{Z_i}$ 是归一化常数。Z_i 可以由下式计算：

$$Z_i = \sum_{M'(K_i) \in \Phi_i} \Pr\left(O_i | h_i = M'\left(K_i\right), O_{i-1}\right) \Pr\left(h_{1:i-1}, h_i = M'\left(K_i\right) | O_{1:i-1}\right) \quad (4.4)$$

第二项 $\Pr\left(O_i | h_i = M\left(K_i\right), O_{i-1}\right)$ 是观测概率。它描述了当给定隐藏运动状态 $h_i = M\left(K_i\right)$ 和前一个 AVI 观测 O_{i-1} 时，最新的 AVI 观测是 O_i 的可能性。关于观测概率更详细的介绍可以参考第 3.4.1 节。第三项 $\max_{h_{1:i-1}} \Pr(h_{1:i-1}, h_i = M\left(K_i\right) | O_{1:i-1})$ 可以被进一步分解为

$$\begin{aligned} &\max_{h_{1:i-1}} \Pr\left(h_{1:i-1}, h_i = M\left(K_i\right) | O_{1:i-1}\right) \\ &= \max_{h_{1:i-1}} \Pr\left(h_i = M\left(K_i\right) | h_{1:i-1}, O_{1:i-1}\right) \Pr\left(h_{1:i-1} | O_{1:i-1}\right) \\ &= \max_{h_{i-1}} \Pr\left(h_i = M\left(K_i\right) | h_{1:i-2}, h_{i-1} = M\left(K_{i-1}\right), O_{1:i-2}, O_{i-1}\right) \\ &\quad \cdot \max_{h_{1:i-2}} \Pr\left(h_{1:i-2}, h_{i-1} = M\left(K_{i-1}\right) | O_{1:i-1}\right) \\ &= \max_{h_{i-1}} \Pr(h_i = M\left(K_i\right) | h_{i-1} = M\left(K_{i-1}\right), O_{i-1}) F\left(M(K_{i-1})\right) \quad (4.5) \end{aligned}$$

式中，$\Pr(h_i = M\left(K_i\right) | h_{i-1} = M\left(K_{i-1}\right), O_{i-1})$ 是在 AVI 观测 $O_{i-1}.x$ 的空间限制条件下从隐藏状态 $h_{i-1} = M\left(K_{i-1}\right)$ 转移到 $h_i = M\left(K_i\right)$ 的概率。

将式 (4.5) 代入式 (4.3)，$F\left(M(K_i)\right)$ 可以被重新写作：

$$F(M(K_i)) = \frac{1}{Z_i} \Pr(O_i|h_i = M(K_i), O_{i-1})$$
$$\cdot \max_{h_{i-1}} \Pr(h_i = M(K_i)|h_{i-1} = M(K_{i-1}), O_{i-1}) F(M(K_{i-1})) \quad (4.6)$$

假设机动车驾驶员每天都从家出发,且出发时刻可以被居住地的 AVI 系统准确记录,则其日出行链的第一个运动状态已知且固定,因此可认为初始状态 $F(M(K_1)) = 1$ 恒成立。

2. 后向追踪

式 (4.5) 表明 $F(M(K_i))$ 可由观测概率、转移概率及其前一状态 $F(M(K_{i-1}))$ 计算得到。因此,由 ST-II 定义的出行链推导过程是一个不断循环的递推过程。为输出推导的前序隐藏状态 $h_{1:i-1}$,需要在每次迭代过程中记录下上一个隐藏状态:

$$\begin{aligned}
\overline{M}(K_{i-1}) &= G(M(K_i)) \\
&= \frac{1}{Z_i} \Pr(O_i|h_i = M(K_i), O_{i-1}) \\
&\quad \cdot \arg\max_{h_{i-1}} \Pr(h_i = M(K_i)|h_{i-1} = M(K_{i-1}), O_{i-1}) F(M(K_{i-1}))
\end{aligned}$$
$$(4.7)$$

式中,$G(M(K_i))$ 返回给定当前运动状态 $M(K_i)$ 下最有可能的前序运动状态 $\overline{M}(K_{i-1})$。

不断重复上述程序直至得到最终状态 $\overline{M}(K_I)$:

$$\overline{M}(K_I) = \arg\max_{h_{I-1}} F(M(K_i))$$

最终,可以得到与 AVI 轨迹 $O_{1:I}$ 相匹配的完整的出行链 $[\overline{M}(K_1), \cdots, \overline{M}(K_I)]$。

在上述的推导过程中,观测概率和转移概率尚未给出详细定义。在后续两小节中,观测概率将在第 4.2.4 节时间分析基础上给出,而转移概率将在 4.2.5 节空间分析基础上给出。

4.2.4 观测概率

观测概率 $\Pr(O_i|h_i = M(K_i), O_{i-1})$ 是指给定一个隐藏运动状态 $h_i = M(K_i)$ 和前一个 AVI 观测 O_{i-1} 生成观测 O_i 的可能性。本节基于运动状态的时间分布给出了估计观测概率的方法。这个分布实际上是 $M(K_i)$ 包含的出行和活动时间

4.2 基于概率图的出行链提取模型

的混合分布[20]。为说明此问题，特收集了深圳市某两个检测器间三个运动状态共计 1662 个样本数据。它们的 GNSS 轨迹如图 4.4 所示。

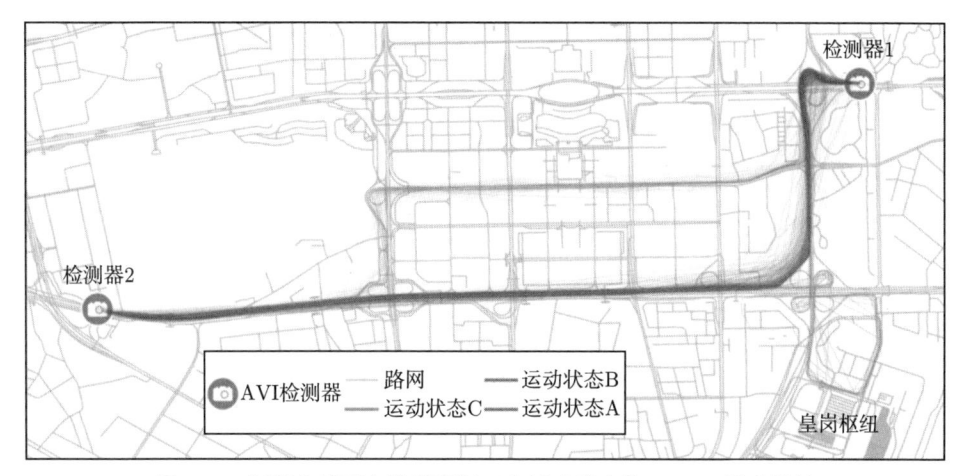

图 4.4 深圳市某两个检测器间三个运动状态的 GNSS 样本轨迹

选择运动状态 A 和运动状态 B 的样本在这个检测器对间分别沿着最短路和次短路连续行驶。它们的出行时间分布如图 4.5(a) 所示。不难发现，二者的出行时间都分布在其期望值附近且呈现显著的正态分布。与它们不同，运动状态 C 则在皇岗枢纽附近停留参加了某项活动。图 4.5(b) 展示了它的出行时间分布。可以观测到：运动状态 C 的持续时间分布实质上是由三部分组成：① 从第一个检测器到活动地点的出行时间；② 在活动地点的逗留时间，即活动时长；③ 从活动地点到下一个检测器的出行时间。如图 4.5(b) 所示，运动状态 C 的时间分布非常分散，且呈现出显著的长尾特征。正态分布对其的拟合优度比仅为 0.55。由于出行和活动组合的多样性以及活动时长的不确定性，估计运动状态时间分布并非易事。

本书将基于运动状态中每项出行和活动的时间动态推导其时间分布，并以此衡量观测概率。具体推导过程如下：令 $\Pr(\delta(h_1-1) \leqslant A_1^i.t^- < \delta h_1 | M(K_i), O_{i-1})$ 为当给定运动状态 $M(K_i)$ 和前一个 AVI 观测 O_{i-1} 时，第一项活动 $A_1^i \in M(K_i)$ 在时间段 $(\delta(h_1-1), \delta h_1)$ 开始的概率。既然活动的开始时间等于前一项出行的到达时间：$A_1^i.t^- = T_0^i.t^+$，因此可以基于连接路径 $T_0^i.p$ 的行驶时间分布估算活动 A_1^i 的开始时间分布：

$$\Pr(\delta(h_1-1) \leqslant A_1^i.t^- < \delta h_1 | M(K_i), O_{i-1})$$
$$= \Pr(\delta(h_1-1) \leqslant O_{i-1}.t + T_0^i.d < \delta h_1 | M(K_i), O_{i-1})$$

$$= \int_{\delta(h_1-1)-O_{i-1}.t}^{\delta h_1-O_{i-1}.t} f\left(t|T_0^i.p\right) \mathrm{d}t \tag{4.8}$$

式中，$f\left(t|T_0^i.p\right)$ 是路径 $T_0^i.p$ 行驶时间的分布函数。具体估计方法请参见 3.4.1 节。

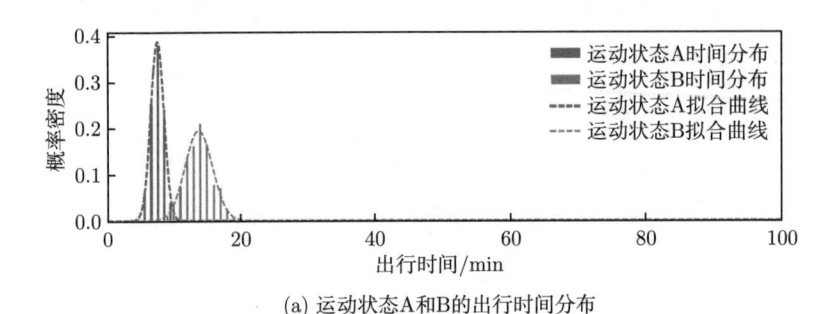

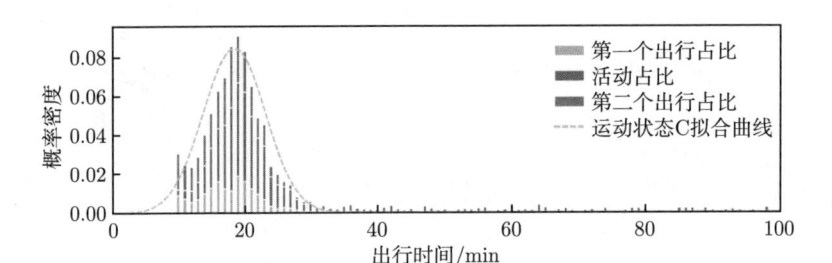

(a) 运动状态A和B的出行时间分布

(b) 运动状态C的出行时间分布

图 4.5　AVI 观测点对间不同运动状态的时间分布

基于第一项活动的开始时间，其结束时间概率也可以根据活动时长进行推算：

$$\begin{aligned}
&\Pr(A_1^i.t^+|M(K_i),O_{i-1}) \\
&= \sum_{t_h} \Pr(A_1^i.d|\delta(h_1-1) \leqslant A_1^i.t^- < \delta h_1) \Pr(\delta(h_1-1) \leqslant A_1^i.t^- < \delta h_1|M(K_i),O_{i-1}) \\
&= \sum_{t_h} \Pr(A_1^i.d|\delta(h_1-1) \leqslant A_1^i.t^- < \delta h_1) \int_{\delta(h_1-1)-O_{i-1}.t}^{\delta h_1-O_{i-1}.t} f\left(t|T_0^i.p\right) \mathrm{d}t
\end{aligned} \tag{4.9}$$

式中，$\Pr(A_1^i.d|\delta(h_1-1) \leqslant A_1^i.t^- < \delta h_1)$ 为当已知出行者在 h_1 时段到达第一项活动，其活动的持续时长为 A_1^i 的概率。图 4.6 绘制了由 AVI 系统记录下的两个不同地点的停车场的驾驶员活动时长分布。由图可以发现活动时长分布非常依赖于到达时间，且很难用某一固定的分布函数实现较高的拟合精度。本书附录给出了一种基于相似图的活动时长概率估计方法。

4.2 基于概率图的出行链提取模型

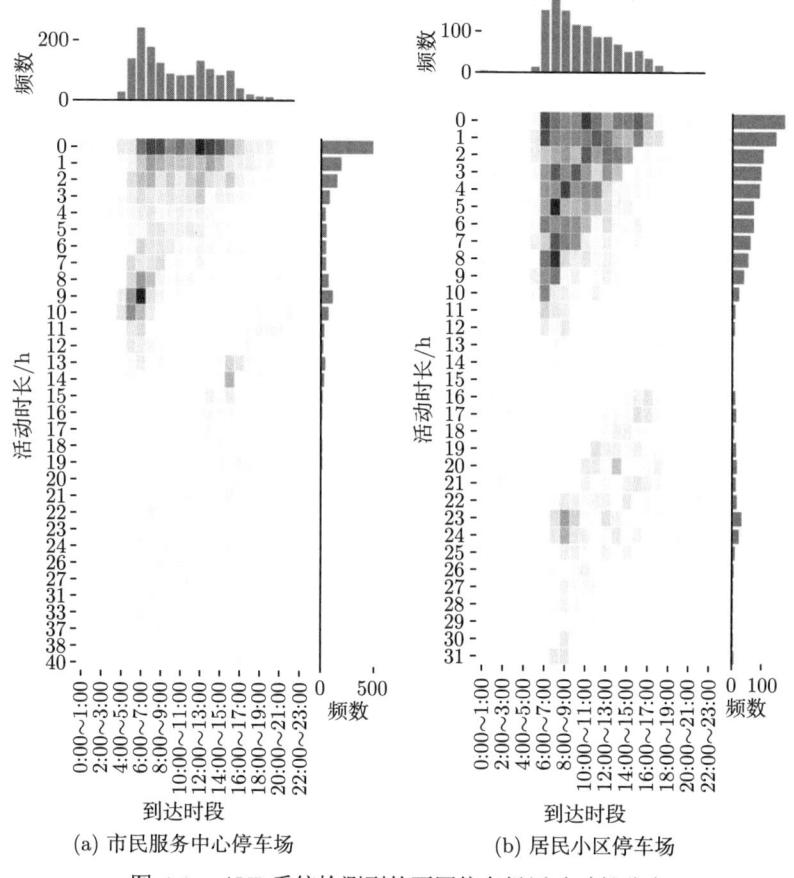

(a) 市民服务中心停车场

(b) 居民小区停车场

图 4.6 AVI 系统检测到的不同停车场活动时长分布

根据附录中的式 (A.7)，式 (4.9) 可以被修改为

$$\Pr(A_1^i.t^+|M(K_i),O_{i-1})$$
$$=\sum_{h_1}\overline{F}(t=A_1^i.d|v^u=A_1^i.x,h_1)\int_{\delta(h_1-1)-O_{i-1}.t}^{\delta h_1-O_{i-1}.t} f\left(t|T_0^i.p\right)\mathrm{d}t \quad (4.10)$$

第 k 项活动的结束时间可基于链式法则 (chain rule) 推导为

$$\Pr(A_k^i.t^+|M(K_i),O_{i-1})$$
$$=\sum_{h_1}\overline{F}(t=A_1^i.d|v^u=A_1^i.x,h_1)\int_{\delta(h_1-1)-O_{i-1}.t}^{\delta h_1-O_{i-1}.t} f\left(t|T_0^i.p\right)\mathrm{d}t$$

$$\cdot \prod_{k=2}^{K_i} \sum_{h_k} \overline{F}(t = A_k^i.d | v^u = A_k^i.x, h_k) \int_{\delta(h_k-1)-A_{k-1}^i.t^+}^{\delta h_k - A_{k-1}^i.t^+} f\left(t | T_{k-1}^i.p\right) \mathrm{d}t \quad (4.11)$$

最终，观测概率可以基于最后一项活动的结束时间和最后一次出行的行驶时间分布得到

$$\Pr(O_i.t | M(K_i), O_{i-1}) = \Pr(A_{K_i}^i.l^+ | M(K_i), O_{i-1}) f(O_{i+1}.t - A_{K_i}^i.t^+ | T_{K_i}^i.p) \quad (4.12)$$

对于连续行驶的运动状态 (即 $K_i = 0$)，式 (4.12) 可以缩减为

$$\Pr(O_i.t | M(K_i), O_{i-1}) = f(O_i.t - O_{i-1}.t | T_0^i.p) \quad (4.13)$$

4.2.5 转移概率

转移概率 $\Pr(h_i = M(K_i) | h_{i-1} = M(K_{i-1}), O_{i-1})$ 是指给定 AVI 观测 O_{i-1} 时检测车辆在相邻的隐藏运动状态间转移的概率。与 HMM 不同的是，该转移概率考虑了中间观测点 O_{i-1} 对转移概率在空间上的限制。这种空间限制需要根据二者间 AVI 观测 O_{i-1} 的类型分两种情况讨论。

1. O_{i-1} 为停车观测

即当 $O_{i-1}.c = 1$ 时，$M(K_{i-1})$ 中和 $M(K_i)$ 至少有一项已知，$O_{i-1}.x$ 则是 $M(K_{i-1})$ 的结束位置和 $M(K_i)$ 的开始位置。若 $O_i.c = 1$，则 $M(K_i) = [A_1^i]$ 且 A_1^i 各项属性全部可被直接观测到。因此，可仅讨论 $O_i.c = 0$ 的情况。考虑到停车观测一般成对出现，因此当 $O_{i-1}.c = 1$、$O_i.c = 0$ 时，有 $O_{i-2}.c = 1$。此时 AVI 观测点对转移概率的空间限制为：检测车辆没有可能经过被其他 AVI 检测器监控的路段，因为当任何车辆经过检测器时，AVI 系统会将一条新的过车记录增加到 AVI 轨迹中。此时的转移概率应为出行者在完成运动状态 $M(K_{i-1})$ 后选择下一项子行程表 $M(K_i)$ 同时不被 AVI 系统检测的概率。此时，需分两种情况讨论：

1) $K_i = 0$

即当车辆在 O_{i-1} 和 O_i 之间的子行程表为连续行驶状态时，$M(K_i) = [T_0^i]$。此时的转移概率可以被定义为

$$\Pr(h_i = M(K_i) | h_{i-1} = M(K_{i-1}), O_{i-1}) = \sum_{T_0^i.p \in \Psi_k^p} \delta_{i,0}^p \Pr(T_0^i.p | O_i.x, O_{i-1}.x) \quad (4.14)$$

式中，$\delta_{i,0}$ 为表示车辆是否经过 AVI 监控路段的二元变量，当 $T_0^i.p$ 经过被 AVI 系统监测的路段时，$\delta_{i,0} = 0$，否则 $\delta_{i,0} = 1$；Ψ_k^p 为连接 $O_{i-1}.x$ 和 $O_i.x$ 两个地

4.2 基于概率图的出行链提取模型

点间的候选路径集；$\Pr(T_0^i.p|O_i.x, O_{i-1}.x)$ 为路径选择模型，给出出行的两个端点 $(O_{i-1}.x, O_i.x)$ 时，驾驶员选择路径 $T_0^i.p$ 的概率。

2) $K_i \geqslant 1$

即车辆在 O_{i-1} 和 O_i 之间至少包含一项活动 $M(K_i) = [T_0^i, A_1^i, \cdots, A_{K_i}^i, T_{K_i}^i]$。此时的转移概率可分解为

$$\Pr(h_i = M(K_i)|h_{i-1} = M(K_{i-1}), O_{i-1})$$

$$= \sum_{T_0^i.p \in \Psi_1^p} \delta_{i,0}^p \Pr(T_0^i.p|A_1^i.x, O_{i-1}.x) \prod_{k=2}^{K_i} \Pr(A_k^i.x|A_{k-1}^i.x)$$

$$\cdot \sum_{T_{k-1}^i.p \in \Psi_k^p} \delta_{i,k}^p \Pr(T_{k-1}^i.p|A_k^i.x|A_{k-1}^i.x) \tag{4.15}$$

式中，$\delta_{i,k}$ 为表示车辆是否经过 AVI 监控路段的二元变量，当 $T_k^i.p$ 经过被 AVI 系统监测的路段时，$\delta_{i,k} = 0$，否则 $\delta_{i,k} = 1$；Ψ_k^p 为连接起始活动的位置 $A_{k-1}^i.x$ 和目的活动位置 $A_k^i.x$ 间的候选路径集；$\Pr(T_{k-1}^i.p|A_k^i.x|A_{k-1}^i.x)$ 为路径选择模型，给出已知起始活动地 $A_{k-1}^i.x$ 和目的活动地 $A_k^i.x$ 驾驶员选择路径 $T_{k-1}^i.p$ 的概率；同理，$\Pr(T_0^i.p|A_1^i.x, O_{i-1}.x)$ 则为连接中间观测点和首项活动间出行的路径选择行为模型；$\Pr(A_k^i.x|A_{k-1}^i.x)$ 为目的地选择行为模型，描述了在给定出发地 $A_{k-1}^i.x$ 条件下选择目的地 $A_k^i.x$ 的概率。

2. O_{i-1} 为路侧观测

即当 $O_{i-1}.c = 0$ 时，这意味着该车辆从 $M(K_{i-1})$ 转移到 $M(K_i)$ 必须经过中间观测点 $O_{i-1}.x$ 而不会经过其他检测器监控路段。此时，需根据 $M(K_{i-1})$ 和 $M(K_i)$ 中的活动数量分为三种情形讨论。

1) $K_i \geqslant 1, K_{i-1} \geqslant 1$

即 $M(K_{i-1})$ 和 $M(K_i)$ 都包含一个以上的活动。转移概率可以被分解为

$$\Pr(h_i = M(K_i)|h_{i-1} = M(K_{i-1}), O_{i-1})$$

$$= \Pr(T_0^i, A_1^i, \cdots, A_{K_i}^i, T_{K_i}^i|T_0^{i-1}, A_1^{i-1}, \cdots, A_{K_{i-1}}^{i-1}, T_{K_{i-1}}^{i-1}, O_{i-1})$$

$$= \Pr(T_0^i, A_1^i, \cdots, A_{K_i}^i, T_{K_i}^i|A_{K_{i-1}}^{i-1}, T_{K_{i-1}}^{i-1}, O_{i-1})$$

$$= \Pr(T_0^i, A_1^i, \cdots, A_{K_i}^i, T_{K_i}^i|A_{K_{i-1}}^{i-1}, T_{K_{i-1}}^{i-1}) \Pr(A_1^i|A_{K_{i-1}}^{i-1}, O_{i-1}) \tag{4.16}$$

式 (4.16) 中第一项 $\Pr(T_0^i, A_1^i, \cdots, A_{K_i}^i, T_{K_i}^i)$ 是在给出上一行程表末项出行和活动时驾驶员选择子行程表的概率，可由出行者的目的地选择行为模型和路径

选择行为模型推导得到。

$$\Pr(T_0^i, A_1^i, \cdots, A_{K_i}^i, T_{K_i}^i | A_{K_{i-1}}^{i-1}, T_{K_{i-1}}^{i-1})$$
$$= \Pr(A_1^i.x | A_{K_{i-1}}^{i-1}.x) \sum_{T_0^i.p \in \Psi_1^p} \delta_{i,0}^p \Pr(T_0^i.p | A_1^i.x, T_{K_{i-1}}^{i-1}.p)$$
$$\cdot \prod_{k=2}^{K_i} \Pr(A_k^i.x | A_{K_{i-1}}^i.x) \sum_{T_{k-1}^i.p \in \Psi_k^p} \delta_{i,k}^p \Pr(T_{k-1}^i.p | A_k^i.x, A_{K_{i-1}}^i.x) \quad (4.17)$$

式 (4.16) 中第二项 $\Pr(A_1^i | A_{K_{i-1}}^{i-1}, O_{i-1})$ 为基于中间观测 O_{i-1} 的车辆活动的空间限制项，可由车辆运行的历史轨迹和监测点空间位置间的拓扑关系计算得到。空间限制项表示在已知监测车辆途中观测点 $O_{i-1}.x$ 条件下从上一子行程表的末项活动转移到当前子行程表首项活动的概率。

一般来说，当车辆在 OD(origin-destination，起讫点) 对间连续行驶时，其运行轨迹倾向于直线的而非迂回的。以图 4.7(a) 中的转移场景为例，驾驶员从上一子行程表 $M(K_{i-1})$ 的末项活动 $A_{K_{i-1}}^{i-1}$ 转移到当前子行程表 $M(K_i)$ 首项活动 A_1^i，并在出行途中生成 AVI 观测 O_{i-1}。

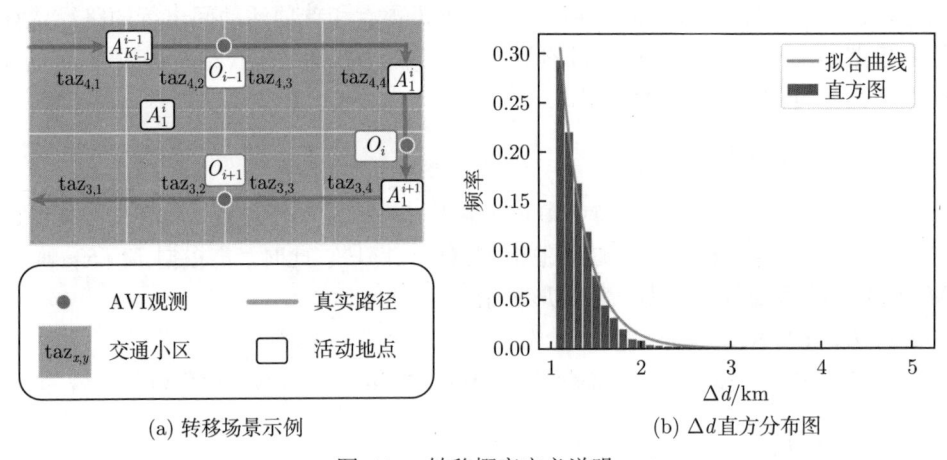

(a) 转移场景示例

(b) Δd 直方分布图

图 4.7　转移概率定义说明

假设当前子行程表存在两个候选项：$M(K_i) = [T_0^i, A_1^i, T_1^i]$ 和 $M'(K_i) = [T_0'^i, A_1^i, T_1'^i]$，则驾驶员更倾向于选择 $M(K_i)$ 而非 $M'(K_i)$。因为他在选择 $A_1^i.x$ 作为目的地后没有理由迂回行驶至 O_{i-1}。同理，如果已知 $M(K_{i+1})$ 是下一个子行程，我们也可以推断出在 O_{i-1} 和 O_i 不大可能存在驻留活动，因为如果该驾驶员选择的子行程 $M(K_{i+1})$ 为连续行驶状态时，他没有理由在 O_i 和 O_{i-1} 间进行迂回移动。以上分析表明当驾驶员在两个相邻的活动间转移时，其车辆的行驶距

4.2 基于概率图的出行链提取模型

离应该尽可能接近两活动地点的直线距离。令 Δd 为衡量这两种距离间相似性的指标，定义如下：

$$\Delta d = \frac{\mathrm{dd}(A_1^i.x, O_{i-1}.x) + \mathrm{dd}(O_{i-1}.x, A_{K_{i-1}}^{i-1}.x) - ||A_1^i.x, A_{K_{i-1}}^{i-1}.x||}{||A_1^i.x, A_{K_{i-1}}^{i-1}.x||} \tag{4.18}$$

式中，$||\cdot,\cdot||$ 是两个地点间的直线距离；$\mathrm{dd}(\cdot,\cdot)$ 是驾驶员真实的行驶距离。直觉上，当 Δd 较小时，驾驶员在活动地点 $A_1^i.x$ 和 $A_{K_{i-1}}^{i-1}.x$ 之间连续行驶的可能性较大。为验证该直觉，基于 GNSS 传感器收集了 1275 个实测样本的高分辨率 GNSS 轨迹数据并依据其标记的真实出行活动链计算出这些样本的 Δd 值。图 4.7(b) 绘制了 Δd 直方分布图。该分布随着 Δd 的增加而迅速降低并和对数正态分布有着较高的拟合精度。因此，空间限制项 $\Pr(A_1^i|A_{K_{i-1}}^{i-1}, O_{i-1})$ 可由下式计算得到

$$\Pr(A_1^i|A_{K_{i-1}}^{i-1}, O_{i-1}) = \frac{1}{\sqrt{2\pi}b\Delta d} \exp\left(\frac{-[\ln(\Delta d) - a]^2}{2b^2}\right) \tag{4.19}$$

式中，a 和 b 是对数正态分布中的未知参数。

2) $K_i \geqslant 1, K_{i-1} = 0$

即子行程表 $M(K_{i-1})$ 为连续行驶状态，且行程表 $M(K_i)$ 至少包含一项活动。其转移概率可以被分解为

$$\begin{aligned}
&\Pr(h_i = M(K_i)|h_{i-1} = M(K_{i-1}), O_{i-1}) \\
&= \Pr(T_0^i, A_1^i, \cdots, A_{K_i}^i, T_{K_i}^i|T_0^{i-1}, O_{i-1}) \\
&= \Pr(T_0^i, A_1^i, \cdots, A_{K_i}^i, T_{K_i}^i|T_0^{i-1}) \Pr(A_1^i|T_0^{i-1}, O_{i-1})
\end{aligned} \tag{4.20}$$

式 (4.20) 中的第一项可根据链式法则进一步分解为路径选择模型和目的地选择模型的乘积：

$$\begin{aligned}
&\Pr(T_0^i, A_1^i, \cdots, A_{K_i}^i, T_{K_i}^i|T_0^{i-1}) \\
&= \sum_{T_0^i.p \in \Psi_1^p} \delta_{i,0}^p \Pr(T_0^i.p|A_1^i.x, T_{K_{i-1}}^{i-1}.p) \\
&\quad \cdot \prod_{k=2}^{K_i} \Pr(A_k^i.x|A_{K_{i-1}}^i.x) \sum_{T_{k-1}^i.p \in \Psi_k^p} \delta_{i,k}^p \Pr(T_{k-1}^i.p|A_k^i.x, A_{K_{i-1}}^i.x)
\end{aligned} \tag{4.21}$$

式 (4.21) 中第二项服从与式 (4.19) 相同的对数正态分布：

$$\Pr(A_1^i|T_0^{i-1}, O_{i-1}) = \frac{1}{\sqrt{2\pi}b\Delta d} \exp\left(\frac{-[\ln(\Delta d) - a]^2}{2b^2}\right) \tag{4.22}$$

式中，Δd 的定义如下：

$$\Delta d = \frac{\mathrm{dd}(A_1^i.x, O_{i-1}.x) + \mathrm{dd}(O_{i-1}.x, O_{i-2}.x) - \|A_1^i.x, O_{i-2}.x\|}{\|A_1^i.x, O_{i-2}.x\|} \tag{4.23}$$

3) $K_i = 0, K_{i-1} \geqslant 1$

即当子行程表 $M(K_i)$ 为连续行驶状态且子行程表 $M(K_{i-1})$ 至少包含一项活动时，其转移概率可以被分解为

$$\Pr(h_i = M(K_i) | h_{i-1} = M(K_{i-1}), O_{i-1})$$
$$= \Pr(T_0^i | T_0^{i-1}, A_1^{i-1}, \cdots, A_{K_{i-1}}^{i-1}, T_{K_{i-1}}^{i-1}, O_{i-1})$$
$$= \Pr(T_0^i | T_{K_{i-1}}^{i-1}, O_{i-1})$$
$$= \Pr(T_0^i | T_{K_{i-1}}^{i-1}) \Pr(A_1^i | T_{K_{i-1}}^{i-1}, O_{i-1}) \tag{4.24}$$

此时，式 (4.24) 中第一项实质上是车辆在 O_i 和 O_{i-1} 之间连续行驶且不被 AVI 系统监测到的概率：

$$\Pr(T_0^i | T_0^{i-1}) = \sum_{T_0^i.p \in \Psi_1^p} \delta_{i,0}^p \Pr(T_0^i.p | O_i.x, O_{i-1}.x) \tag{4.25}$$

因为 Δd 服从对数正态分布，故有

$$\Pr(T_0^i | T_0^{i-1}, O_{i-1}) = \frac{1}{\sqrt{2\pi} b \Delta d} \exp\left(\frac{-[\ln(\Delta d) - a]^2}{2b^2}\right) \tag{4.26}$$

根据子行程表 $M(K_{i-1})$ 的活动数量，Δd 定义如下：

$$\Delta d = \begin{cases} \dfrac{\mathrm{dd}(O_{i-1}.x, O_{i-1}.x) + \mathrm{dd}(O_{i-1}.x, A_{K_{i-1}}^{i-1}.x) - \|O_{i-1}.x, A_{K_{i-1}}^{i-1}.x\|}{\|A_1^i.x, O_{i-2}.x\|} \\ \hfill K_i = 0, K_{i-1} > 1 \\[2mm] \dfrac{\mathrm{dd}(O_{i-1}.x, O_{i-1}.x) + \mathrm{dd}(O_{i-1}.x, O_{i-2}.x) - \|O_{i-1}.x, O_{i-2}.x\|}{\|O_{i-1}.x, O_{i-2}.x\|} \\ \hfill K_i = 0, K_{i-1} = 1 \end{cases} \tag{4.27}$$

4.3 候选子行程表生成算法

4.3.1 后缀树模型

假设 AVI 观测点对 (O_i, O_{i+1}) 的时间跨度为 D 个时段并且每次出行的候选路径数量为 C,则连接这个 AVI 观测点对的子行程表可能有 $\sum_{0}^{K_i}[(X \times Y - 1)^{K_i(D-K_i)} + C^{K_i+1}]$ 个。由于稀疏 AVI 观测间的时间间隔很大 (D 值较高) 且城市路网较为密集 (C 值较高),所以 AVI 观测点对 (O_i, O_{i+1}) 间的可行行程表也可能非常大。这些行程表可能并不具有合理性,尽管它们具有一定的可行性。将大量的不合理子行程表考虑为候选项不仅会增加不必要的误差,也会导致较高的计算成本。

本节基于 Song 等提出的后缀树数据结构,开发候选子行程表生成算法来搜索所有合理子行程表[21]。针对该问题构造的后缀树如图 4.8 所示。图中的根节点为前一个 AVI 观测 O_{i-1},终止节点为最新更新的 AVI 观测 O_i,中间节点表示所有可能的子行程表,图中的每条边则代表着子行程表中的一次出行。一个子行程表可以被表示成为后缀树上的一条路径。例如,行程表 $M(K_i) = [T_0^i, A_1^i, T_1^i, A_2^i, T_2^i]$ 可以用图中最左侧的一条路径 (粗实线) 表示。该子行程表结束的层数则代表着其包含的活动数量。因为包含较多数量的子行程表较为罕见,因此将后缀树的最大层数设定为 5。

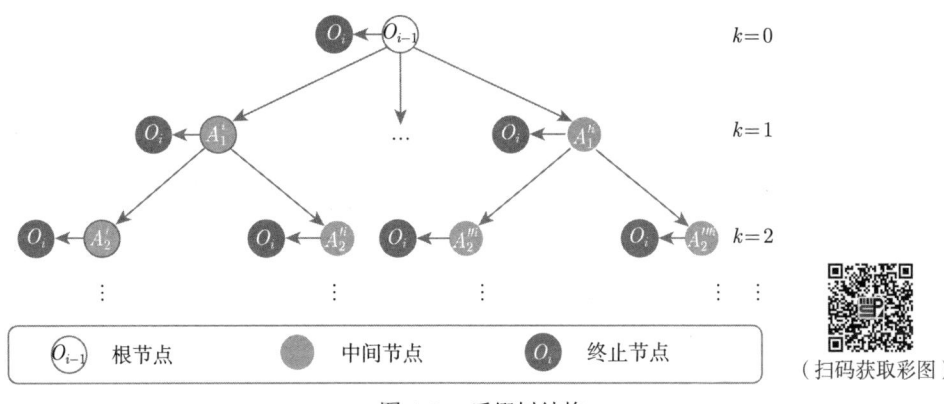

图 4.8 后缀树结构

算法 4-1 给出了基于以上定义的候选子行程表生成的伪代码。

算法 4-1　候选子行程表生成算法

输入：观测点对 (O_i, O_{i+1})，路网 $G_R = (V_R, E_R)$，$X \times Y$ 网格交通小区
输出：候选集 Φ_i，可行集 $\Theta_{1:MK}$
步骤 1　初始化
1　　　候选集 $\Phi_i = \varnothing$；可行集 $\Theta_1 = \varnothing$；最大活动数 MK = 5；观测概率阈值 $\varepsilon = 0.3$；
步骤 2　生成第 0 层中的候选项和第 1 层中的可行项
2　　　筛选出满足以下条件的交通小区 $\text{taz}^*_{x,y}$：
$$\text{SPT}(O_{i-1}.x, \text{taz}^*_{x,y}) + \text{SPT}(\text{taz}^*_{x,y}, O_i.x) < O_i.t - O_{i-1}.t; \ \#\text{SPT}(\cdot,\cdot) \text{ 是最短出行时间函数}$$
3　　　　**For** each $\text{taz}^*_{x,y}$ **do**
4　　　　　生成合理的候选路径：$p^* \in \Psi^p_1$，连接 $O_i.x$ 和 $\text{taz}^*_{x,y}$；$\#\Psi_1$ 是候选路径集合
5　　　　　**For** $p^* \in \Psi^p_1$ **do**
6　　　　　　$T^i_0.p = p^*$, $T^i_0.t^- = O_{i-1}.t$, $T^i_0.t^+ = O_{i-1}.t + \text{EDT}(T^i_0.p)$, $T^i_0.x^- = O_{i-1}.x$, $T^i_0.x^+ = \text{taz}^*_{x,y}$；$\#\text{EDT}(T^i_0.p)$ 是 $T^i_0.p$ 出行时间的期望值
7　　　　　　**If** $O_i.x$ 在交通小区 $\text{taz}^*_{x,y}$ 中；# 连续行驶状态
8　　　　　　　$M(K_i = 0) = [T^i_0]$；
9　　　　　　　基于公式 (4.12) 计算 $\Pr(O_i.t | M(K_i = 0), O_{i-1}.t)$；
10　　　　　　**If** $\Pr(O_i.t | M(K_i = 0), O_{i-1}) > \varepsilon : \Phi_i.\text{append}(M(K_i = 0))$；
11　　　　　　**Else**：# 至少存在一项活动
12　　　　　　　$A^i_1.x = \text{taz}^*_{x,y}$, $A^i_1.t^- = O_{i-1}.t + \text{EDT}(T^i_0.p)$；
13　　　　　　　找出满足以下条件的可行活动持续时间 d^*：$A^i_1.t^- + d^* < O_i.t$；
14　　　　　　　**For** each d^* **do**
15　　　　　　　　$A^i_1.d = d^*$, $M(K_i = 1) = [T^i_0, A^i_1]$，$\Theta_1.\text{append}(M(K_i = 1))$；
16　　$k = 1$；
步骤 3　生成第 k 层中的候选项和第 $k+1$ 层中的可行项
17　**While** $k \leqslant \text{MK}$ **do**
18　　设置 $k+1$ 项活动的可行移动状态集：$\Theta_{k+1} = \varnothing$；
19　　**For** $M(K_i = k) \in \Theta_k$ **do**
20　　　　找出满足以下条件的交通小区 $\text{taz}^*_{x,y}$：
$$\text{SPT}\left(A^i_k.x, \text{taz}^*_{x,y}\right) + \text{SPT}(\text{taz}^*_{x,y}, O_i.x) < O_i.t - A^i_k.t^+;$$
21　　　　**For** each $\text{taz}^*_{x,y}$ **do**
22　　　　　生成合理的候选路径：$p^* \in \Psi^p_k$，连接 $A^i_k.x$ 和 $\text{taz}^*_{x,y}$；
23　　　　　**For** $p^* \in \Psi^p_k$ **do**
24　　　　　　$T^i_{k-1}.p = p^*$, $T^i_{k-1}.t^- = A^i_{k-1}.t^+$, $T^i_{k-1}.t^+ = A^i_{k-1}.t^+ + \text{EDT}(T^i_{k-1}.p)$, $T^i_{k-1}.x^- = A^i_{k-1}.x$, $T^i_{k-1}.x^+ = \text{taz}^*_{x,y}$；
25　　　　　　**If** $O_i.x$ 在交通小区 $\text{taz}^*_{x,y}$ 中；
26　　　　　　　$M(K_i = k).\text{append}(T^i_k)$；
27　　　　　　　基于公式 (4.12) 计算 $\Pr(O_i.t | M(K_i = k), O_{i-1}.t)$

```
28              If Pr (O_i.t|M(K_i = k), O_{i-1}) > ε:Φ_i.append(M(K_i = k));
29              Else:
30                  A^i_{k+1}.x = taz*_{x,y},  A^i_{k+1}.t^- = A^i_k.t^+ + EDT(T^i_k.p);
31                  生成合理的候选活动持续时间: d* ∈ Ψ^d_k;
32                  For d* ∈ Ψ^d_k do
33                      A^i_{k+1}.d = d*, M(K_i = k+1) = M(K_i = k) + [T^i_k, A^i_k];
34                      Θ_{k+1}.append(M(K_i = k+1));
35      k = k+1
36 return Φ_i
```

4.3.2 候选集生成算法

基于定义的后缀树模型，由算法 4-1 可以得到每个观测点对之间的候选子行程表集合。该算法对后缀树进行逐层迭代以求遍历所有可行行程表。

第一步，初始化。

第二步主要目的是找到第 0 层中所有合理的子行程表作为候选项，并生成第 1 层中所有可行的活动节点。它首先基于观测点对记录下的时间约束决定车辆可能抵达的活动地点 (用交通小区表示)。当 AVI 观测位置 $O_i.x$ 和活动地点同属一个交通小区，则代表着监测车辆在两检测器间没有活动，可能为连续行驶状态。遍历所有可选路径并以观测概率为阈值筛选出后缀树第 0 层中所有合理的子行程表 (均为连续行驶状态) 添加进候选集。当 AVI 观测位置 $O_i.x$ 位于活动的交通小区外侧时，则说明驾驶员可能在该小区发生活动。遍历所有可能的活动时长并补全该活动相关属性，便可以生成图 4.8 中第一层中所有的活动节点。

第三步则通过不断迭代与第二步相似的步骤，筛选出到第 k 层中所有合理的子行程表作为候选项，并生成第 $k+1$ 层中所有可行的活动节点。

经过以上三个步骤，算法 4-1 可输出 AVI 观测点对 (O_i, O_{i+1}) 间合理的候选子行程表集合。

4.4 最优出行链求解算法

4.4.1 候选图模型

根据 ST-II 模型 (见 4.2 节) 定义的出行链与 AVI 观测序列的匹配概率，求导最优日出行链主要包括前向推导过程和后向追踪过程。本小节旨在给出从所有候选子行程表求解最优日出行链的具体算法。

为建立起各个候选子行程表与匹配概率间的关系，构建了候选图结构 $G_C(V_C, E_C)$ (图 4.9)。图中的节点代表了每两个相邻 AVI 观测间的可行子行程表，而边则代表着不同可行子行程表节点间的相关关系。其中，仅有合理的候选子行程 (灰色圆点) 表被用边连接起来。候选图中的每个节点的权值由其代表着的子行程表的观测概率 (见 4.2.4 节) 定义, 而每条边则由两个子行程表间的转移概率 (见 4.2.5 节) 定义。

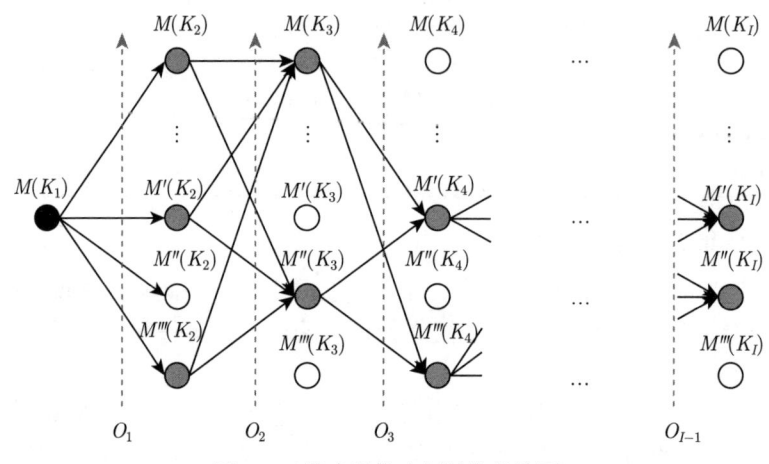

图 4.9 搜索最优出行链的候选图

基于以上定义的候选图, 日出行链与观测到的 AVI 轨迹间的匹配概率可以由候选图上的一条路径的长度计算得到

$$\begin{aligned}
&L(M(K_1), \cdots, M(K_I)) \\
&= \log \Pr(h_1 = M(K_1)) + \sum_{i=2}^{I} \log \Pr(O_i | h_i = M(K_i), O_{i-1}) \\
&\quad + \log \Pr(h_i = M(K_i) | h_{i-1} = M(K_{i-1}), O_{i-1}) \\
&= \log \prod_{i=2}^{I} \Pr(O_i | h_i = M(K_i), O_{i-1}) \Pr(h_i = M(K_i) | h_{i-1} = M(K_{i-1}), O_{i-1}) \\
&= \log \Pr(M(K_1), \cdots, M(K_I), O_1, \cdots, O_{I+1})
\end{aligned} \qquad (4.28)$$

式中, $\Pr(M(K_1), \cdots, M(K_I), O_1, \cdots, O_{I+1})$ 是候选出行链和观测到的 AVI 轨迹的联合分布; $L(M(K_1), \cdots, M(K_I))$ 是候选图上一条出行链对应的路径长度。因为 ST-II 模型假设第一项子行程表已知, 所以有 $\log \Pr(h_1 = M(K_1)) = 0$。

4.4.2 最优解求解算法

式 (4.28) 启示我们搜索最优出行链等价于求解候选图上从初始节点出发的最长路径。一般而言, 求解最长路径是一个 NP 完全问题。但由于候选图 $G_C(V_C, E_C)$

4.4 最优出行链求解算法

是一个有向无环图 (directed acyclic graph, DAG), 因此该问题可基于候选图各节点的拓扑次序计算。算法 4-2 给出了该过程的伪代码。它主要由两部分组成:① 前向推导过程 (第 1~9 行) 计算每次 AVI 观测更新后的候选子行程表节点匹配概率并将最高值登记下来; ② 后向追踪过程 (第 10~16 行) 则依据每次迭代过程中记录的最高匹配概率节点, 逆向恢复出推导的最优日出行链。

算法 4-2 最优出行链求解算法

输入: 搜索图 $G_C(V_C, E_C)$ 和一天中已知的第一个移动状态 $\overline{M}(K_1)$。

输出: 搜索图 $G_C(V_C, E_C)$(即推断的出行链 $\overline{\text{Iti}}_n$) 中最长的顺序 $[\overline{M}(1), \cdots, \overline{M}(K_i), \cdots, \overline{M}(K_I)]$

步骤 1 前向推导

1 For $i = 2$ to I do
2   For each $M(K_{i-1})$ do
3   max $= -\infty$;
4   For each $M(K_{i-1})$ do
5   alt $= F(M(K_{i-1})) + \Pr(O_i|h_i = M(K_i), O_{i-1}) + \Pr(h_i = M(K_i)|h_{i-1} = M(K_{i-1}), O_i)$;
6   If alt $>$ max:
7   max $=$ alt;
8                  $G(M(K_i)) = M(K_{i-1})$;
9                  $F(M(K_i)) =$ max;

步骤 2 后向追踪

10 初始化出行链为空集: $\text{Iti}|_n = []$; # 推断的驾驶员移动状态的倒序列表。
11 $\overline{M}(K_I) = \arg\max F(M(K_i))$;
12 $\overline{\text{Iti}}_n.\text{add}(\overline{M}(K_I))$;
13 For $i = I - 1$ to 1 do
14     $\overline{M}(K_{i-1}) = G(M(K_i))$;
15     $\overline{\text{Iti}}_n.\text{add}(\overline{M}(K_{i-1}))$;
16 return $\overline{\text{Iti}}_n.\text{reverse}()$

令 I 为 AVI 轨迹中观测点的数量, J 为观测点对间候选项的最大数量。因为候选图中的每条边被算法 4-2 访问的次数有且仅有一次, 所以提出的最优出行链求解算法的时间复杂度为 $O(IJ^2)$。这表明设定一个较小的 J 值, 是提高算法 4-2 计算效率的关键效率。但是, 过小的候选集候选项数量过少, 会导致计算误差增加。因此, 应用本算法时需要通过设定合适的 J 值平衡效率和精度。

4.5 案例分析

4.5.1 对比方法

3.5.1 节介绍的深圳市数据集将被用于验证和评估提出的日出行链推断方法。为正确评价提出的出行链推断方法,两类基础方法被用来做对比分析。

第一类是直接且简单的基于规则 (rule-based) 的方法。考虑到现有基于规则的方法无法识别未观测到的活动,因此需对原始方法进行适当改进以实施较为合理的对比分析。首先,4.3 节提出的候选集生成算法被用来构建每两个 AVI 观测间可行子行程表。然后从中选择观测概率最大项作为与该观测点对匹配的结果。将所有 AVI 观测间的匹配子行程表连接起来,便可以得到驾驶员完整的日出行链信息。在这种情况下,基于规则的方法本质上就是不考虑观测概率的 ST-II 模型。

第二类方法是基于模型 (model-based) 的方法。由 Newson 和 Krumm 介绍的基于 HMM 的出行活动推断方法将被用作原型方法[22]。考虑到该方法假设数据观测点应与隐藏的活动状态一一对应,它同样无法直接应用于稀疏的 AVI 数据。为解决该问题,将子行程表定义为隐藏节点状态,并重新定义 HMM 中连接各节点的观测概率和转移概率。改进后的 HMM 结构如图 4.3(b) 所示。它和 ST-II 模型都可以被看作是动态贝叶斯模型。不同的是 HMM 假设各个数据观测点相互独立,而 ST-II 模型不仅考虑了数据观测点间的相关关系,还考虑了数据观测点对出行–活动行为的时空限制。

基于上述 HMM 定义的观测到的 AVI 轨迹和出行链间的匹配概率 (即二者的联合概率) 为

$$\Pr(M(K_1), \cdots, M(K_I), O_1, \cdots, O_{I+1})$$
$$= \Pr(h_1 = M(K_1)) \prod_{i=2}^{I} \Pr(h_i = M(K_i)|h_{i-1} = M(K_{i-1})) \Pr(O_i|h_i = M(K_i))$$
(4.29)

式中,$\Pr(h_i = M(K_i)|h_{i-1} = M(K_{i-1}))$ 和 $\Pr(O_i|h_i = M(K_i))$ 分别是观测概率和转移概率。与 ST-II 模型相同,该模型假设每天的第一个子行程表为已知变量 $\Pr(h_1 = M(K_1)) = 1$。与原方法的定义不同[22],其观测概率被重新定义为

$$\Pr(O_i|h_i = M(K_i)) = \begin{cases} \dfrac{N(O_i, M(K_i))}{N(O_i)}, & K_i > 0 \\ 1 - \displaystyle\sum_{M'(K_i) \in \Phi_i} \dfrac{N(O_i, M'(K_i))}{N(O_i)}, & K_i = 0 \end{cases}$$
(4.30)

式中，$N(O_i)$ 是通过监测站 $O_i.x$ 的 GNSS 样本总数量；$N(O_i, M(K_i))$ 是经过 $O_i.x$ 并完成子行程表 $M(K_i)$ 的样本数量。

4.5.2 评价标准

子行程表是一个出行和活动的组成的序列 $M(K_i) = [T_0^i, A_1^i, \cdots, A_{K_i}^i, T_{K_i}^i]$，其中 $K_i \geqslant 0$。在子出行表中，每项出行有 5 项未知属性：$T_k^i.x^-$，$T_k^i.x^+$，$T_k^i.p$，$T_k^i.t_-$，$T_k^i.t_+$。而每项活动有 4 项未知属性：$A_k^i.x$，$A_k^i.t^-$，$A_k^i.d$ 和 $A_k^i.t^+$。相互连接的出行和活动的属性存在下列等式关系：$T_k^{i-1}.x^+ = T_k^i.x^-$，$T_k^{i-1}.t^+ = T_k^i.t^-$，$T_k^i.t^+ = T_k^i.t^- + \mathrm{DT}(T_k^{i-1}.p)$，$A_k^i.x = T_k^{i-1}.x^+$，$A_k^i.t^- = A_k^{i-1}.t^+ + \mathrm{DT}(T_k^{i-1}.p)$，$A_k^i.t^+ = A_k^i.t^- + A_k^i.d$。其中，$\mathrm{DT}(T_k^{i-1}.p)$ 为出行路径的驾驶时间。这些等式启示我们仅需估计出行和活动属性中的 3 项，剩余的 6 项便可根据以上等式计算得到。因此，可构建包括活动地点、活动时长、行驶路径 3 项关键属性的误差指标来评估各类模型的计算精度。

1. 活动地点

由于活动地点是离散变量，其误差指标可由下式定义：

$$\eta_{\mathrm{location}} = \frac{1}{K_i} \sum_{k=1}^{K_i} \delta_k^i \times 100\% \tag{4.31}$$

式中，如果第 k 项活动地点与真实值相符，则 $\delta_k^i = 0$，否则为 1。

2. 活动时长

真实的活动时长是连续变量，其误差指标定义如下：

$$\eta_{\mathrm{duration}} = \frac{1}{K_i} \sum_{k=1}^{K_i} \frac{|A_k^i.d - (1-\delta_i)\overline{A_k^i.d}|}{A_k^i.d} \times 100\% \tag{4.32}$$

式中，$\overline{A_k^i.d}$ 是子行程表 $M(K_i)$ 第 k 项活动持续时间的估计值。

3. 行驶路径

行驶路径的估计误差可在地图匹配误差基础上进行定义[22]：

$$\eta_{\mathrm{path}} = \frac{1}{K_i} \sum_{k=1}^{K_i} \frac{\sum\limits_{l^- \in T_k^i.p} l^-.\mathrm{len} + (1-\delta_i) \sum\limits_{l^+ \in \overline{T_k^i.p}} l^+.\mathrm{len}}{T_k^i.p.\mathrm{len}} \times 100\% \tag{4.33}$$

式中，$\overline{T_k^i}.p$ 是子行程表 $M(K_i)$ 第 k 项出行的估计行驶路径；l^+ 和 l^- 分别是估计结果中多加和多减的路段。

4.5.3 对比分析

图 4.10 给出三项误差指标 η_{location}、η_{duration} 和 η_{path} 的分布。总的来说，提出的 ST-II 方法的表现在所有推断任务中远优于基于规则的方法和基于 HMM 的方法。

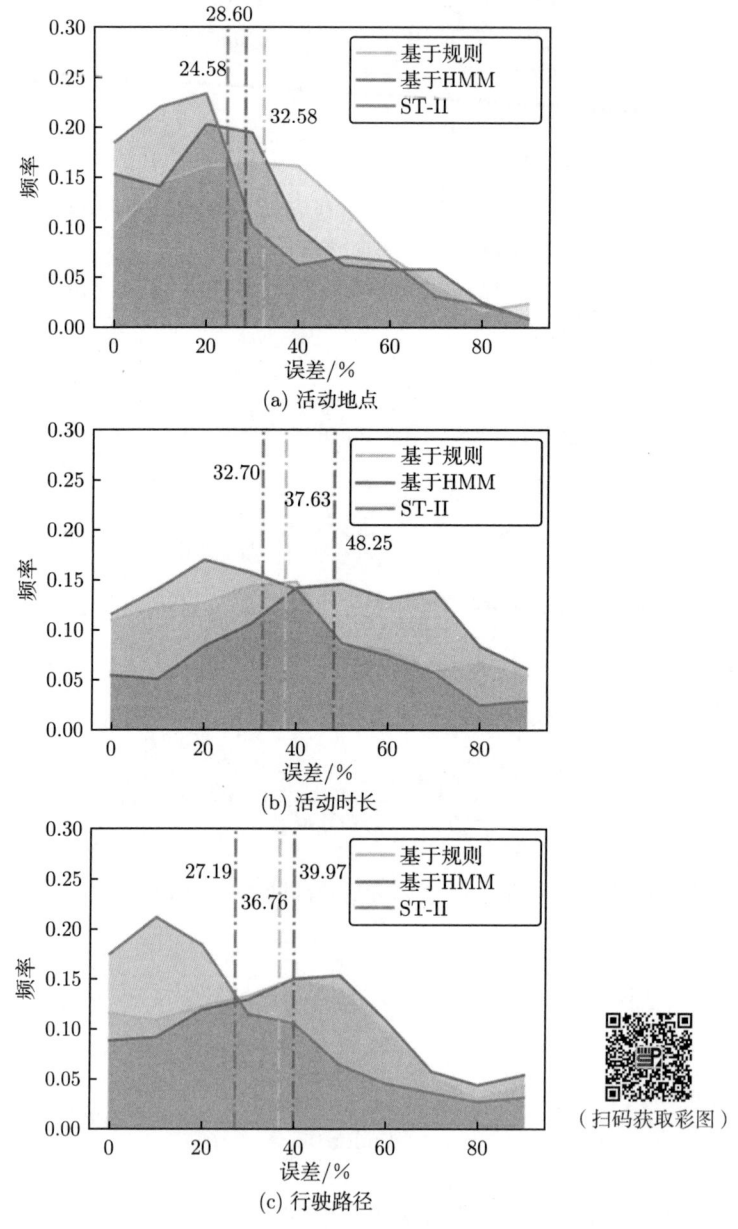

(a) 活动地点

(b) 活动时长

(c) 行驶路径

图 4.10 三个关键属性的估计误差分布

4.5 案例分析

活动地点的误差分布如图 4.10(a) 所示。可以发现 ST-II 方法的估计误差远低于基于规则的方法。考虑到基于规则的方法是 ST-II 方法去除转移概率的部分，可以认为基于空间分析定义的转移概率对提高活动地点推断精度十分关键。此外，ST-II 方法的估计误差也略高于基于 HMM 的方法，这说明基于引入时间分析的观测概率也有助于出行链推断精度的提高。

对于活动时长 (图 4.10(b))，由于缺少可靠的时间分析，基于 HMM 的方法输出了最高的推断误差。与此同时，三种方法活动时长的平均误差都远高于其他两项属性。这表明机动车驾驶员在活动时长选择行为上具有较高的随机性。

就行驶路径而言 (图 4.10(c))，ST-II 方法的估计精度远高于另外两种方法。这说明整合时空分析可有效提高行驶路径的估计精度。

当 AVI 观测点对间子行程表中包含的活动数量较多时，实现机动车驾驶员出行链信息的精准推断是一项非常棘手的任务。因此有必要测试不同方法对子行程表活动数量的鲁棒性。图 4.11 分别报告了三类方法对不同活动数量的子行程表

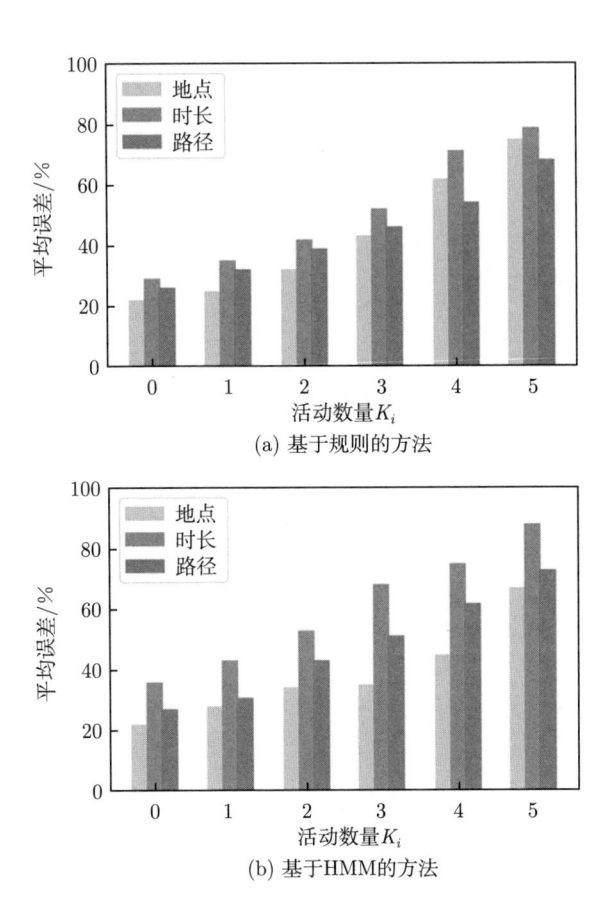

(a) 基于规则的方法

(b) 基于HMM的方法

(c) ST-II方法

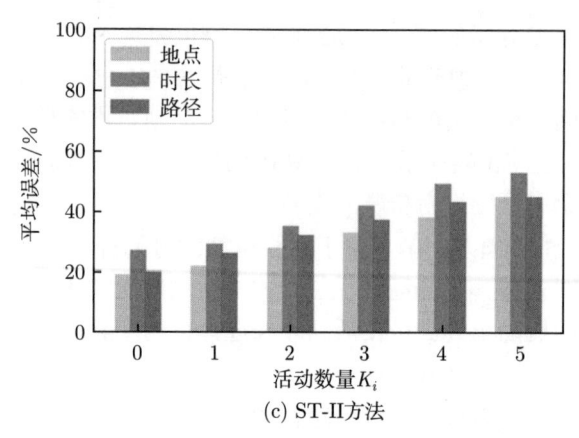

图 4.11　不同无观测活动数量下三种方法估计误差对比

额估计误差。当真实的子行程表为连续行驶状态 ($K_i = 0$) 和 1 项活动 ($K_i = 1$) 时，所有方法都有很好的精度表现。但当活动数量继续增加时，基于规则的方法和基于 HMM 的方法的计算误差快速增大，而 ST-II 方法的计算精度仅有较小的降低。在测试集的样本中，77.68％的观测点对间子行程表的活动数量都少于 3 个。这意味着提出的 ST-II 方法在大多数的应用场景中都可以有很好的表现。综上，可认为该方法对缺失观测的活动数量具有较好的鲁棒性。

4.5.4　敏感性分析

1. 交通小区尺寸

在交通规划实践中，交通小区的尺寸一般根据实际的工程需要来设定。为评价不同交通小区对出行链推导结果的影响，将研究区域划分成 100m×100m, 300m×300m, 500m×500m, 700m×700m, 1000m×1000m, 1500m×1500m 和 2000m×2000m 七类规格交通小区网格并分别基于测试数据集进行实验。

图 4.12 展示了三个误差指标 (即 η_{location}、η_{duration} 和 η_{path}) 随交通小区尺寸变化的折线图。可以观察到，提出的 ST-II 方法对交通小区尺寸较为敏感。当交通小区划分的分辨率低于 500m × 500m 时其估计误差限随着交通小区尺寸的增加而降低。直觉上，较高的交通小区分辨率必然加大活动地点的识别难度，从而进一步导致较高的估计误差。但令人意外的是，当交通小区尺寸大于 500m × 500m 时，估计误差与交通小区尺寸同向增大。这可能是因为一些短程出行被过大的交通小区覆盖而限制了 ST-II 识别出行路径的能力。这也可以用来解释为何 η_{path} 随着交通小区尺寸增大以比 η_{location} 和 η_{duration} 更快的速度增长。以上的分析说明对于出行链推断，交通小区尺寸可能存在可以取得最高精度的一个最优值 (例如本实验中的 500m × 500m)。

4.5 案例分析

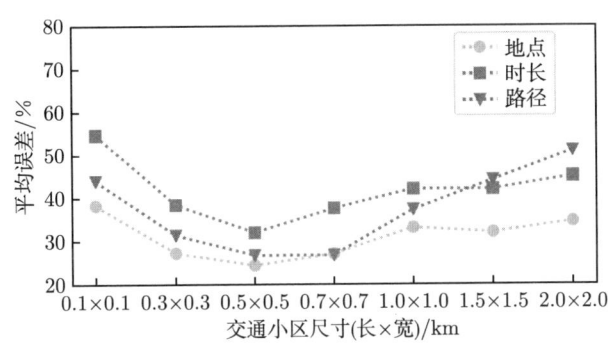

图 4.12 不同交通小区尺寸下的估计精度

2. AVI 观测间距

一般来说，随着 AVI 观测点间的空间距离的增加，关于其对应的子行程表的不确定性也随之增加，最终将增大 ST-II 方法的估计误差。因为 AVI 检测器在城市路网上的分布十分不均匀且较为稀疏，所以有必要测试一下 AVI 观测间距对估计结果精度的影响，从而为 AVI 检测器的布置方案提供参考。

依据 AVI 观测点对的空间间隔将测试数据集的 AVI 观测按照 (0km, 2km]、(2km, 5km]、(5km, 10km]、(10km, 15km] 四个级别进行划分并分别统计其估计误差的分布。图 4.13 利用箱形图对三个误差指标的分布进行了展示。不出意外地，随着 AVI 观测点对的空间距离的增加，估计误差也相应增加。此外，还可以发现各个指标的误差分布的离散程度也随着其间距增大，说明 AVI 观测点越稀疏，出行链估计结果的不确定性也越大。以上分析表明，当追求更高的出行链估计精度时，AVI 系统需要更密集的检测器布置。这将消耗大量的 AVI 系统建设费用以及计算存储资源。因此，当提出的 ST-II 被应用于出行链推断时，需要在精度和效率间取得平衡，而图 4.13 中展示的实验结果将是 ST-II 的实践应用的重要参考数据。

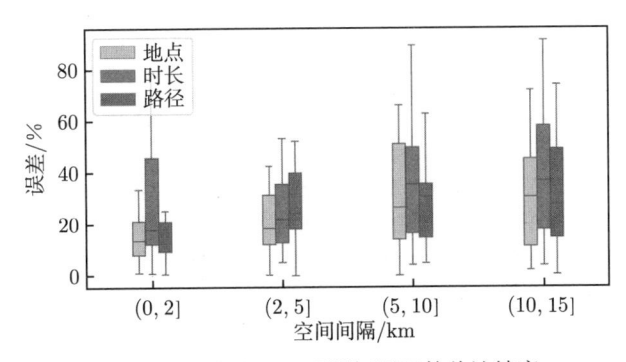

图 4.13 不同 AVI 观测间隔下的估计精度

4.6 本章小结

本章提出了一种基于准全样本的 AVI 数据推断机动车驾驶员出行链信息的方法。通过构建整合时空分析的动态贝叶斯网络模型 (即 ST-II 模型)，机动车驾驶员完整的出行链信息可以从原始的 AVI 观测序列中提取出来。为求解出给定 AVI 轨迹的最优出行链，还给出了候选子行程表生成算法和最优出行链求解算法。最终，收集了来自深圳的实测数据，给出了提出方法的实证分析。通过对比分析证明 ST-II 方法的优越性，并在敏感性分析中给出了交通小区尺寸和 AVI 观测间距对估计精度的影响。

参 考 文 献

[1] Wolf J, Guensler R, Bachman W. Elimination of the travel diary: Experiment to derive trip purpose from global positioning system travel data[J]. Transportation Research Record: Journal of the Transportation Research Board, 2001, 1768(1): 125-134.

[2] Jiang S, Fiore G A, Yang Y X, et al. A review of urban computing for mobile phone traces: Current methods, challenges and opportunities[C]//Proceedings of the 2nd ACM SIGKDD International Workshop on Urban Computing, Chicago, Illinois, 2013: 1-9.

[3] Widhalm P, Yang Y X, Ulm M, et al. Discovering urban activity patterns in cell phone data[J]. Transportation, 2015, 42(4): 597-623.

[4] Wolf J, Schönfelder S, Samaga U, et al. Eighty weeks of global positioning system traces: Approaches to enriching trip information[J]. Transportation Research Record: Journal of the Transportation Research Board, 2004, 1870(1): 46-54.

[5] Zhou C Q, Frankowski D, Ludford P, et al. Discovering personally meaningful places: An interactive clustering approach[J]. ACM Transactions on Information Systems, 2007, 25(3): 1-31.

[6] Schuessler N, Axhausen K W. Processing raw data from global positioning systems without additional information[J]. Transportation Research Record: Journal of the Transportation Research Board, 2009, 2105(1): 28-36.

[7] Bohte W, Maat K. Deriving and validating trip purposes and travel modes for multi-day GPS-based travel surveys: A large-scale application in the Netherlands[J]. Transportation Research Part C: Emerging Technologies, 2009, 17(3): 285-297.

[8] Gong H M, Chen C, Bialostozky E, et al. A GPS/GIS method for travel mode detection in New York City[J]. Computers, Environment and Urban Systems, 2012, 36(2): 131-139.

[9] Wan N, Lin G. Life-space characterization from cellular telephone collected GPS data[J]. Computers, Environment and Urban Systems, 2013, 39: 63-70.

[10] Zheng Y, Zhang L Z, Xie X, et al. Mining interesting locations and travel sequences

from GPS trajectories[C]//Proceedings of the 18th International Conference on World Wide Web, Madrid, Spain, 2009: 791-800.

[11] Hasan S, Ukkusuri S V. Reconstructing activity location sequences from incomplete check-In data: A semi-Markov continuous-time Bayesian network model[J]. IEEE Transactions on Intelligent Transportation Systems, 2018, 19(3): 687-698.

[12] Lerman S R. The use of disaggregate choice models in semi-Markov process models of trip chaining behavior[J]. Transportation Science, 1979, 13(4): 273-291.

[13] Kitamura R, Chen C, Pendyala R M. Generation of synthetic daily activity-travel patterns[J]. Transportation Research Record: Journal of the Transportation Research Board, 1997, 1607(1): 154-162.

[14] Popkowski Leszczyc P T L, Timmermans H. Unconditional and conditional competing risk models of activity duration and activity sequencing decisions: An empirical comparison[J]. Journal of Geographical Systems, 2002, 4(2): 157-170.

[15] Bayarma A, Kitamura R, Susilo Y O. Recurrence of daily travel patterns: stochastic process approach to multiday travel behavior[J]. Transportation Research Record: Journal of the Transportation Research Board, 2007, 2021(1): 55-63.

[16] Murphy K P. Machine Learning: A Probabilistic Perspective[M]. Cambridge: MIT Press, 2012.

[17] Liao L, Patterson D J, Fox D, et al. Learning and inferring transportation routines[J]. Artificial Intelligence, 2007, 171(5/6): 311-331.

[18] Fine S, Singer Y, Tishby N. The hierarchical hidden Markov model: Analysis and applications[J]. Machine Learning, 1998, 32(1): 41-62.

[19] Danalet A, Farooq B, Bierlaire M. A Bayesian approach to detect pedestrian destination-sequences from WiFi signatures[J]. Transportation Research Part C: Emerging Technologies, 2014, 44: 146-170.

[20] Wu J, Jiang C S, Houston D, et al. Automated time activity classification based on global positioning system (GPS) tracking data[J]. Environmental Health: A Global Access Science Source, 2011, 10: 101.

[21] Song R, Sun W, Zheng B, et al. PRESS: A Novel Framework of Trajectory Compression in Road Networks[M]. Washington, DC: Springer, 2014.

[22] Newson P, Krumm J. Hidden Markov map matching through noise and sparseness[C]// Proceedings of the 17th ACM SIGSPATIAL International Conference on Advances in Geographic Information Systems, Seattle, Washington. ACM, 2009: 336-343.

第 5 章

大规模路网交通状态估计与拥堵溯源

5.1 概　　述

道路交通状态，作为交通供需作用的外化表现，是智能交通系统制定交通管控与服务决策的基础和前提。而交通状态的分辨率和准确度对交通管控服务精细化程度和效果具有决定性作用。因此，构建高效智能交通系统的首要任务就是掌握全面准确的道路交通状态。道路交通流是在时间和空间上运动状态变化的车辆组成的集合。因此，完整交通状态信息囊括全体车辆在连续时间和连续空间运动所形成的微观轨迹。然而，由于交通信息采集技术局限和成本限制，尚没有可直接获取交通流全车微观轨迹的现实手段。因此，根据有限交通数据进行交通状态估计成为交通领域被广泛研究的重要课题。

从 20 世纪 70 年代开始，国内外学者针对高速路和城市干道交通状态估计与评价开展了大量以路段为基本单元的研究。由于估计方法很大程度上依赖所用交通数据，根据交通数据的类型将路段交通状态估计研究分为三类：① 基于定点检测数据的估计方法；② 基于浮动车数据的估计方法；③ 融合定点检测数据和浮动车数据的估计方法。然而，这些方法多以路段为单元采集和提取交通状态信息，仅能感知发生交通拥堵的位置，而无法量化分析拥堵交通流的来源和去向，更无法深刻认知拥堵的生成机理和演化规律。路径是连接出行者起讫点 (OD) 的一系列连通路段，而路径流量是交通需求 (OD 矩阵) 加载于所有实际行驶路径的流量。在合适的数据支撑下，以路径为单元刻画机动车个体出行选择行为，经集计后测算流量和速度等交通流参数，进而挖掘交通运行状态信息，不仅可以实现交通拥堵的溯源分析，即回答"拥堵位置的流量从哪儿来、到哪里去"这一现实难题，还可以深度解析交通拥堵产生和演化的影响因素。

本章基于第 2 章和第 3 章推断出的机动车驾驶员完整出行链信息，进行多测度交通参数提取，建立多尺度动静交通状态判别评价指标，并在此基础上提出基于路径的拥堵溯源方法。最后，基于本书提出的方法体系，以浙江省绍兴市上虞区路网为例进行实证研究。

5.2 多测度交通流参数提取方法

交通流参数是描述和反映交通流性质的物理量,其变化可直接作为交通流性质的变化反馈。交通流的滞留即造成了交通拥堵,因此交通流与交通拥堵是密切相关的。但是单一的交通参数并不一定能准确反映城市道路的交通运行状态,例如流量大时有可能造成交通流滞留形成交通拥堵,也有可能是该路段作为城市干路在畅通状态下承担的车流量本身就很大。因此,在判断城市交通运行状态的时候,应综合考虑交通流的多个参数因素。本书将主要考虑平均行程速度和路段流量两个因素。

5.2.1 平均行程速度

平均行程速度是最能直观地体现道路运行状态的指标,速度的大小直接反映车辆在道路上的拥堵程度,但是不同的道路等级形成拥堵的速度不同,为了避免不同等级道路带来的绝对车速的差异影响,用该路段的平均行程速度与自由流速度的比值表征当前车速偏离自由流速度的相对程度。平均行程速度是指行驶于道路某一长度内所有车辆的车速平均值。相比平均行驶速度,平均行程速度还包括了停车造成的延误,因此更能反映某一路段某个时间段内车辆的运行状态[1]。

传统的平均行程速度估计手段主要包括两种:

第一种方法是基于浮动车的 GNSS 轨迹数据利用算术平均法统计某一路段某个时间段内车辆平均行程速度:

$$\overline{V} = \frac{L}{\frac{1}{N}\sum_{n=1}^{N} t_n} \tag{5.1}$$

式中,L 为路段长度;N 为路段上所有车辆数;t_n 为该路段上第 n 辆车的行程时间。

第二种方法是在检测路段安装测速装置,直接检测车辆行程速度。该方法不仅可以直接获取精度较高的行程速度,还能根据车型种类分别统计平均行程速度:

$$\overline{V_c} = \frac{1}{N_c}\sum_{n=1}^{N_c} v_{c,n} \tag{5.2}$$

式中,N_c 为行驶在检测路段上车型为 c 的车辆数;$v_{c,n}$ 为该路段上第 n 辆 c 型车的行程速度。该方法仅能实现检测路段行程速度的获取,空间覆盖率极低。但其获取的平均行程速度值精度较高,可被看作近似的真实值来评价和验证其他方法。

为此，提出融合 AVI 数据和 GNSS 数据的平均行程速度估算方法，给出无检测器路段多类车型的车辆平均行程速度 (计算公式同式 (5.1))。图 5.1 给出某路段基于三种方法的平均行程速度估计结果。基于 AVI 样本的估计方法可准确记录该路段各类车型的平均行程速度，因此可被用作近似的真实值来评价另外两种方法。基于 GNSS 样本的估计方法给出的小型客车车辆平均行程速度估计值十分接近 AVI 检测器的实测值，但它无法给出其他类型车辆类型的行程速度。而本书提出的融合 GNSS 样本和 AVI 样本的方法尽管在估计误差上略大于基于 GNSS 样本的方法，但可以实现全路网分车型的平均行程速度估计。

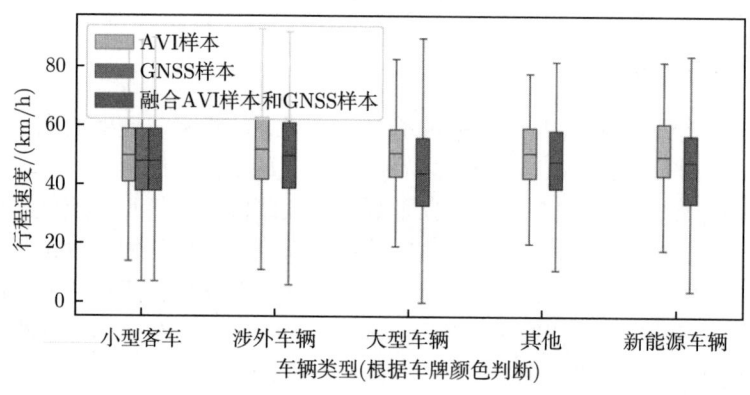

图 5.1 平均行程速度估计结果

5.2.2 路段流量

基于第 3 章介绍的出行链提取方法，可从 AVI 数据中推断出机动车辆的行驶路径信息。每个路段上的车流量可以通过枚举经过该路段的样本数量直接计算得到。

5.3 多尺度动静交通状态判别模型

由于采集样本在渗透率和空间覆盖率上的限制，现有的交通拥堵状态指标多基于单一影响因素 (如行程速度、车流量以及出行时间等) 构建。本节基于 5.2 节中计算的平均行程速度和路段流量信息构建考虑多因素的交通状态判别指标。

5.3.1 路段层次动态交通状态估计

路段单位车道时间占有率为车流量占据道路的时间比值。该比值越大，说明路段的运行状况越差。基于单位车道时间占有率构建路段层次动态交通状态估计

5.3 多尺度动静交通状态判别模型

指标如下：

$$\overline{\rho}_x = \frac{\sum_{c=1}^{C}\sum_{n=1}^{N_c}\frac{L_c}{v_c}}{T_c l_x.\text{lan}} \tag{5.3}$$

式中，C 为车辆类型数；T_c 和 v_c 分别为路段上 c 型车的平均行程时间和速度；N_c 为该路段车型 c 的流量；$l_x.\text{lan}$ 为路段 l_x 的车道数量；L_c 为车型 c 的平均长度（小汽车平均长度取 4m，大型客货车辆平均长度取 8m）。式 (5.3) 定义的 $\overline{\rho}_x$ 实际上是车流量占据道路的时间比值。$\overline{\rho}_x$ 越大，说明路段的运行状况越差。该指标综合考虑了行程速度和路段流量两个因素，理论上可以更加全面地反映路网运行状态。与地方标准《城市道路交通运行评价指标体系》(DB11/T 785—2011) 类似，构建路段单位车道时间占有率与交通运行状态的映射关系表 (表 5.1)，可实现交通运行状况等级划分。

表 5.1　路段交通运行状况等级划分

运行状况等级	畅通	基本畅通	轻度拥堵	中度拥堵	重度拥堵
$\overline{\rho}_x$	(0,90]	(90,120]	(120,180]	(180,240]	(240,∞)

5.3.2 区域层次动态交通状态估计

为构建区域层次动态交通状态指标，以车公里数 (vehicle kilometers traveled, VKT) 作为权值对严重拥堵路段里程比例进行计算，将加权比例根据某种线性转换关系对应到一个道路交通运行指数 (表 5.2)，实现区域层次上交通运行状况等级划分。定义如下：

$$\overline{\rho}_x = \frac{\sum_{x=1}^{X_{\text{jam}}}\text{VKT}_x}{\sum_{x=1}^{X_{\text{all}}}\text{VKT}_x} \tag{5.4}$$

式中，X_{jam} 和 X_{all} 分别是区域内严重拥堵路段数量和所有路段数量；VKT_x 为路段 l_x 的车公里数，其计算公式如下：

$$\text{VKT}_x = N_x l_x.\text{len} \tag{5.5}$$

式中，N_x 为路段 l_x 的车流量；$l_x.\text{len}$ 为该路段的长度。

表 5.2　区域交通运行状况等级划分

运行状况等级	通畅	基本通畅	轻度拥堵	中度拥堵	重度拥堵
拥堵里程比	(0,5%]	(5%,8%]	(8%,11%]	(11%,14%]	(14%,∞)
运行指数	(0,2]	(2,4]	(4,6]	(6,8]	(8,10]

5.3.3 静态交通状态估计

基于停车需求量和供给量定义静态交通状态指标如下：

$$\rho(\text{taz}_{x,y}) = \frac{Q(\text{taz}_{x,y})}{C(\text{taz}_{x,y})} \tag{5.6}$$

式中，$Q(\text{taz}_{x,y})$ 为交通小区 $\text{taz}_{x,y}$ 的停车总需求；$C(\text{taz}_{x,y})$ 为该交通小区的停车位总供给。$Q(\text{taz}_{x,y})$ 可基于第 4 章介绍的出行链提取方法从 AVI 数据中推断出机动车辆活动地点信息集计计算得到。$C(\text{taz}_{x,y})$ 可由停车调查数据直接获取。根据 $\rho(\text{taz}_{x,y})$ 的取值，交通小区的静态交通运行状况等级划分如表 5.3 所示。

表 5.3 静态交通运行状况等级划分

等级	充足	基本充足	轻度紧张	中度紧张	重度紧张
$\rho(\text{taz}_{x,y})$	(0,0.5]	(0.5,0.8]	(0.8,1.0]	(1.0,1.5]	(1.5, ∞)

5.4 大规模路网交通状态估计应用案例

5.4.1 案例路网概况

上虞区位于浙江省东部、绍兴市东北部，钱塘江南岸。"十三五"期间，上虞小汽车保有量逐年上升，是交通拥堵的直接诱因；截至 2020 年年底，全区小汽车保有量 23.12 万辆，户均小汽车拥有量约 0.81 辆，中心城区户均小汽车拥有量 >1 辆，高于杭州、合肥等城市机动车保有量水平 (表 5.4)。

表 5.4 机动车保有量水平对比

类别	全国	浙江	杭州	上虞
机动车保有量/万辆	24393	1586.00	311.90	23.12
常住人口/万人	144349.7	6456.76	1193.60	83.97
总户数/万户	49415.7	2500.86	443.59	28.61
千人小汽车拥有量/辆	169	246	261	275.34
户均小汽车拥有量/辆	0.49	0.63	0.70	0.81

数据来源：2020 年国家统计年鉴、第七次全国人口普查。

总体上，上虞区呈现出机动车保有量持续增长，个体交通工具"高拥有、高使用"的发展态势。受到自然地理条件的影响，城市用地呈现"南尖北阔漏斗形"(图 5.2)，在中心城区南部形成交汇点；其双向四车道中百悬线承担了梁湖街道 (约 3.4 万人) 往主城方向的出行，通行能力与交通需求严重不匹配。老城区与西部新区跨江联系主要通过人民大桥、舜江大桥及曹娥江大桥实现，受通行能力限制，高峰时段拥堵严重。老城区和城北片区间主要依托江东路和凤山路—迎宾大

5.4 大规模路网交通状态估计应用案例

道,其中江东路、凤山路均为双向二车道,对接道路路幅宽度不尽匹配,成为交通拥堵瓶颈。

图 5.2　上虞路网特征

静态交通方面,有规划用地的停车场较少,城北新区、滨江新城、高铁新城等区域无建成的有规划用地的停车场。此外,占据人行道空间设置停车场较多,行人步行空间被压缩而走上非机动车道,不仅影响道路交通流,也不利于城市步行空间功能的实现(图 5.3)。总体而言,路段上动静态交通矛盾突出,加剧了城市交通的拥堵。

图 5.3　上虞停车问题分布

5.4.2 基础数据收集

收集的上虞实测数据集共包括以下四个部分：

(1) 路网数据：包括下载自开源地图 OpenStreetMap[2] 长度共计 2086km 的机动车路网数据。如图 5.4 所示，该路网共包含 24 589 个节点和 21 986 个路段数据。

图 5.4　上虞检测器位置分布

5.4 大规模路网交通状态估计应用案例

(2) **POI 数据**：共爬取了来自百度地图的 12 类 POI 数据。各类数据相关统计特征如表 5.5 所示。

(3) **GNSS 数据**：收集了 2021 年 6 月 27 日至 8 月 1 日 341 辆出租车的运营数据。该数据集的平均采样间隔为 30s。

(4) **AVI 数据**：收集了 2021 年 7 月 1 日至 8 月 1 日上虞全区 3862 个检测器。其中，一部分 AVI 数据来自 1425 个路侧检测器，而另一部分来自安装于居民区、写字楼、商场等场所配建停车场的 2437 个检测器。图 5.4 中各点直径大小则表示其日均检测量。

表 5.5 上虞各数据集统计

数据类型	属性	统计量
GNSS 数据	2021 年 6 月 27 日至 8 月 1 日	341 辆出租车
AVI 数据	2021 年 7 月 1 日至 8 月 1 日	1425 个路侧检测器，2437 个停车场检测器
路网	路段数量	21 986 个
	节点数量	24 589 个
	道路里程	2086km
POI	居民区	325 个
	宾馆	162 个
	餐厅	383 个
	商店	732 个
	学校	233 个
	药店	130 个
	医院	148 个
	银行	270 个
	政府机构	128 个
	公园	9 个

5.4.3 多测度交通参数提取

1. 平均行程速度

图 5.5(a) 和 (b) 分别给出了某日早高峰期间基于 GNSS 样本和融合 GNSS 样本与 AVI 样本方法的上虞全区车辆平均行程速度估计结果。不难发现，由于 GNSS 样本车辆在渗透率上的限制，依靠单一的 GNSS 样本仅能对部分热门路段的平均行程速度做出估计。当引入准全样本的 AVI 数据时，平均行程速度的估计结果的空间覆盖范围大幅提升。

2. 路段流量

与 AVI 系统实测断面流量相比，平均绝对误差比值为 0.22(检测点位绝对误差比值用图 5.6 中点的大小表示)，可在全路网 (包括无检测器路段) 实现较高精度的流量估计。

平均行程速度/(km/h)
— 0~10
— 10~29
— 29~47
— 47~67
— 67~120

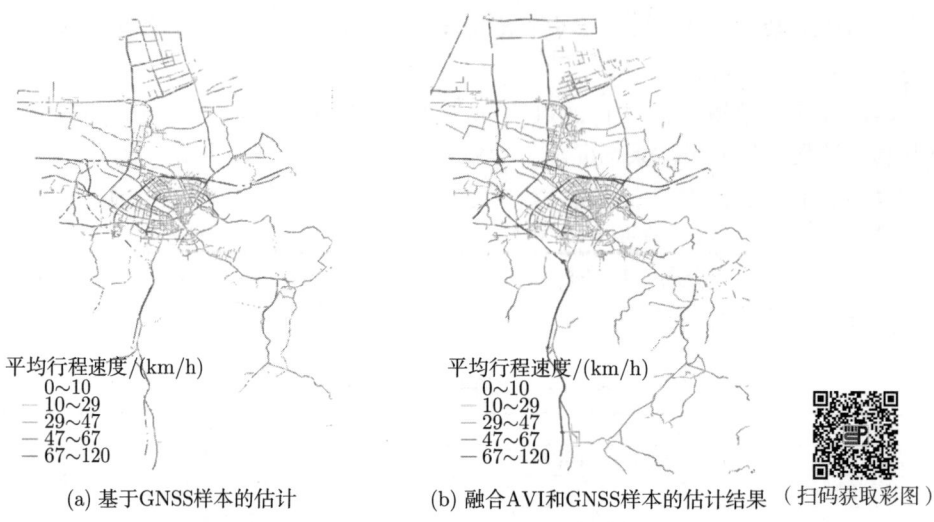

(a) 基于GNSS样本的估计　　(b) 融合AVI和GNSS样本的估计结果　（扫码获取彩图）

图 5.5　路段平均行程速度

路段流量　　估计误差
— 1~4873　　· 0~0.04
— 4873~19117　· 0.04~0.14
— 19117~48487　● 0.14~0.24
— 48487~133470　● 0.24~0.34
— 133470~504473　● 0.34~0.43

（扫码获取彩图）

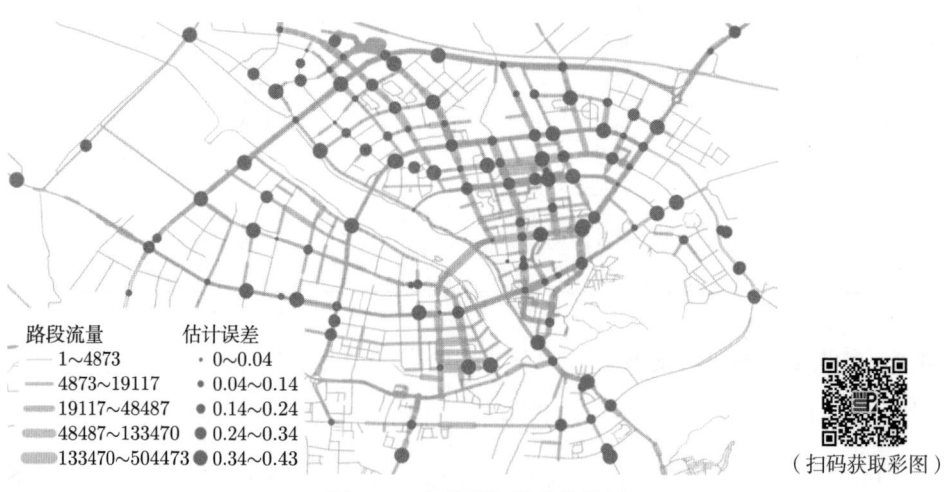

图 5.6　主城区路段日均流量

5.4.4　多尺度动静交通状态判别

基于 5.4.3 节中计算的平均行程速度和路段流量信息，上虞区早高峰时段全区交通运行状态如图 5.7 所示，静态交通估计结果如图 5.8 所示，可以直接明了地发现停车需求紧张地区。

图 5.7　动态交通状态估计

图 5.8　静态交通状态估计 (500 m×500 m 网格)

5.5　基于路径的交通拥堵溯源方法

与传统的交通状态估计方法不同,本书提出的交通状态估计方法的最突出特点是不仅可以输出全路网的速度信息,还可以基于准全样本的机动车辆的 AVI 轨迹数据输出全网路段的流量信息。在此基础上,5.2 节构建了考虑行程速度和路段流量两个测度信息的动态交通状态估计指标和静态交通状态估计指标以实现拥堵路段和停车紧张区域的精准识别。实际上,基于准全样本的机动车辆的 AVI 轨迹数据还可以实现路径流量信息的提取。这为瓶颈路段上的拥堵溯源分析提供了数据基础。

1. 起始小区分担量

对于经过拥堵路段 l_x 的拥堵车流,各起始交通小区 taz_m 分担量的计算公式如下:

$$N(\text{taz}_m) = \sum_{n=1}^{N} \delta_{x,n}\delta_{m,n} \tag{5.7}$$

式中,N 为 AVI 系统观测到的样本;$\delta_{x,n}$ 表示样本 n 和路段 l_x 间的映射关系,当样本经过拥堵路段 l_x 时,$\delta_{x,n}=1$,否则 $\delta_{x,n}=0$;$\delta_{m,n}$ 表示样本 n 和交通小区 taz_m 间的映射关系,当样本的出发地在交通小区 taz_m 时,$\delta_{m,n}=1$,否则 $\delta_{m,n}=0$。

2. 上游路段分担量

对于经过拥堵路段 l_x 的拥堵车流,其上游路段 l_y 流量分担量的计算公式如下:

$$N(l_y) = \sum_{n=1}^{N} \delta_{x,n}\delta_{y,n} \tag{5.8}$$

式中,N 和 $\delta_{x,n}$ 的含义与式 (5.7) 相同;$\delta_{y,n}$ 表示样本 n 和路段 l_y 间的映射关系,若样本 n 在到达 l_x 前经过了 l_y(即 l_y 是 l_x 上游的路段),则 $\delta_{y,n}=1$,否则 $\delta_{y,n}=0$。

目的地小区分担量和下游路段分担量定义与式 (5.7) 和式 (5.8) 类似,在此略去不表。

以上虞主城区的过江通道——人民大桥为例,图 5.9 给出了其由西向东方向路段溯源分析结果。经过该路段车辆的出发地集中在曹娥江东畔的老城区,而目的地集中于江东的老城区。其上游流量主要来自南北走向舜杰路和舜江西路,而下游流量的主要疏散路径为江扬南路。这也再次验证了贯穿上虞城区的曹娥江阻隔了江东、江西的通道联系,成为制约中心城区交通运行的瓶颈。除了以上的定性分析结果,拥堵溯源分析方法还给出了导致该路段拥堵的各个重要断面的流量数据。

图 5.10 则给出 1500m、2000m、2500m 和 3000m 四个空间尺度上舜江大桥的拥堵溯源分析。这些分析结果评估了瓶颈路段的影响范围和各路段的流量关系,可以作为各类交通规划(公交优先、路网加密等)和管控模型(信号优化、交通诱导)的重要输入参数。因此,本节提出的拥堵溯源分析方法具有巨大实际应用价值。

5.5 基于路径的交通拥堵溯源方法

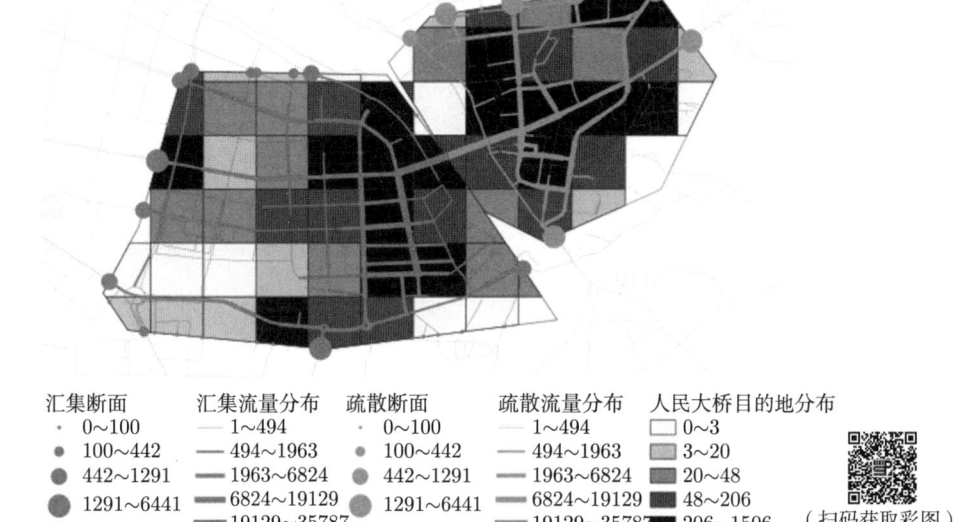

图 5.9 人民大桥由西向东方向路段溯源分析 (单位：辆)

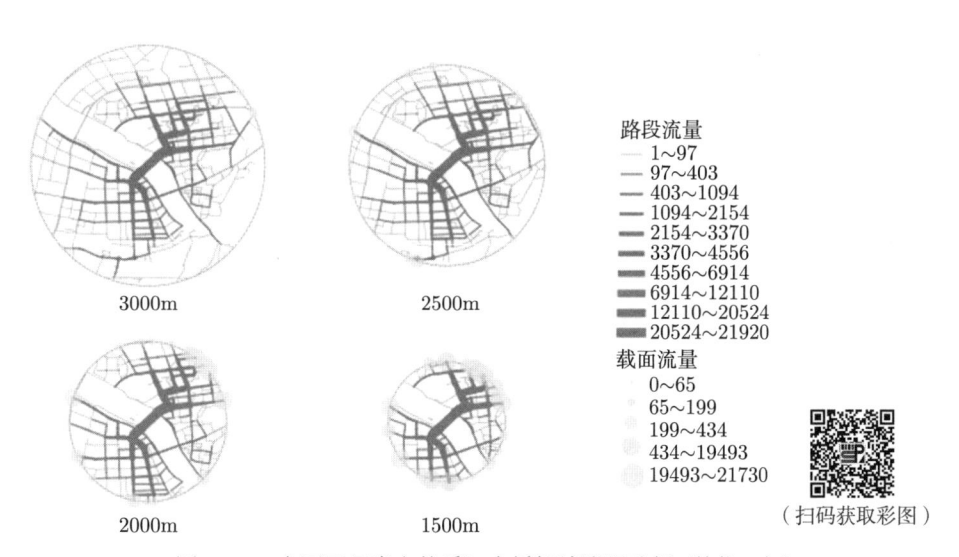

图 5.10 在不同尺度上的舜江大桥拥堵溯源分析 (单位：辆)

5.6 交通拥堵溯源应用案例

5.6.1 问题描述

受限于断面集计的数据采集方式，传统交通信号协调控制方法多以交通干线和网络子区作为控制单元，无法适应不同路径交通需求动态多变的现实场景[3]。图 5.11 给出了某城市主干路交通场景示例，当汇入快速路的转向流量较大时，仅考虑直行流向的运行效率，极易造成左转交通流通行时间不足，从而导致转向排队溢出后阻碍直行交通的后果。

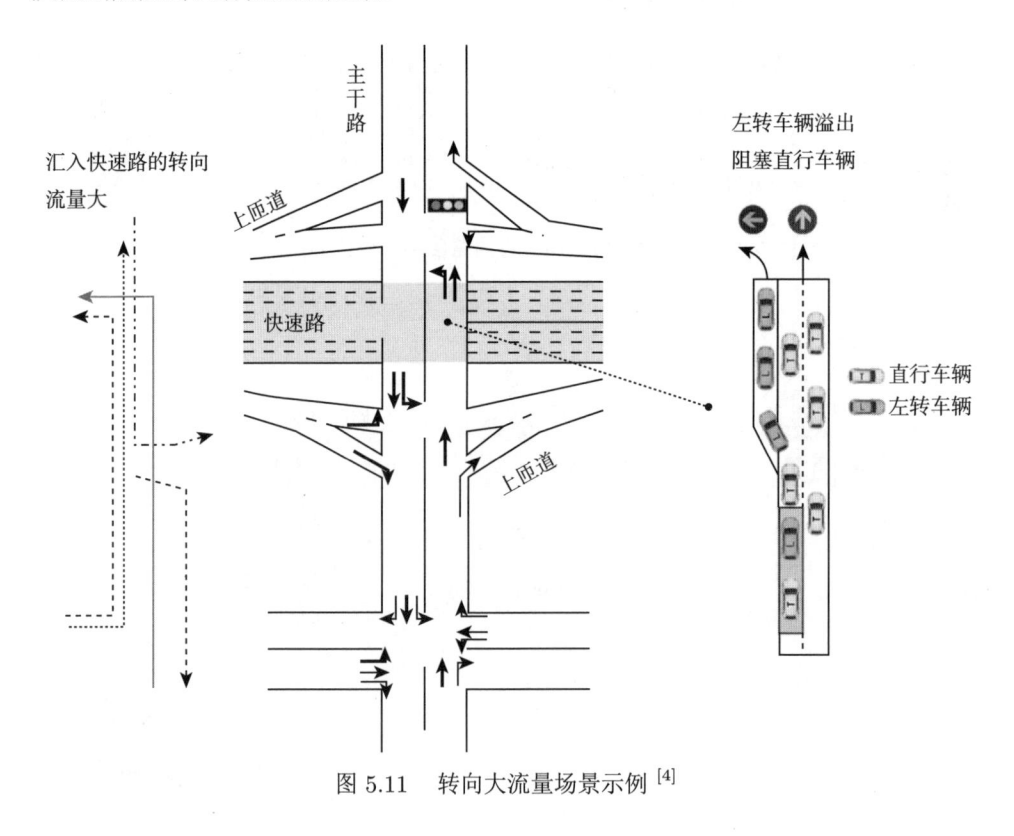

图 5.11　转向大流量场景示例[4]

综上所述，受限于数据集无法提供路径级轨迹信息、信号协调控制单元精细化不足等因素，传统信号协调控制方法存在以下不足：一是各个控制单元"各自为政"，难以在路径层面寻求最优解；二是仅以主干路直行交通流作为主要控制对象，无法精细化匹配路径交通需求的动态变化，势必会造成信号资源分配不均等问题。

为此，本节围绕路径级流量数据获取和路径级信号协调管控的困难与挑战，基

5.6 交通拥堵溯源应用案例

于卡口 AVI 数据和 GPS 数据,构建基于多源数据的交通拥堵溯源与关键路径识别模型,面向多关键路径和其关联交叉口,构建交通流确定性场景下的多关键路径信号协调控制模型,然后将模型拓展至交通流不确定性场景,进一步优化模型抵抗外界交通流扰动的能力,最后设计相关启发式算法进行高效求解,并基于实测数据和工程应用项目进行实际案例分析验证。实现对交通数据观测由断面检测向连续检测的转变,对协调控制优化由干线管控向路径精控的转变,以期为城市道路交通信号精细化管控提供理论依据。

5.6.2 基于拥堵溯源的关键路径识别

依托本书提出的拥堵溯源方法,可估计得到任意瓶颈位置的路径流量。通过构建关键路径识别指标,可以得到控制区域的多条关键路径。在多路径绿波协调控制中,一般是以多条路径的加权带宽为优化目标[5-9]。传统的关键路径划分方法仅按照流量大小进行排序,对于关键路径选取的指标较为模糊。目前还没有明确的方法来划定在干线系统中如何选取需要管控的关键路径[10,11]。针对该问题,本节提出基于路径流量、时间双效益指标的关键路径识别方法。

1. 流量和时间效益指标计算

从各路径的时间效益和流量效益两个方面寻找路径特征指标,利用高峰小时的轨迹数据提取路径流量分担率和行程时间指数作为各路径的数据特征,并将其作为层次聚类算法的样本数据输入,从而识别出关键路径。在得到路径 OD 流量估计结果后,计算各路径流量效益指标和时间效益指标,具体如下:

$$Q_i^{\text{flow}} = \frac{f_i}{\sum_i f_i} \tag{5.9}$$

式中,Q_i^{flow} 是路径 i 的流量分担率;f_i 为路径 i 的交通量,辆/h;$\sum_i f_i$ 表示目标干线的所有识别路径的流量总和,辆/h。

$$Q_i^{\text{time}} = \frac{t_{\text{real},i}}{t_{\text{free},i}} \tag{5.10}$$

式中,Q_i^{time} 是路径 i 的出行时间分担率;$t_{\text{real},i}$ 是路径 i 中车辆的实际出行时间;$t_{\text{free},i}$ 表示路径 i 中车辆在自由流速度下的出行时间。

2. 层次聚类

聚类分析是一种无监督的数值统计分析方法,是将物理或抽象对象的不同分组按照一定标准划分成相似的类的数学过程,用于描述和衡量不同数据源之间的相似性以及将它们按照一定的标准分类到不同簇中去。

层次聚类是一种常用的聚类方法[12-15]。根据聚类始于从下而上还是从上而下的分类方法，层次聚类可以分成凝聚型聚类和分裂型聚类。凝聚型层次聚类的步骤是首先根据实验数据寻找能够合理描述这些指标之间相近程度的统计量，然后将这些统计量作为分类的度量标准，将每个个体都视为一类，根据距离和相似性原则逐层合并，直到参与聚类的所有个体合并为一个大类为止。分裂型层次聚类的步骤则与之相反，将所有个体都视为一个大类，然后逐层分解，属于从上而下的聚类。

层次聚类的优点是可以通过设置不同的聚类参数值，得到不同聚类等级上的多层簇的分类结果；其适用于多种结构的聚类，以及任意样本输入顺序，较为适合本书中的时间效益指标和流量效益指标类型。

对于本书问题，选择凝聚型聚类较为合理。聚类的关键问题是如何度量组间距离，即如何描述簇之间的相似程度，其中每个簇一般被认为是一个对象的集合(样本或变量)。层次聚类中描述组间距离常用的方式有最小距离、最大距离、平均距离、欧氏距离、平方欧氏距离、马氏距离等，选取其中较为常用的平方欧氏距离来表征组间距离，具体计算方法如下：

$$d(x,y) = (x_1 - y_1)^2 + (x_2 - y_2)^2 + \cdots + (x_n - y_n)^2 = \sum_{i=1}^{n}(x_i - y_i)^2 \quad (5.11)$$

选取深圳市龙华和平路与龙胜路、工业路、景龙中环路、龙华人民路、建通路、东环一路6个交叉口作为示例干线进行关键路径识别。根据关键路径识别方法，计算各路径流量和时间效益指标后，对指标进行层次聚类，识别出6条关键路径如图5.12所示。6条关键路径的OD节点分别为路径1：20→7；路径2：16→7；路径3：20→12；路径4：7→13；路径5：15→20；路径6：7→17。路径1、2和3的方向为上行，路径4、5和6的方向为下行。

5.6.3 基于多关键路径的交通信号协调控制

单路径控制模型主要是考虑上下行直行方向的协调控制，由于仅考虑直通单路径交通流，模型存在以下局限性：对于城市交通网络连接点处的主干路(例如城市高速公路匝道和主干路之间的连接点)，许多车辆可能在连接点处汇入主干路或驶出其他路段，从而导致转向交通流可能高于直行交通流。因此，传统的单路径方法可能会造成转向交通流的交通需求与所获得的信号资源之间的不均衡，从而导致转向交通流的二次排队甚至溢出。

以Yan等[16]的研究场景为例(图5.13)，主干路段用于连接通勤高速公路和城市网络。这些从I-270路段流出的大量转向交通流，没有获取足够的信号资源，所以经常会在转弯处产生溢流，并造成排队，从而阻碍直行交通流。

5.6 交通拥堵溯源应用案例

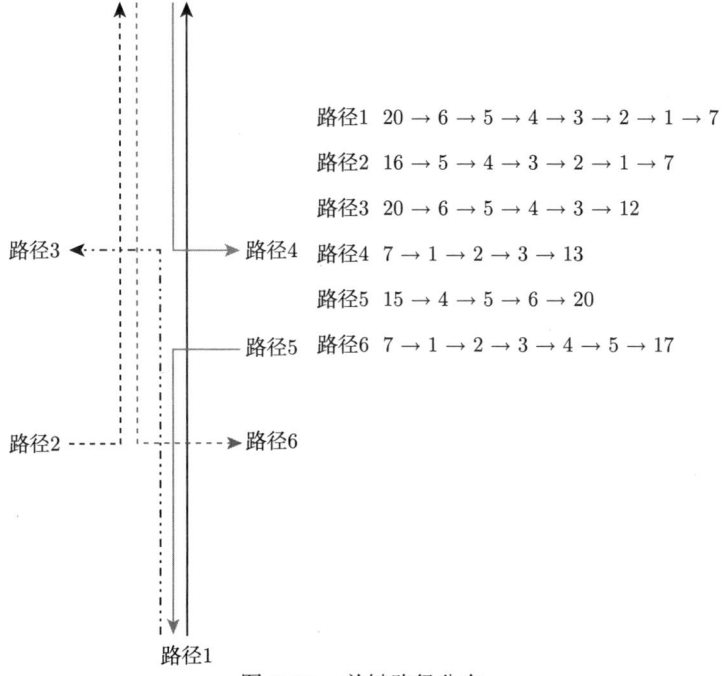

路径1 $20 \to 6 \to 5 \to 4 \to 3 \to 2 \to 1 \to 7$

路径2 $16 \to 5 \to 4 \to 3 \to 2 \to 1 \to 7$

路径3 $20 \to 6 \to 5 \to 4 \to 3 \to 12$

路径4 $7 \to 1 \to 2 \to 3 \to 13$

路径5 $15 \to 4 \to 5 \to 6 \to 20$

路径6 $7 \to 1 \to 2 \to 3 \to 4 \to 5 \to 17$

图 5.12 关键路径分布

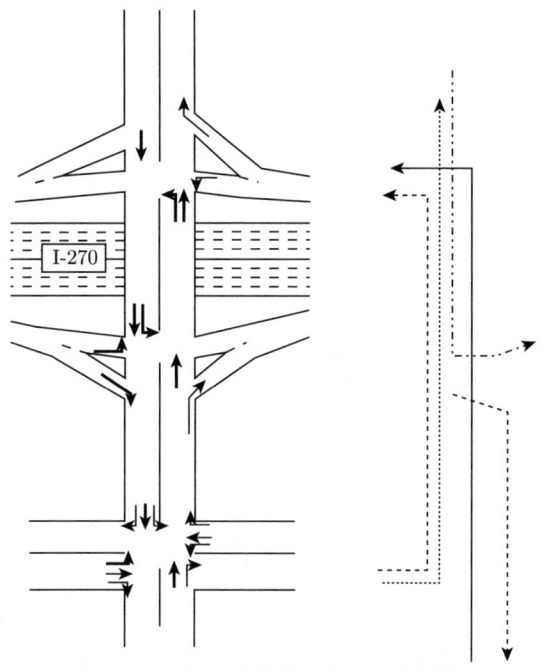

图 5.13 转向流量较大的主干路示例

若只考虑直行交通流，分配给转向交通流的绿波带宽很小，将会增大交通流停车延误和排队延误，进而可能导致排队溢出甚至将会影响其他流向的通行效率。为了解决上述问题，一些学者提出了多路径干线信号优化的概念。Yan 等 [16] 将该问题定义为干线交通同步的多路径带宽模型，Li 等 [17] 将其定义为多路径干线带宽模型，Chen 等 [4] 将其定义为多路径干线信号计划。总体来说，该问题的研究对象为多路径信号协调，研究场景为交通干线。

如图 5.14 所示，给出了由三个交叉口组成的示例干线和路径。每个交叉口有 3 个转向 (左转、直行、右转)，因此可以形成 24 条上行路径。同理，在相反方向 (下行) 也能够产生 24 条路径。

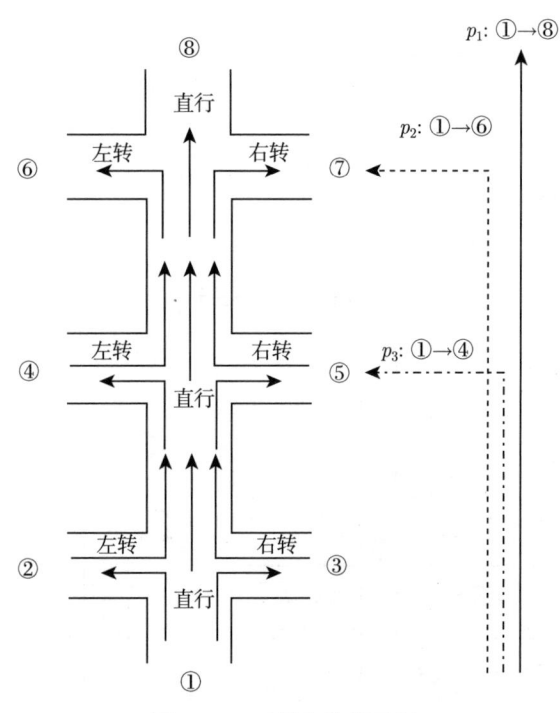

图 5.14　干线和路径示例

在协调多路径干线信号时，需要考虑多路径信号资源的协调和分配。多路径干线协调需要解决以下关键问题：

(1) 考虑多路径带宽的协同优化 [18]：根据 MAXBAND 模型，目标函数是最大化直行路径及其反向路径的带宽。结果是，当分配了绿灯时间时，每个交叉口的通过相位将获得更多的信号资源。值得注意的是，如果下游交叉口的左转流量占总流量的比例较大，MAXBAND 模型将导致分配给左转流量的绿灯时间较少。

(2) 同时考虑信号相序和相位差 [19]：每条路径的带宽都将同时受到相序和相

5.6 交通拥堵溯源应用案例

位差的影响，因此我们需要考虑在模型中优化相序和相位差，以增大路径总加权带宽。

(3) 考虑带宽的有效性[20]：在 MAXBAND 模型中，循环整数约束确保上下行双向带宽不为零。在多路径模型中除了考虑相序优化，也需要考虑带宽的有效性，这是由于多路径协调模型可能导致某些路径上获得的带宽极小甚至为零。由于多个路径之间的带宽存在互相竞争性，一些路径带宽可能会不满足循环整数约束，从而导致模型无法找到可行解。综上所述，在多路径协调控制模型中需要考虑带宽的有效性问题。

1. 控制模型与方法

在该模型中，以多关键路径的相位差为优化对象，整体模型如下：

$$\text{Max} \quad \sum_i (\varphi_i b_i) + \sum_i (\overline{\varphi}_i \overline{b}_i)$$

$$\text{s.t.} \quad \varphi_i = \frac{\text{flow}_i}{\sum_i \text{flow}_i}$$

$$\overline{\varphi}_i = \frac{\overline{\text{flow}_i}}{\sum_i \overline{\text{flow}_i}}$$

$$0 \leqslant b_i + w_{i,k} \leqslant g_{i,k} \quad \forall i \in P; \forall k \in I_i$$

$$0 \leqslant \overline{b}_i + \overline{w}_{i,k} \leqslant \overline{g}_{i,k} \quad \forall i \in \overline{P}; \forall k \in I_i$$

$$\theta_k + r_{i,k} + w_{i,k} + t_k + n_{i,k}$$
$$= \theta_{k+1} + r_{i,k+1} + w_{i,k+1} + \tau_{i,k+1} + n_{i,k+1} \quad \forall i \in P; \forall k \in I_i$$

$$\overline{n}_{i,k} + \overline{w}_{i,k} + \overline{r}_{i,k} + \overline{t}_k - \overline{\tau}_{i,k} - \theta_k$$
$$= \overline{r}_{i,k+1} + \overline{w}_{i,k+1} + \overline{n}_{i,k+1} - \theta_{k+1} \quad \forall i \in \overline{P}; \forall k \in I_i$$

$$b_i, w_{i,k}, \overline{b}_i, \overline{w}_{i,k} \geqslant 0 \quad \forall i \in P + \overline{P}; \forall k \in I_i$$

基于 MAXBAND 模型，在目标函数中考虑双向多路径的加权带宽，可以扩展为如下形式：

$$\text{Max} \sum_i (\varphi_i b_i) + \sum_i (\overline{\varphi}_i \overline{b}_i) \tag{5.12}$$

$$\varphi_i = \frac{\text{flow}_i}{\sum_i \text{flow}_i} \tag{5.13}$$

$$\overline{\varphi}_i = \frac{\overline{\text{flow}}_i}{\sum_i \overline{\text{flow}}_i} \tag{5.14}$$

式中，φ_i 和 $\overline{\varphi}_i$ 分别是上行和下行路径 i 的权重因子；flow_i 和 $\overline{\text{flow}}_i$ 分别是上行和下行路径 i 流量，辆/h。式 (5.12)~式 (5.14) 表明了权重因子与路径流量呈正相关关系，即对于流量较大的路径，应分配更多的信号资源。

$$0 \leqslant b_i + w_{i,k} \leqslant g_{i,k} \quad \forall i \in P; \forall k \in I_i \tag{5.15}$$

$$0 \leqslant \bar{b}_i + \bar{w}_{i,k} \leqslant \bar{g}_{i,k} \quad \forall i \in \bar{P}; \forall k \in I_i \tag{5.16}$$

式中，$g_{i,k}$ 和 $\bar{g}_{i,k}$ 分别是上行和下行路径 i 在交叉口 k 处可获得的绿灯持续时间，s，可由预先指定的信号相序计算；P 和 $\bar{P}$ 是上行、下行的路径集合；I_i 是路径 i 所经过的交叉口的集合。式 (5.15)~式 (5.16) 是干扰约束方程。

当考虑具有时间周期约束的多路径绿波带时，可以将 MAXBAND 模型替换为多路径的相关约束。此外，还需要考虑原始模型中的整数循环约束可能会导致某些路径出现无效带宽。如图 5.15 中①到②所示，多路径场景中时间周期约束表示如下：

$$\begin{aligned}\theta_k + r_{i,k} + w_{i,k} + t_k + n_{i,k} = \theta_{k+1} + r_{i,k+1} + w_{i,k+1} + \tau_{i,k+1} + n_{i,k+1} \\ \forall i \in P; \forall k \in I_i\end{aligned} \tag{5.17}$$

同理，如图 5.15 中③到④所示，可以得到反向路径的时间周期约束表示如下：

$$\begin{aligned}\bar{n}_{i,k} + \bar{w}_{i,k} + \bar{r}_{i,k} + \bar{t}_k - \bar{\tau}_{i,k} - \theta_k = \bar{r}_{i,k+1} + \bar{w}_{i,k+1} + \bar{n}_{i,k+1} - \theta_{k+1} \\ \forall i \in \bar{P}; \forall k \in I_i\end{aligned} \tag{5.18}$$

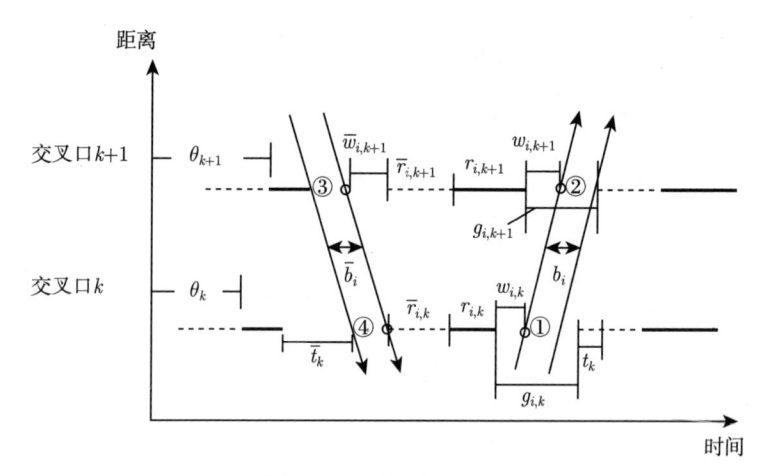

图 5.15　关键变量解释

5.6 交通拥堵溯源应用案例

式中，θ_k 是交叉口 k 的相位差；$r_{i,k}$ 和 $\bar{r}_{i,k}$ 是路径 i 的绿波带左侧和右侧的红灯持续时间，可以通过预先指定的信号相序计算；t_k 和 $\bar{t}_k$ 是交叉口 k 下游和上游交叉口之间的行驶时间；$n_{i,k}$ 和 $\bar{n}_{i,k}$ 是表示循环次数的整数变量；$\tau_{i,k}$ 和 $\bar{\tau}_{i,k}$ 是路径 i 的交叉口 k 处的初始队列清空时间，s。

该模型中假设所有路径上的车辆的出行时间和行驶速度都是预先确定的。为了在模型中优化绿波带的带速，需要对出行时间和行驶速度给出约束，表示如下：

$$c\left(\frac{d_i}{v_{\max,i}}\right) \leqslant t_i \leqslant c\left(\frac{d_i}{v_{\min,i}}\right) \quad \forall i = 1, \cdots, n-1 \tag{5.19}$$

$$c\left(\frac{\bar{d}_i}{\bar{v}_{\max,i}}\right) \leqslant \bar{t}_i \leqslant c\left(\frac{\bar{d}_i}{\bar{v}_{\min,i}}\right) \quad \forall i = 1, \cdots, n-1 \tag{5.20}$$

$$c\left(\frac{d_i}{\Delta v_{\max,i}}\right) \leqslant \left(\frac{d_i}{d_{i+1}}\right) t_{i+1} - t_i \leqslant c\left(\frac{d_i}{\Delta v_{\min,i}}\right) \quad \forall i = 1, \cdots, n-2 \tag{5.21}$$

$$c\left(\frac{\bar{d}_i}{\Delta \bar{v}_{\max,i}}\right) \leqslant \left(\frac{\bar{d}_i}{\bar{d}_{i+1}}\right) \bar{t}_{i+1} - \bar{t}_i \leqslant c\left(\frac{\bar{d}_i}{\Delta \bar{v}_{\min,i}}\right) \quad \forall i = 1, \cdots, n-2 \tag{5.22}$$

在基本模型中，加入相位序列作为优化对象，考虑各个交叉口的相位序列的改变对整体带宽的影响，提出了考虑信号相位序列的多路径控制模型。整体模型如下：

$$\text{Max} \quad \sum_i (\varphi_i b_i) + \sum_i (\bar{\varphi}_i \bar{b}_i)$$

$$\text{s.t.} \quad \varphi_i = \frac{\text{flow}_i}{\sum_i \text{flow}_i}$$

$$\bar{\varphi}_i = \frac{\overline{\text{flow}_i}}{\sum_i \overline{\text{flow}_i}}$$

$$0 \leqslant b_i + w_{i,k} \leqslant g_{i,k} \quad \forall i \in P; \forall k \in I_i$$

$$0 \leqslant \bar{b}_i + \bar{w}_{i,k} \leqslant \bar{g}_{i,k} \quad \forall i \in \bar{P}; \forall k \in I_i$$

$$\theta_k + r_{i,k} + w_{i,k} + t_k + n_{i,k}$$
$$= \theta_{k+1} + r_{i,k+1} + w_{i,k+1} + \tau_{i,k+1} + n_{i,k+1} \quad \forall i \in P; \forall k \in I_i$$

$$\bar{n}_{i,k} + \bar{w}_{i,k} + \bar{r}_{i,k} + \bar{t}_k - \bar{\tau}_{i,k} - \theta_k$$
$$= \bar{r}_{i,k+1} + \bar{w}_{i,k+1} + \bar{n}_{i,k+1} - \theta_{k+1} \quad \forall i \in \bar{P}; \forall k \in I_i$$

$$r_{i,k} \leqslant \sum_m x_{i,m,k} y_{m,n,k} T_{m,k} + M(1-x_{i,m,k}) \quad \forall i \in P+\bar{P}; \forall k \in I_i; \forall n$$

$$\bar{r}_{i,k} \leqslant \sum_m x_{i,m,k} y_{n,m,k} T_{m,k} + M(1-x_{i,m,k}) \quad \forall i \in P+\bar{P}; \forall k \in I_i; \forall n$$

$$r_{i,k} + \bar{r}_{i,k} + \sum_m x_{i,m,k} T_{m,k} = 1 \quad \forall i \in P+\bar{P}; \forall k \in I_i$$

$x_{i,m,k}=1$,如果交叉口k路径i的相位m为绿灯；否则$x_{i,m,k}=0$

$y_{m,n,k}=1$,如果交叉口k的同一周期中，相位m在相位n之前；否则$y_{m,n,k}=0$

$b_i, w_{i,k}, \bar{b}_i, \bar{w}_{i,k} \geqslant 0 \quad \forall i \in P+\bar{P}; \forall k \in I_i$

上述模型为了描述不同路径的信号相位，将 $x_{i,m,k}$ 定义为哑元变量，$x_{i,m,k}=1$ 表示交叉口 k 处的路径 i 的相位 m 为绿灯，否则 $x_{i,m,k}=0$。因此，绿灯持续时间 $g_{i,k}$ 可以表示为

$$g_{i,k} = \sum_m x_{i,m,k} \cdot T_{m,k} \quad \forall i \in P; \forall k \in I_i \tag{5.23}$$

$$\bar{g}_{i,k} = \sum_m \bar{x}_{i,m,k} \bar{T}_{m,k} \quad \forall i \in \bar{P}; \forall k \in I_i \tag{5.24}$$

式中，$T_{m,k}$ 是交叉口 k 处相位 m 的持续时间，s。

同理，干扰约束可以重新表示如下：

$$0 \leqslant w_{i,k} + b_i \leqslant \sum_m x_{i,m,k} T_{m,k} \quad \forall i \in P; \forall k \in I_i \tag{5.25}$$

$$0 \leqslant \bar{w}_{i,k} + \bar{b}_i \leqslant \sum_m \bar{x}_{i,m,k} \bar{T}_{m,k} \quad \forall i \in \bar{P}; \forall k \in I_i \tag{5.26}$$

同理，为了优化信号相位序列，定义 $y_{m,n,k}$ 为相位序列的哑元变量；当 $y_{m,n,k}=1$ 时，表示在交叉口 k 的相同周期中相位 m 在相位 n 之前，否则，$y_{m,n,k}=0$。

为了确保信号相序在时间序列中的正确性和可解性，给出交叉口相序的时间约束如下：

$$y_{m,n,k} + y_{n,m,k} = 1 \quad \forall m \neq n; \forall k \in I_i \tag{5.27}$$

$$y_{m,m,k} = 0 \quad \forall m; \forall k \in I_i \tag{5.28}$$

式 (5.27) 和式 (5.28) 表示两个相邻相位的顺序是唯一的。为了确保相序按照信号的完整周期向前推进，并防止局部相序周期的冲突，一个周期中多个相序之

间的关系可以表示如下：

$$y_{m,n',k} \geqslant y_{m,n,k} + y_{n,n',k} - 1 \quad \forall m \neq n \neq n'; \forall k \in I_i \tag{5.29}$$

式 (5.29) 表明，如果相位 m 在相位 n 之前 ($x_{m,n,k} = 1$)，并且相位 n 在相位 n' 之前，则相位 m 在相位 n' 之前 ($m \to n \to n'$)。

为避免原始模型中的整数循环约束导致某些路径出现无效带宽，给出时间周期约束如下：

$$\theta_k + r_{i,k} + w_{i,k} + t_k + n_{i,k} = \theta_{k+1} + r_{i,k+1} + w_{i,k+1} + \tau_{i,k+1} + n_{i,k+1} \quad \forall i \in P; \forall k \in I_i \tag{5.30}$$

同理，可以得到反向路径的时间周期约束表示如下：

$$\bar{n}_{i,k} + \bar{w}_{i,k} + \bar{r}_{i,k} + \bar{t}_k - \bar{\tau}_{i,k} - \theta_k = \bar{r}_{i,k+1} + \bar{w}_{i,k+1} + \bar{n}_{i,k+1} - \theta_{k+1} \quad \forall i \in \bar{P}; \forall k \in I_i \tag{5.31}$$

MAXBAND 模型适用于给定信号相序和相位差的情况。然而，通过改变相序来优化整个信号方案时，路径 i 在其可用绿灯时间 ($r_{i,k}$) 之前 (之后) 的红灯持续时间将变为非固定值，并受相序改变的影响。因此，相序与 $r_{i,k}$ 之间的关系可以表示如下：

$$r_{i,k} \leqslant \sum_m x_{i,m,k} y_{m,n,k} \cdot T_{m,k} + M\left(1 - x_{i,m,k}\right) \quad \forall i \in P + \bar{P}; \forall k \in I_i; \forall n \tag{5.32}$$

$$\bar{r}_{i,k} \leqslant \sum_m x_{i,m,k} y_{n,m,k} \cdot T_{m,k} + M\left(1 - x_{i,m,k}\right) \quad \forall i \in P + \bar{P}; \forall k \in I_i; \forall n \tag{5.33}$$

$$r_{i,k} + \bar{r}_{i,k} + \sum_m x_{i,m,k} T_{m,k} = 1 \quad \forall i \in P + \bar{P}; \forall k \in I_i \tag{5.34}$$

式中，M 是一个极大的正数，当路径 i 中的相位 m 不是绿灯时 ($x_{i,m,k} = 0$)，用来约束保持不等式为恒成立。

式 (5.30) 和式 (5.31) 确保路径 i 可以在多个连续相位中获得绿灯时间。式 (5.32) 确保 $r_{i,k}$ 在路径 i 的第一相位之前被连接；式 (5.33) 确保 $\bar{r}_{i,k}$ 在路径 i 的最后一个相位之后被连接；式 (5.34) 表明了路径 i 的循环中的总绿灯持续时间满足约束。

2. 管控效果评估

基于上节中的考虑相位差的多路径模型 (模型一)、考虑相位序列的多路径模型 (模型二)，利用 Gurobi 求解器进行求解，求得各路径带宽、各交叉口相序和相位差如下。

模型一的求解结果如图 5.16 所示，6 条路径的带宽分别为 18s、13s、0s、29s、31s、20s，6 个交叉口的相位差分别为 0s、14s、36s、60s、99s、86s。由于模型一中仅考虑优化相位差，所以优化后的相位顺序与优化前相同，仅通过移动每个交叉口的相位组来使模型中获得更大的加权带宽。路径 4~ 路径 6 获得更大的带宽，这是因为上行路径流量占比较大，所以分配了更多的信号资源。

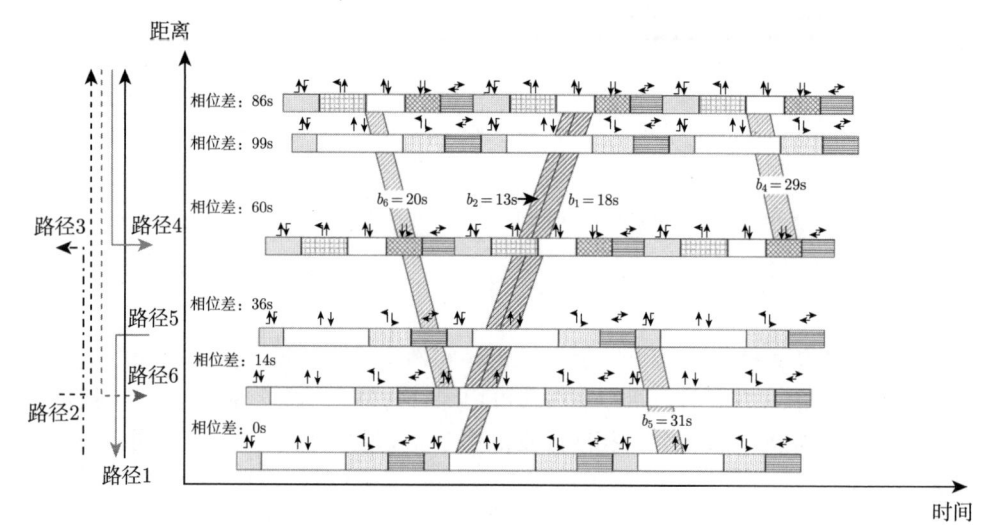

图 5.16 考虑信号相位差的多路径控制模型 (模型一) 求解结果

模型二的求解结果如图 5.17 所示，6 条路径的带宽分别为 11s、25s、22s、36s、

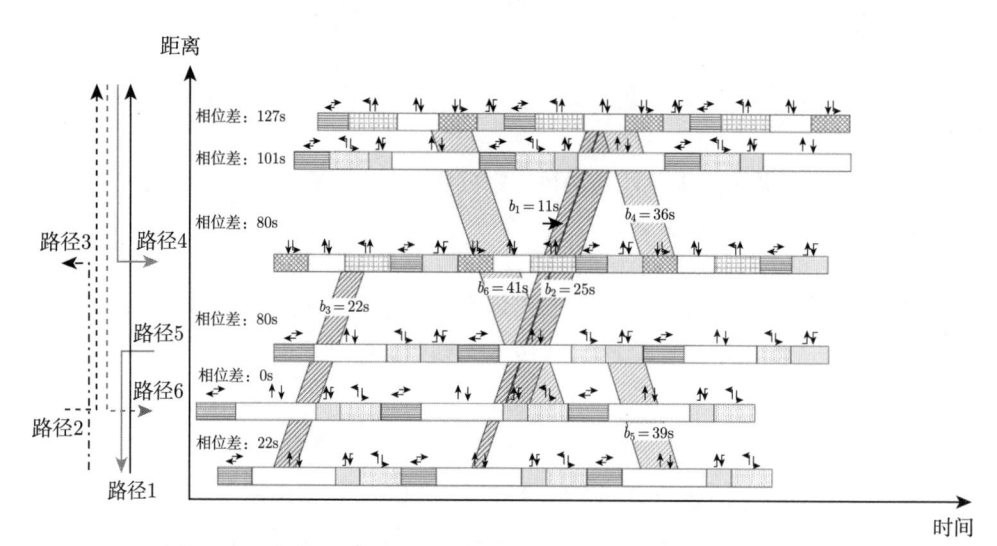

图 5.17 考虑信号相位序列的多路径控制模型 (模型二) 求解结果

39s、41s，6个交叉口的相位差分别为 22s、0s、80s、80s、101s、127s。模型二在模型一的基础上，考虑相位序列的优化，通过重新组合相位顺序，进一步扩大了模型的解空间。可以明显看出，各个路径的带宽都有了显著的增大，整体干线系统的通行效率也获得了明显提高。与模型一同理，路径 4~ 路径 6 获得了更大的带宽。

SUMO 仿真最终输出结果如表 5.6 所示，给出了 MAXBAND 模型、模型一和模型二的平均延误、平均停车次数和平均速度的表现情况。可以看出，模型一和模型二相较于 MAXBAND 模型在各个性能指标上都有显著提升。其中模型一相较于 MAXBAND 模型的平均延误下降了 16.58%，平均停车次数下降了 6.4%，平均速度提升了 5.19%。证明在左转流量较大的情况下多路径控制方法相较于双向路径控制方法的优越性。此外，模型二相较于模型一，各项性能有了一定程度的提高，这是因为模型二在模型一的基础上增加了相序优化，进一步扩大了解空间，同时进一步优化了性能。

表 5.6 不同模型的仿真输出指标

指标	MAXBAND 模型	模型一	模型二
平均延误/s	69.80	58.23	54.13*
平均停车次数	1.25	1.17	1.02*
平均速度/(km/h)	38.34	40.33	45.28*

* 标注的为该指标下表现最好的模型。

5.7 本章小结

本章在完整提取上虞区准全样本的机动车辆出行链基础上，集计估算了全路网各路段上的行程速度和交通流量，构建了基于行程速度和交通流量两个测度的在路段和区域两个层次上的静动态交通运行状态指标体系。为了让计算的交通运行状态结果更好地服务于居民出行和管控部门的交通治理，提出了基于路径的拥堵溯源分析方法，完成了不同尺度上的舜江大桥拥堵溯源分析，并以多路径交通信号协调控制为例说明了拥堵溯源在交通管控中的应用方法。

参 考 文 献

[1] 祝付玲. 城市道路交通拥堵评价指标体系研究 [D]. 南京: 东南大学, 2006.
[2] Coast S. OpenStreetMap Data Extracts[Z]. [2023-11-18]. https://download.geofabrik.de/.
[3] Arsava T, Xie Y C, Gartner N. OD-NETBAND: An approach for origin–destination

based network progression band optimization[J]. Transportation Research Record: Journal of the Transportation Research Board, 2018, 2672(18): 58-70.

[4] Chen Y H, Cheng Y, Chang G L. Design of an arterial signal progression plan for multi-path flows with only intersection turning counts[J]. Transportation Research Part C: Emerging Technologies, 2021, 130: 103322.

[5] Little J, Kelson M, Gartner N M. MAXBAND: A program for setting signals on arteries and triangular networks[J]. Transportation Research Record Journal of the Transportation Research Board, 1981, 795: 40-46.

[6] Pillai R, Rathi A. MAXBAND Version 3.1: Heuristic and optimal approach for setting the left turn phase sequences in signalized networks[J]. Engineering, Computer Science, 1995.

[7] Stamatiadis C, Gartner N H. MULTIBAND-96: A program for variable-bandwidth progression optimization of multiarterial traffic networks[J]. Transportation Research Record: Journal of the Transportation Research Board, 1996, 1554(1): 9-17.

[8] Cesme B, Furth P G. Self-organizing traffic signals using secondary extension and dynamic coordination[J]. Transportation Research Part C: Emerging Technologies, 2014, 48: 1-15.

[9] Zhang C, Xie Y C, Gartner N H, et al. AM-Band: An asymmetrical multi-band model for arterial traffic signal coordination[J]. Transportation Research Part C: Emerging Technologies, 2015, 58: 515-531.

[10] Tang X Y, Cheng L, Xu S. Identification of critical links under earthquake hazards for highway networks[J]. Journal of Southeast University (English Edition), 2009, 25(4): 531-535.

[11] Scott D M, Novak D C, Aultman-Hall L, et al. Network Robustness Index: A new method for identifying critical links and evaluating the performance of transportation networks[J]. Journal of Transport Geography, 2006, 14(3): 215-227.

[12] Kumar P, Krishna P R, Bapi R S, et al. Rough clustering of sequential data[J]. Data & Knowledge Engineering, 2007, 63(2): 183-199.

[13] Gelbard R, Goldman O, Spiegler I. Investigating diversity of clustering methods: An empirical comparison[J]. Data & Knowledge Engineering, 2007, 63(1): 155-166.

[14] Nanni M, Pedreschi D. Time-focused clustering of trajectories of moving objects[J]. Journal of Intelligent Information Systems, 2006, 27(3): 267-289.

[15] Sambasivam S, Theodosopoulos N. Advanced data clustering methods of mining web documents[J]. Issues in Informing Science and Information Technology, 2006, 3: 563-579.

[16] Yan H M, He F, Lin X, et al. Network-level multiband signal coordination scheme based on vehicle trajectory data[J]. Transportation Research Part C: Emerging Technologies, 2019, 107: 266-286.

[17] Li C Z, Wang H, Lu Y X. A multi-path arterial progression model with variable signal structures[J]. Transportmetrica A: Transport Science, 2023, 19(3): 2101708.

[18] Lin Y J, Yang X F, Zou N. Passive transit signal priority for high transit demand: Model formulation and strategy selection[J]. Transportation Letters, 2019, 11(3): 119-129.

[19] Wong S C. Derivatives of the performance index for the traffic model from TRANSYT[J]. Transportation Research Part B: Methodological, 1995, 29(5): 303-327.

[20] Balaji P G, German X, Srinivasan D. Urban traffic signal control using reinforcement learning agents[J]. IET Intelligent Transport Systems, 2010, 4(3): 177-188.

第 6 章
基于宽度学习的出行方式选择行为建模

6.1 概 述

随着信息与通信技术 (information and communication technology，ICT) 的发展，可用于决策分析的数据呈现出爆炸式的增长。尽管在大规模数据环境下，运用机器学习模型进行有效估计的技术已广泛使用并趋于完善，然而，在基于随机效用框架的统计离散选择模型 (discrete choice model，DCM) 估计方面还没有得到充分的探索[1]。其中，最突出的问题是关于如何提升离散选择模型在大批量数据集上的计算效率。

离散选择模型研究界以往较多地集中于提升模型的预测精确性，而在一定程度上忽略了计算效率的重要性。计算效率不仅关乎模型能否在实际应用场景中得到广泛采纳和实时应用，还与需求分析的准确性紧密相关。这种对计算效率的忽视可能会导致在需要频繁动态调整和迅速训练模型的场合，模型的实际应用效果大打折扣。近年来新兴的由离散选择模型驱动的交通模式推荐系统便是一个典型的场景。然而，大多数交通模式的推荐方法是离线形式的，如果有新的数据产生，为了更好地纳入新的变化 (观测)，模型参数需要定期重新估计，而不是即时更新。通常情况下，用户在使用类似于交通模式推荐的 APP 时，一旦外界环境发生变化，用户原有计划同样会被改变。因此，模型中个人层面的参数也应该被实时更新以纳入用户的最新信息，以便于更好地推荐下一步可能需要的服务或出行路线。

传统的离散选择模型依靠建模者的专业知识来挑选符合观测数据特性的模型结构。其中，效用函数作为模型规范的主要组成部分，用于描述个体对每个备选方案属性的评价以及如何在不同的个体之间系统地变化。然而，当真实存在的决策过程涉及非线性关系时，简单的效用函数形式可能无法完全捕获这种复杂性，由此产生的偏差可能导致参数估计失准、预测性能下降，甚至得出误导性的解释结论。另外，模型不确定性也一直是离散选择理论研究的重要研究点。因此，建模者选择将机器学习 (machine learning，ML) 方法应用到选择建模领域，旨在通过自动识别和学习潜在的复杂关系，克服传统方法在处理非线性、不确定性和复杂性时的局限性，从而改善模型的表现和解释能力。

6.1 概　述

机器学习作为一种数据驱动的方法,其不需要较多的先验理论就可从大量数据中挖掘出丰富的信息,尤其是深度选择模型 (如深度神经网络 (deep neural network, DNN)) 近年来常被用于预测和分析个人的决策。相较于传统的离散选择模型,深度神经网络在预测出行方式选择、汽车拥有量以及路径选择等任务中展现出更高的预测精度。然而,将机器学习特别是深度学习应用于选择模型构建时,首要面临的挑战在于提升模型的行为可解释性。在以往的交通问题研究中,针对机器学习在选择模型中的可解释性探讨并不多见,且现有的解释性手段较为有限。具体而言,理解机器学习如何从中抽取出关键信息的过程,与解释经典离散选择模型时聚焦于单一参数的方式截然不同。这是因为深度神经网络架构中存在多达上万的独立参数,逐一研究这些参数来提取经济、交通以及其他相关领域的实用信息,既不切实际,亦非必需。这也正是深度神经网络常被贴上"黑箱模型"标签的原因所在[2]。

机器学习被应用于离散选择建模的另一个要点在于确定最优模型参数所需的合适数据量。众所周知,神经网络的参数学习过程需要大量的数据作为支撑。从统计和计量经济学理论的角度来看,观测数据过少,很难获得模型的最佳参数;而观测数据过多,又有可能造成过拟合。为了解决这个问题,研究者通常采用正则化技术并通过随机超参数搜索策略[3,4]来平衡模型复杂度与泛化能力。然而,在实例中,面对仅有 8418 条记录的 SGP 数据集,训练 250 个全连接前馈神经网络的过程耗时接近 30h,即便采用稀疏版本的深度神经网络 (如 ASU-DNN) 进行训练,也需要大约 7h。这一事例生动地凸显了深度选择模型在计算成本上的高昂代价,特别是在有限数据集上进行训练时,其资源消耗和时间投入尤为显著。

总体来说,传统的离散选择模型与新兴的数据驱动型深度选择模型各自展现了独特的优势:前者因其结构清晰而具有较高的可解释性,后者则凭借机器学习技术展示了卓越的预测能力。然而,目前的研究普遍忽略了对计算效率的关注,尤其是在需要频繁进行模型更新与实时训练的在线推理环境。因此,对于离散选择模型领域来说,开发既有良好预测性和可解释性又有高效率的选择模型具有很大的价值和必要性。

宽度学习 (broad learning, BL) 源自宽度学习系统 (broad learning system, BLS)[5]。它能在保证一定准确度的同时,兼具快速、简洁等性质。更重要的是,宽度学习保留了根据任何连续概率分布随机生成隐藏层节点权重的强大机制,它只需要通过伪逆算法训练从隐藏层到输出层的权重。这为解决上述离散选择模型和深度选择模型所面临的较差预测性能和较低计算效率的问题带来希望。尽管宽度学习能兼顾准确性和计算效率,但其本质上属于机器学习族。因此,本书也关注了对所提出模型的可解释性问题。

为此，本章关注选择模型在在线连续数据流背景下的动态和自适应推理能力，重点剖析了机器学习的出行行为机理，具体包括选择行为分析理论的介绍、宽度选择模型的介绍以及案例分析。

6.2　选择行为分析理论

6.2.1　离散选择模型

多项式 Logit(multinomial logit，MNL) 模型是整个离散选择模型体系的基础，其原理基于随机效用理论 (random utility theory)[6,7]。多项式 Logit 模型假设选择者有 J 个备选方案，分别对应于一定的效用 U，该效用由固定与随机两部分加和构成。固定效用 V 能够被一定的可观测要素 x 所解释，而随机部分 ε 代表了未被观测的效用及误差的影响。但该模型的局限性是必须满足独立同分布性，即 IID 特性 (independent and identically distributed, IID)。显然在实际应用中 IID 特性并不总是满足的，例如"红巴士和蓝巴士"问题。

为了弥补 Logit 模型中 IID 特性的缺陷，McFadden[8] 提出了广义极值 (generalized extreme value，GEV) 模型。广义极值模型假设选择集中所有选项的随机效用的误差项来自联合的广义极值分布，这不仅避免了 IID 特性，并且使得模型参数的估计相对简单，容易被实施[9]。其中，嵌套 Logit(nested logit，NL) 模型就是 GEV 模型家族的一员，尽管在某种程度上突破了 IID 约束，但无法处理内在的不可观测动态关系。混合 Logit(mixed logit，MXL) 模型则是主要针对 MNL 模型忽略个体异质性、无法处理随机偏好差异的不足而提出的，与 MNL 中的恒定系数相区别，MXL 模型允许解释变量的系数是随机的，从而适应不同个体间的偏好差异。混合 Logit 模型在多个领域有着广泛的应用，尤其适用于解决因随机偏好引起的种种问题，例如备选项之间的相关性、面板数据的内在联系、随机系数的处理，以及不同类型数据的融合分析等。与此同时，与混合 Logit 模型类似，潜在类别模型也在许多相关的研究领域展现出了广泛的应用潜力。

在对出行行为分析的预测性能方面，传统离散选择模型长期以来被认为不及机器学习模型出色。有研究[6]在对比了数百种不同类型的机器学习分类器与离散选择模型后发现，在涵盖 12 个不同模型系列 (包括机器学习方法与离散选择模型) 的评估中，离散选择模型 (DCM) 家族的整体预测能力仅位列第七，这一结果暗示离散选择模型并非出行行为预测的理想工具。过去的大量研究表明，即便离散选择模型在误差项中尝试引入更复杂的随机结构以增强预测能力，但在实际表现上，仍旧未能超越集成学习方法 (ensemble learning model) 和深度神经网络 (DNN) 等前沿机器学习技术。此外，研究还证实了样本量的大小与模型预测性能之间存在密切关联。当面临大规模数据时，混合 Logit(MXL) 模型受限于其训练能力，无法有效应对大样本量，从而难以展示出高水平的预测效果。这也进一步凸显了在大规模数据分析背景下，离散选择模型相对于先进机器学习技术在预测性能方面的局限性。

大数据虽然为选择分析提供了良好的先天条件，但它同样是一把双刃剑。一方面，这为分析师提供了大量的行为信息；另一方面，面对庞大而错综复杂的数据集，对选择模型进行有效估计的过程充满了艰巨的计算挑战，这对模型构建者和分析者的技术实力与创新能力提出了更高的要求。通常情况下，离散选择模型的计算负担随着样本量的增加而增加。尽管 MNL 模型和 NL 模型的计算效率相比于 MXL 模型更高，但在大批量数据集上估计基于随机效用框架的离散选择模型仍然是一个巨大的挑战，且至今未得到充分的探索。因此，一些研究者越来越关注离散选择模型的计算效率。

受机器学习领域常用的随机梯度下降法的启示，有学者提供了在离散选择模型的背景下处理大型数据集的新方法 [10]。他们基于混合自适应批量运算方法 (hybrid adaptive moving average batch size, HAMABS) 算法对混合 Logit 模型进行参数估计，与实践中离散选择模型所使用的现有优化算法相比，所提出的方法将优化时间缩短至原来的 1/23。事实上，致力于缩减离散选择模型参数估计所需时间和计算资源的优化算法已经涌现出诸多相似的研究成果。

尽管上述方法明显地提高了离散选择建模的计算效率，但在与实时在线数据流相结合以实现动态适应性推理的场景中，例如基于离散选择模型 (DCM) 的个性化推荐系统，其反应速度仍然难以满足实时性要求。传统的离散选择模型驱动的推荐技术主要依赖于离线的手段来对个体偏好进行学习和参数配置。在在线推荐中很少使用离散选择模型将 item specific(项目特定信息)、user specific(用户特定属性) 和 contextual data(情景数据) 整合到单个模型中。这主要是由于离散选择模型在计算效率上的局限性，其难以胜任实时在线推理的任务 [11]。缺乏高效的计算保障，个人级别的偏好参数不能被实时更新，推荐系统便无法及时吸收用户的最新信息，进而导致无法提供精准的商品推荐，也无法帮助用户做出及时的决策行动。为此，已有研究者提出了一个在在线数据流上实现模型参数动态和自适应推理的框架，利用贝叶斯推理方法来实时估计和更新离散选择模型中的个体偏好参数 [12]。

6.2.2 神经网络模型

建模专家们对借助机器学习技术开展选择行为建模的兴趣日渐浓厚，特别在将深度神经网络 (DNN) 应用于构建深度选择模型方面。深度神经网络作为一类强大的通用函数逼近工具，不仅在预测性能上表现出众，还能灵活地整合各种类型的数据信息。此类深度选择模型在交通领域有着广泛的应用前景，包括但不限于汽车拥有状况分析、出行方式预测、出行者决策规律探究、驾驶行为建模、交通事故风险评估、出行需求分布推断、道路排队长度预测、多层次需求结构刻画、交通流量模拟以及停车场占用率估算等多元场景。文献 [13] 比较了多项式 Logit(MNL) 模型、人工神经网络 (ANN)、朴素贝叶斯 (naive Bayesian)、梯度提升机 (gradient boosting machine, GBM)、随机森林 (random forest, RF) 以及支持向量机 (support vector machine, SVM) 在出行方式分类预测任务中的表现。尽管这些模型在预测性能上均有优秀表现，但其在可解释性方面的不足尚未得到有效解决。

近来，增强机器学习模型的可解释性已成为研究的核心议题。对于卷积神经网络 (convolutional neural network, CNN) 这类深度学习架构，科研人员正在积极采用诸如隐藏层的可视化表述技术，通过生成显著性图或注意力图来凸显影响模型决策的关键输入特征。同时，借助敏感性分析手段，计算输入变量相对于输出变化的梯度，以便揭示哪些因素对模型预测的影响最为显著。此外，利用局部逼近函数来简化模型结构，使其逻辑更加直观易懂，也是提升模型可解释性的重要策略。然而，在针对交通领域的选择行为分析中，深入探讨深度神经网络可解释性问题的研究尚不多见，仅有少数的文献对此进行了专门研究[4]。

大规模高维数据因其蕴含的复杂知识间相互关联性，已日益成为深度学习技术研发所面临的重大挑战之一。深度神经网络通常由多层叠加组成，通过从海量数据中挖掘复杂知识，并进行非线性处理抽取出多个抽象的特征。虽然在许多领域取得了突破性的成就，但是这些深层结构因参数较多和设计复杂，在多次迭代训练过程中会消耗大量时间和计算资源。当前，无论是传统的离散选择模型、基于深度神经网络 (DNN) 构建的新型深度选择模型，还是融合 DNN 与离散选择理论两者优势的混合模型，普遍缺乏在线动态推理功能，这就意味着当前大多数离散选择模型的变体在某些需要反复地被调整和被训练的场景 (如车辆排队长度动态预测系统、短时路网交通流量预测等) 中难以得到广泛的应用。因此，基于数据驱动的机器学习原理，研发一种既能保持卓越预测性能，又具备良好可解释性，同时不牺牲计算效率的选择模型显得尤为必要且有价值。特别是在连续数据流环境下，模型的实时适应和动态推理能力是业界特别关注的课题。

6.3 宽度选择模型

本节主要介绍宽度选择模型 (broad choose model, BCM) 理论以及提出的两个模型架构 (Vanilla-BCM 和 Res-BCM)。尽管宽度学习技术在近几年得到了广泛应用，但在本节中，我们将聚焦于其在离散选择模型领域的理论应用，专门阐述宽度学习如何适应并革新离散选择建模的方法论。

为了适应多样化的任务需求并提升深度神经网络 (DNN) 的表达效能，一种常见的策略是在隐藏层间或输出层之后嵌入非线性激活函数。特别是在构建深度选择模型的过程中，将经典的多项式 Logit(MNL) 模型融入深度学习框架的研究已证实了一系列理论一致性原则：文献 [1]~[14] 表明，在随机效用最大化 (random utility maximization, RUM) 理论框架下，带有 Softmax 函数的深度神经网络实际上隐含着与贡贝尔 (Gumbel) 分布下的随机效用项之间的深层联系，这意味着在满足 RUM 假设时，Softmax 函数能够作为实现随机效用最大化的数学等价表述。同样地，在论证宽度选择模型 (BCM) 背后的理论稳健性时，我们需要依赖两个核心前提：

(1) 激活函数 (尤其是 Softmax 函数) 被引入宽度学习中成为改进的宽度模型的合理性；

(2) 从理论上证明效用最大化理论与改进的宽度模型之间的密切相关性。

6.3.1 数学表述

假设给定数据集 $\boldsymbol{X}$(分别包括个体 i、备选方案 k 的特征 z_i 和 $\tilde{x}_{ik}$) 和标签 $\boldsymbol{Y}$(个体 i 所选择的备选方案)，共有 N 个观测，每个观测有 M 个特征 (包括个体和备选方案的特征)，即 $\{(\boldsymbol{X},\boldsymbol{Y})|\boldsymbol{X}\in\mathbb{R}^{N\times M},\boldsymbol{Y}\in\mathbb{R}^{N\times C}\}$。$C$ 表示可被选择的备选方案的数量。输入数据 $\boldsymbol{X}$ 通过 $\phi(\cdot)$ 进行映射。共有 n 组映射的特征节点且每个映射的组有 1 个节点，则第 s 个映射组的特征 F_s 为

$$F_s = \phi_s\left(\boldsymbol{X}W_{e_s} + \beta_{e_s}\right), \ s = 1, 2, \cdots, n \tag{6.1}$$

式中，为了有效标定模型参数，权重参数 W_{e_s} 和偏差参数 β_{e_s} 通常会通过特定的概率分布随机生成。所有 n 个特征映射组的拼接被表示为 $\boldsymbol{F}^n = [F_1, \cdots, F_n]$。

为了寻找更多潜在的相互依赖关系，$\boldsymbol{F}^n$ 通过非线性激活函数 ξ_t 被扩展到增强层。类似地，第 t 个增强节点被表示为

$$H_t = \xi_t\left(\boldsymbol{F}^n W_{h_t} + \beta_{h_t}\right), \ t = 1, 2, \cdots, m \tag{6.2}$$

式中，权值 W_{h_t} 和偏差项 β_{h_t} 也是随机生成的。m 个增强节点的集合被表示为 $\boldsymbol{H}^m \triangleq [H_1, H_2, \cdots, H_m]$，即为整个增强层的输出。

所有的特征映射节点和增强节点被拼接成一个矩阵，通过权重 $\boldsymbol{W}^m$ 与输出层相连，即宽度学习模型的效用 $\boldsymbol{V}$ 可被表示成

$$\begin{aligned}\boldsymbol{V} &= [F_1, F_2, \cdots, F_n | H_1, H_2, \cdots, H_m]\, \boldsymbol{W}^m \\ &= [\boldsymbol{F}^n | \boldsymbol{H}^m]\, \boldsymbol{W}^m \\ &= \boldsymbol{Y}\end{aligned} \tag{6.3}$$

当 BCM 被应用到输入 $\tilde{x}_i$ 和 z_i 时,隐式假设是带有随机效用项 (遵循 Gumbel 分布) 的 RUM。V_{ik} 既是 RUM 理论假设中的确定性效用,也是 Softmax 函数的输入,即 BCM 中的 V_{ik} 在数学上可被表达为

$$\begin{aligned} V_{ik} = V(\tilde{x}_i, z_i) &= [\boldsymbol{F}^n | \boldsymbol{H}^m]_{ik} W_{ik}^m \\ &- [(F_n \circ \cdots \circ F_1)_{ik} | (H_m \circ \cdots \circ H_1)_{ik}] W_{ik}^m \\ &= \Big[(\phi_n \circ \cdots \circ \phi_1)_{ik} (\tilde{x}_i, z_i) W_{ik}^{e_o} | (\xi_m \circ \cdots \circ \xi_1)_{ik} \\ &\quad \cdot (\phi_n \circ \cdots \circ \phi_1) (\tilde{x}_i, z_i) W_{ik}^{e_o} W_{ik}^{h_p} \Big] W_{ik}^m \end{aligned} \qquad (6.4)$$

式中, $W_{ik}^{e_o}$ 和 $W_{ik}^{h_p}$ 分别是特征映射层和增强层的权重。

在随机效用最大化 (RUM) 理论框架内,RUM 与采用 Softmax 函数的贝叶斯模型 (Bayesian model, BM) 之间存在着紧密的数学关联。具体来说,当模型在 RUM 原则限制下运作时,可以观察到 Softmax 函数的表现形式相当于个体选择行为背后隐藏的随机效用项服从 Gumbel 分布。这一性质揭示了 BCM 在处理离散选择问题时,尽管其形式与经典的多项式 Logit(MNL) 模型有所不同,但在 RUM 框架下,两者主要差异体现在效用函数的具体表达形式和结构上,而非基本的选择原理。BCM 的选择概率可推导为

$$P_{ik} = \frac{\mathrm{e}^{V_{ik}}}{\sum_{l \in C_n} \mathrm{e}^{V_{lk}}} = \frac{\mathrm{e}^{[\boldsymbol{F}^n | \boldsymbol{H}^m]_{ik} W_{ik}^m}}{\sum_{l \in C_n} \mathrm{e}^{[\boldsymbol{F}^n | \boldsymbol{H}^m]_{lk} W_{lk}^m}} \qquad (6.5)$$

接下来我们对 BCM 的参数学习过程进行介绍。区别于 DCM 的参数估计和神经网络的权重更新,典型的 DCM 的参数估计多使用牛顿法或拟牛顿方法,神经网络的权重更新多使用梯度下降法。BCM 的权重更新使用了一种一步快速学习 (one-step fast learning) 算法 [15],其整个过程不涉及迭代。

由式 (6.3) 可得

$$\boldsymbol{W}^m = [\boldsymbol{F}^n | \boldsymbol{H}^m]^+ \boldsymbol{Y} \qquad (6.6)$$

然而,由于训练样本容易受到大容量和多样性的影响,通过如正交化或奇异值分解等一些标准方法计算这种广义逆 (generalized inverse) $[\boldsymbol{F}^n | \boldsymbol{H}^m]^+$ 的代价太高 [16]。值得注意的是,伪逆是线性方程的最小二乘估计量,目的是获得训练误差最小时的输出权重,但并不适用于病态问题 (ill condition problems)[17],即那些矩阵条件数极大且易受微小扰动影响的问题。这一问题在深度神经网络 (DNN) 的

学习过程中也同样存在。为了解决这一困境，研究者通常倾向于运用正则化技术，因为它具有凸优化的性质，并能较好地保证模型的泛化能力，从而有效地服务于求解伪逆过程，以提升深度学习模型在处理大规模及复杂数据集时的学习效率和稳定性。

$$\arg\min_{\boldsymbol{W}} \|\boldsymbol{AW} - \boldsymbol{Y}\|_v^{\sigma_1} + \lambda \|\boldsymbol{W}\|_u^{\sigma_2} \tag{6.7}$$

式中，$\boldsymbol{A} = [\boldsymbol{F}^n|\boldsymbol{H}^m]$。当 $\sigma_1 = \sigma_2 = u = v = 2\sigma$ 时，原有的优化问题可以通过范数正则化予以转化。值 λ 表示对平方权重之和 $\boldsymbol{W}$ 的进一步约束。当 $\lambda = 0$ 时，可被转化为最小二乘问题。当 λ 非零时，λ 被添加到原始最小二乘估计中，可使其结果的残差变大，进而增强了泛化性。因此 BCM 的权值可被近似为

$$\boldsymbol{W}^m = \left(\lambda \boldsymbol{I} + \boldsymbol{A}\boldsymbol{A}^{\mathrm{T}}\right)^{-1} \boldsymbol{A}^{\mathrm{T}} \boldsymbol{Y} \tag{6.8}$$

将式 (6.4) 和式 (6.6) 代入式 (6.8)，可得

$$\boldsymbol{A}^+ = \lim_{\lambda \to 0} \left(\lambda \boldsymbol{I} + \boldsymbol{A}\boldsymbol{A}^{\mathrm{T}}\right)^{-1} \boldsymbol{A}^{\mathrm{T}} \tag{6.9}$$

上述所阐述的 BCM 实际上是一个基础构架版本，我们将其命名为 Vanilla-BCM，也就是常说的基础版 BCM，其框架如图 6.1 所示。详细介绍见 6.3.2 节。

6.3.2 Vanilla-BCM 和 Res-BCM

在宽度学习模型中，Vanilla-BCM 作为基础版本难免会继承一些固有的局限性。比如，其初始设定中，连接输入层至各个特征映射组的权重通常是随机产生的，这种内在的随机性容易受到不确定性因素的影响，导致模型性能的不稳定。此外，Vanilla-BCM 在设计上并未借鉴主流神经网络 (NN) 中关于逐层特征提取和构建分层表征的策略，这意味着它未能充分利用层间依赖关系来优化特征学习，从而可能进一步增加随机误差的积累效应。因此标准宽度学习模型的理论基础需要进一步分析和改进。受残差网络结构的启发[18]，本书搭建 Res-BCM，使得新的架构既能够为每个特征节点提供前一节点所提取的特征以降低随机性，又能够把低层的特征传到高层，从而避免网络退化。当然，解决上述两个问题的方法有很多，我们在此仅进行了初步的探索，相信未来将有更多的研究成果涌现。Res-BCM 在数学上的表达形式如下：

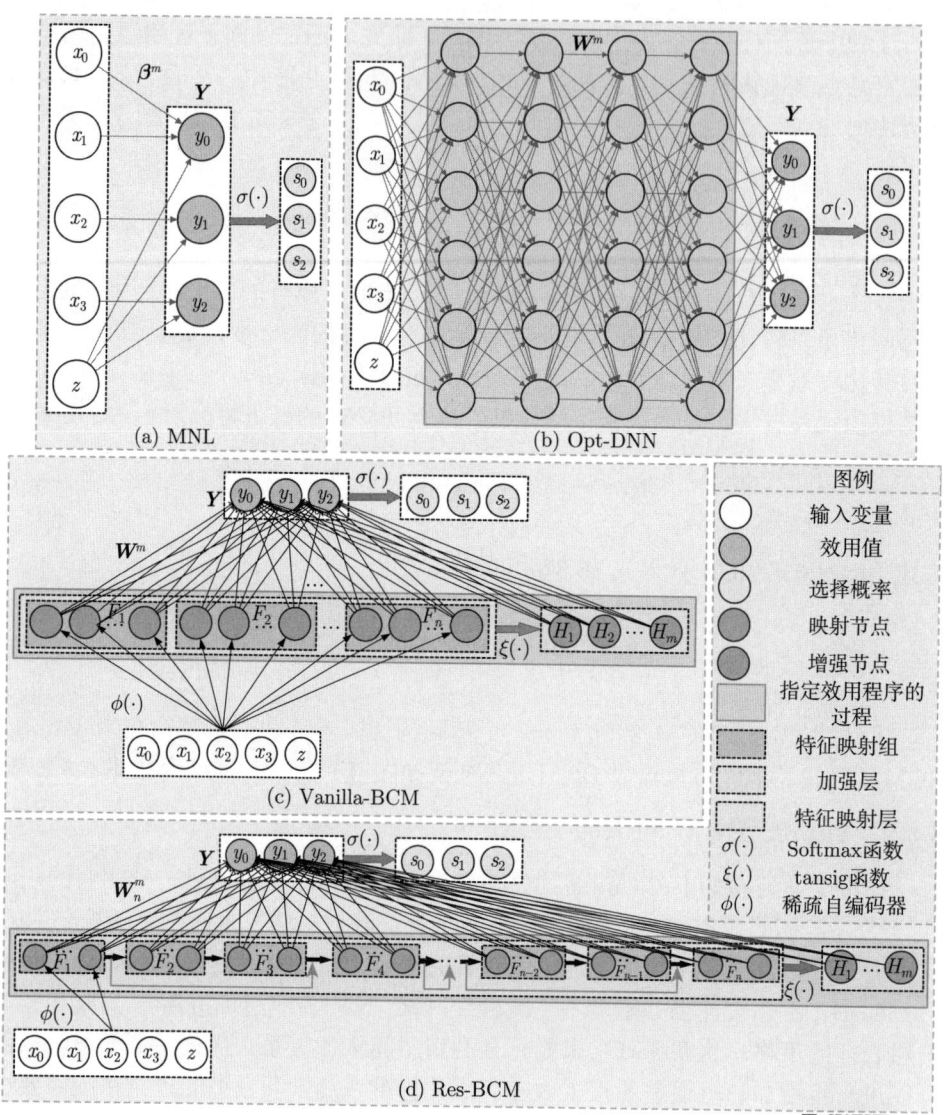

图 6.1 MNL、Opt-DNN 和两种 BCM 的架构

（扫码获取彩图）

本书取特征映射的组数 $n = 10$，其中，$F_1 \sim F_4$、$F_4 \sim F_7$ 和 $F_7 \sim F_{10}$ 分别被定义成残差块，F_1、F_2、F_3、F_5、F_6、F_8 和 F_9 的输入为前一组的输出。

对于输入数据 $\boldsymbol{X}$，第一组的特征映射节点 F_1 被表示为

$$F_1 = \phi\left(\boldsymbol{X} W_{e_1} + \beta_{e_1}\right) \tag{6.10}$$

对于第二组，利用 F_1 的输出来建立特征映射节点 F_2，这也是 Vanilla-BCM

6.3 宽度选择模型

所不具有的,即
$$F_2 = \phi\left(F_1 W_{e_2} + \beta_{e_2}\right) \tag{6.11}$$

通用的数学表达式被应用于后续相同的过程:
$$F_t = \phi\left(F_{t-1} W_{e_t} + \beta_{e_t}\right), \quad t = 1, 2, 3, 5, 6, 8, 9 \tag{6.12}$$

F_4 的输入是由 F_1 和 F_3 输出组成,即
$$F_4 = \phi\left[\left(F_1 + F_3\right) W_{e_4} + \beta_{e_4}\right] \tag{6.13}$$

同理,其残差块输出的通用数学表达式被表示成
$$F_t = \phi\left[\left(F_{t-3} + F_{t-1}\right) W_{e_t} + \beta_{e_t}\right], \quad t = 4, 7, 10 \tag{6.14}$$

然后,所有特征映射组被堆叠为 $\boldsymbol{D}^n \triangleq [F_1, F_2, \cdots, F_n]$,并与公式 (6.2) 中的增强节点进行拼接:
$$\boldsymbol{Y} = [F_1, F_2, \cdots, F_n | H_1, H_2, \cdots, H_m] \boldsymbol{W}_n^m = [\boldsymbol{D}^n | \boldsymbol{H}^m] \boldsymbol{W}_n^m \tag{6.15}$$

此处,令 $\boldsymbol{R} = [\boldsymbol{D}^n | \boldsymbol{H}^m]$,根据公式 (6.8),修正后的权重 $\hat{\boldsymbol{W}}_n^m$ 可被计算为
$$\hat{\boldsymbol{W}}_n^m = \left(\lambda \boldsymbol{I} + \boldsymbol{R}\boldsymbol{R}^{\mathrm{T}}\right)^{-1} \boldsymbol{R}^{\mathrm{T}} \boldsymbol{Y} \tag{6.16}$$

即估计的效用值 $\hat{\boldsymbol{Y}}$ 为
$$\hat{\boldsymbol{Y}} = \left[\hat{\boldsymbol{X}}\right] \hat{\boldsymbol{W}}_n^m \tag{6.17}$$

式中,$\hat{\boldsymbol{X}}$ 为一批新的测试样本;$[\cdot]$ 为特征映射层和增强层的处理过程。

最终,在 Vanilla-BCM 和 Res-BCM 模型中,个体 i 选择方案 k ($k = [1, \cdots, l, \cdots, K]; k, l \in C_n$) 的概率分别为 P_{ik}^{Vanilla} 和 P_{ik}^{Res}:

$$P_{ik}^{\text{Vanilla}} = \frac{\mathrm{e}^{[\boldsymbol{F}^n | \boldsymbol{H}^m]_{ik} \hat{\boldsymbol{W}}_n^m}}{\sum_{l \in C_n} \mathrm{e}^{[\boldsymbol{F}^n | \boldsymbol{H}^m]_{il} \hat{\boldsymbol{W}}_n^m}} \tag{6.18}$$

$$P_{ik}^{\text{Res}} = \frac{\mathrm{e}^{[\boldsymbol{D}^n | \boldsymbol{H}^m]_{ik} \hat{\boldsymbol{W}}_n^m}}{\sum_{l \in C_n} \mathrm{e}^{[\boldsymbol{D}^n | \boldsymbol{H}^m]_{il} \hat{\boldsymbol{W}}_n^m}} \tag{6.19}$$

至此,我们从数学上表示了 Vanilla-BCM 和 Res-BCM。图 6.1(c)、(d) 从图形的角度分别展示了标准版 BCM——Vanilla-BCM 和其变体——Res-BCM。

6.4 案例分析

本节设置 MNL 模型、NL 模型、传统机器学习模型、深度学习模型以及 BCM 的对比实验 (一般性实验和动态推理模拟实验)，使用公开数据集执行，并且通过超参数搜索 (hyperparameter searching) 来确定最佳的宽度选择模型。所有实验均在一台笔记本电脑的 Python 平台上进行，电脑配置为 AMD Ryzen 7 4800H 2.9 GHz 处理器，搭载 16GB 内存。经典 DCM、传统机器学习模型以及深度选择模型的实现分别使用了 Python 库中的 Biogeme 包[15]、sklearn 包[19] 以及主流的深度学习框架 Tensorflow[20,21] 来实现，而 BCM 则在标准 Python 环境下来实现。

6.4.1 数据获取

案例使用的数据来自在伦敦收集的关于出行方式选择的显示性偏好 (revealed preference, RP) 公开数据集。该数据集包含 4 种出行方式，分别为步行 (walking)、骑自行车 (cycling)、乘坐公共交通 (public transport) 和开车 (driving)[22]。为了研究不同样本量对实验结果 (预测性能、计算时间以及可解释性) 的影响，构建两个数据集如下：① 具有完整 81 086 个观测的 80K-LD 数据集，训练集的样本为 72 977 个；② 从 80K-LD 数据集中随机采样的 8000 条观测样本的 8K-LD 数据集。两类数据集上的测试样本数均为 8109 条。为了保证实验的公平性，所有模型的输入数据均进行标准化处理。

6.4.2 超参数空间

为了将提出的两种 BCM 与深度选择模型 (Opt-DNN) 进行比较，确定最佳的超参数至关重要。表 6.1 总结了超参数的类型及其取值范围，且该超参数是基于经验值设置的。

表 6.1 具有不同增强节点数量和特征映射节点数量的超参数空间

	BCM 的超参数	值
固定超参数	特征映射层的组数 n	10
	正则化系数	$2\sim 25$
可变超参数	每组特征映射的节点数 k	[5, 10, 15, 20, 25, 30]
	增强节点数量 m	[100, 200, 300, 400, 500, 600, 700, 800, 900, 1000, 1100, 1200]

为了探索 BCM 在时变数据环境下对在线连续数据流的动态和自适应推理能力，使用动态仿真实验模拟了模型在一些实践中需要反复地被训练和调整的情况。假设初始网络在 8000 个样本上进行训练。然后，每次动态地添加 6497 条新数据，

6.4 案例分析

直到所有 72 977 个训练样本都被输入。测试集上有 8000 条观测。超参数搜索阶段所确定的最佳超参数被选为该过程的参数。

6.4.3 结果分析

重现 Random-DNN 方法,并绘制了在 LD 数据集上训练 100 次的测试准确度分布直方图,如图 6.2 所示,其中图 6.2 (b) 显示了最佳 Random-DNN 被训练 100 次的集成模型 (Opt-DNN)。Vanilla-BCM 和 Res-BCM 在 8K-LD 和 80K-LD 数据集上的超参数实验结果见图 6.3~图 6.6。表 6.2 汇总了不同模型的测试准确度以及训练和测试的总时间。为了与被誉为函数逼近器的 DNN 和 BCM 进行更为全面的比较,本书还另外考虑了两种 MNL 的高阶变体[19],即 MNL(三次) 和 MNL(二次)。其中,前者表示解释变量具有三阶项 (third-order term) 的效用函数,例如 $V(x,\theta_1) = \theta_{11}x + \theta_{12}x^2 + \theta_{13}x^3$;后者表示解释变量具有二阶项的效用函数,例如 $V(x,\theta_1) = \theta_{11}x + \theta_{12}x^2$。表 6.3 汇总了最优的 Opt-DNN、Vanilla-BCM 和 Res-BCM 的训练时间、测试时间以及测试准确度。

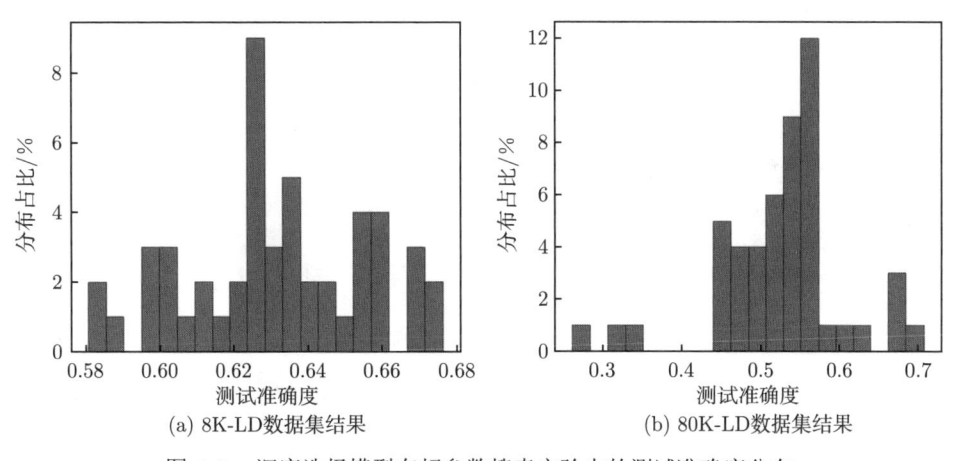

(a) 8K-LD数据集结果

(b) 80K-LD数据集结果

图 6.2 深度选择模型在超参数搜索实验中的测试准确度分布

在预测性能方面,如表 6.2 所示,BCM 和 Opt-DNN 均优于经典的 DCM (MNL 模型、NL 模型) 1~3 个百分点。具有高阶变量的 MNL 变体的预测性能略优于标准 MNL 模型,但其准确度还是不如 BCM 和 Opt-DNN。这与之前的研究一致,即 DNN 的预测性普遍优于 MNL 模型[20]。Vanilla-BCM 和 Res-BCM 的预测性能达到了可与 Opt-DNN 相竞争的级别。再对比图 6.3~图 6.6,两类 BCM 无论在大样本还是小样本数据集上均展示出较为稳定和良好的预测性。这与图 6.2 形成了鲜明的对比,可发现深度模型对参数极为敏感,所产生的结果具有较大的随机性。同时,值得注意的是,在大样本数据上的训练并未显著优于小样本数据上的表现,表明 BCM 在不同样本规模上的稳健性。

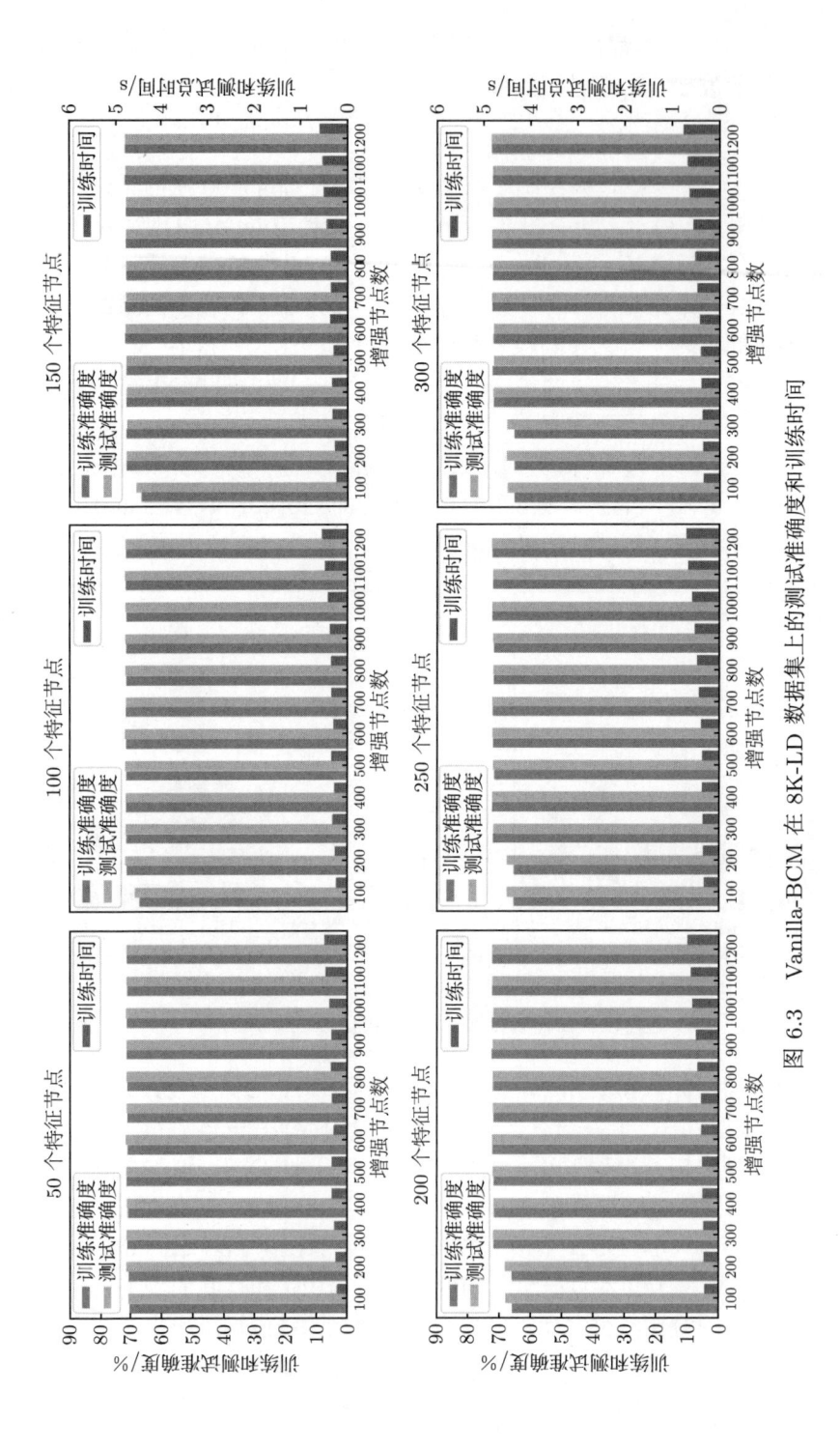

图 6.3 Vanilla-BCM 在 8K-LD 数据集上的测试准确度和训练时间

6.4 案例分析

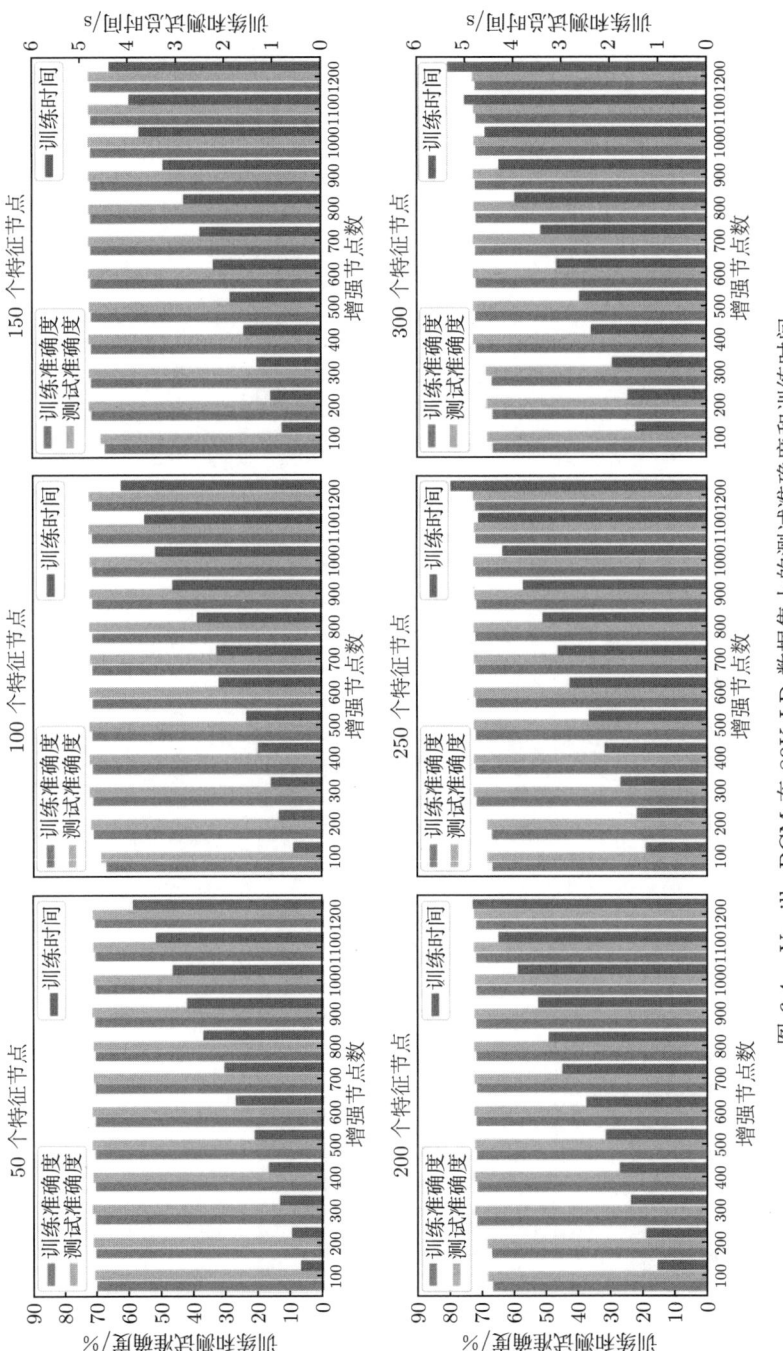

图 6.4 Vanilla-BCM 在 80K-LD 数据集上的测试准确度和训练时间

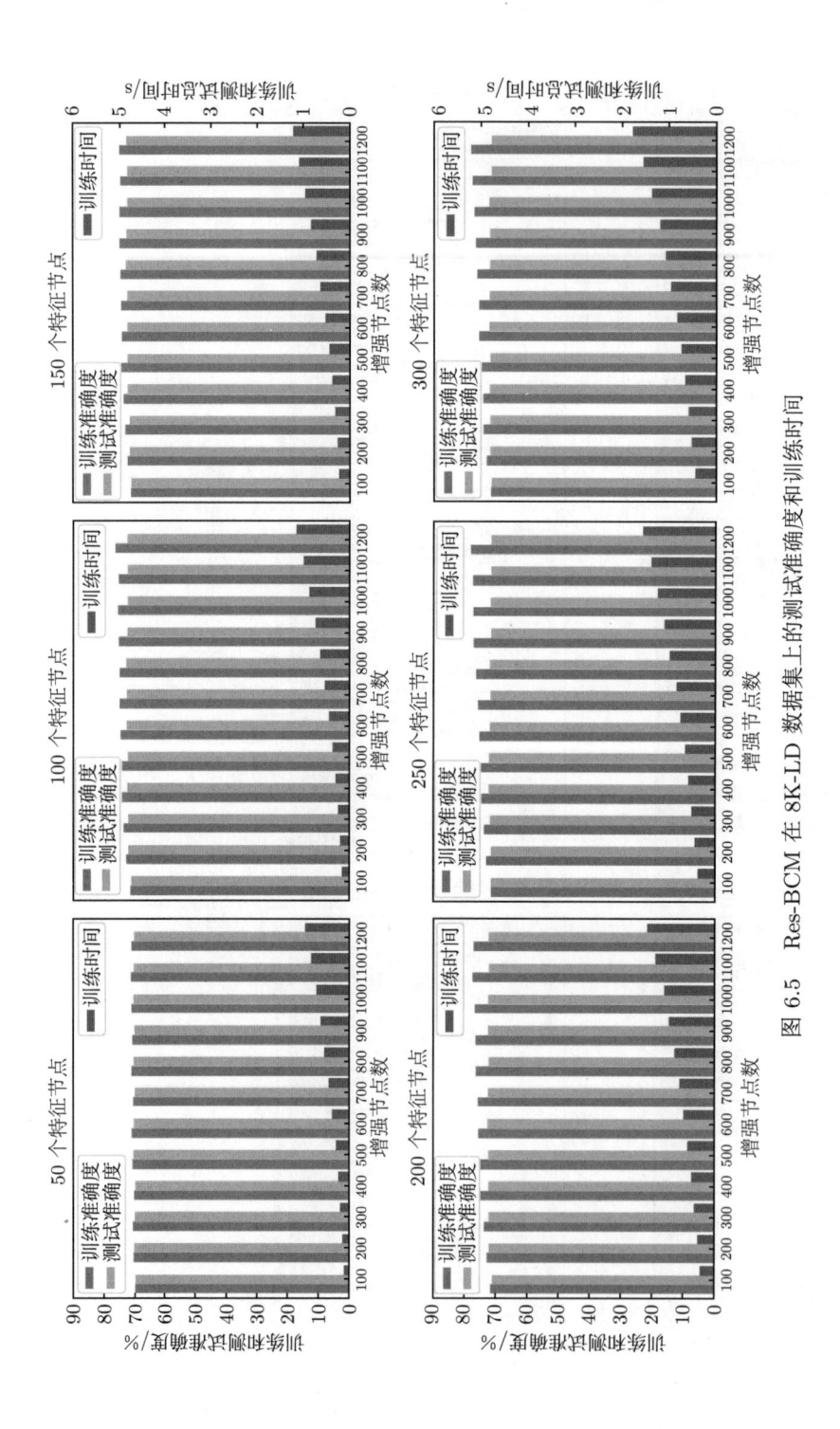

图 6.5 Res-BCM 在 8K-LD 数据集上的测试准确度和训练时间

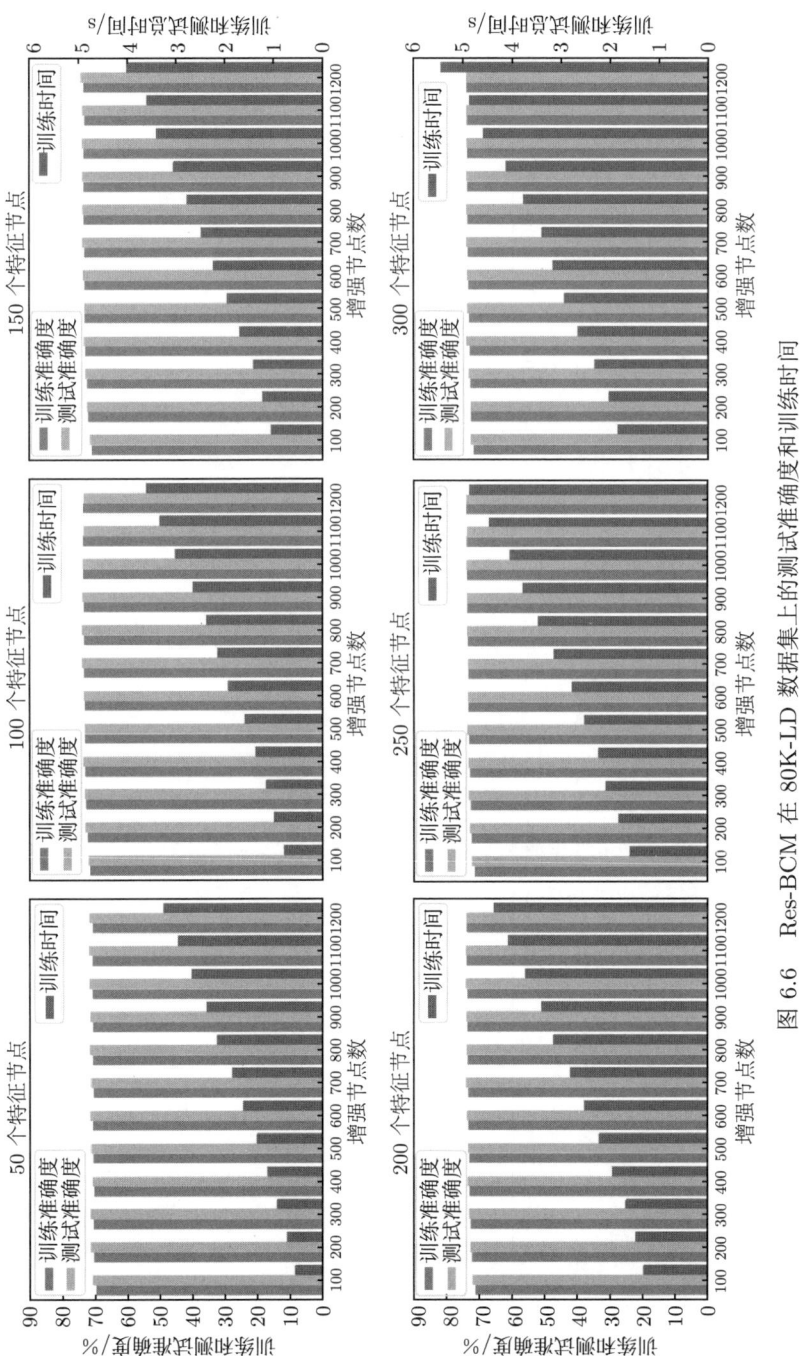

6.4 案例分析

图 6.6 Res-BCM 在 80K-LD 数据集上的测试准确度和训练时间

表 6.2　所有模型的测试准确度和训练+测试时间

		Opt-DNN (Top 5)	Vanilla-BCM (Top 5)	Res-BCM (Top 5)	MNL	NL	LR (l_1)	LR (l_2)	SVM (Linear)	SVM (RBF)	NB	KNN-3	DT	AdaBoost	QDA
8K-LD 数据集	训练集/%	83.9	72.0	75.1	72.1	72.2	72.2	72.3	72.8	86.0	52.9	80.6	73.4	70.7	61.5
	测试集/%	72.2	72.2	73.0	71.5	71.9	72.0	72.1	72.3	66.9	52.9	66.9	70.8	70.2	60.6
	总耗时/s	22.72	0.46	0.64	18.46	62.74	0.31	0.30	1.35	3.32	0.002	0.02	0.02	0.30	0.006
80K-LD 数据集	训练集/%	74.5	71.6	73.6	71.5	71.6	72.1	72.1	72.3	82.0	53.0	83.6	72.0	72.3	60.6
	测试集/%	74.2	72.6	74.2	71.3	71.4	72.1	72.2	71.9	72.4	52.7	70.0	71.8	72.1	60.6
	总耗时/s	26.34	1.71	3.04	262.33	445.76	4.16	4.32	178.80	1168.82	0.02	0.67	0.17	2.56	0.03

注：Opt-DNN、Vanilla-BCM 和 Res-BCM 的结果为超参数搜索过程中的前 5 个最佳模型的平均值。LR (l_1) 或 LR (l_2) 代表 l_1 l_2 正则化的逻辑回归模型；SVM(Linear) 或 SVM(RBF) 表示具有线性或 RBF 核的支持向量机；NB 表示 naive Bayesian；KNN-3 表示三近邻分类器；DT 表示决策树；AdaBoost 表示以决策树为基础的 Boost 分类器；QDA 表示二次判别分析 (quadratic discriminant analysis)。

表 6.3 最优 Opt-DNN、Vanilla-BCM 和 Res-BCM 的训练时间、测试时间以及测试准确度

		Opt-DNN	Vanilla-BCM	Res-BCM
8K-LD 数据集	测试准确度/%	72.4	72.3	73.0
	训练时间/s	22.81	0.46	0.65
	测试时间/s	0.020	0.0069	0.0060
80K-LD 数据集	测试准确度/%	74.4	72.6	74.2
	训练时间/s	27.06	1.58	2.71
	测试时间/s	0.031	0.0040	0.0060

6.4.4 在线连续数据流的动态推理实验

尽管深度选择模型和离散选择模型能够较好地对观测数据进行预测和分析，但是二者不具备在线动态推理特性这一事实却不能被忽略，准确地说就是在某些场景中模型经常需要反复和实时地被调整，然而，DNN 和 DCM 均需要从头开始迭代地更新参数，这势必会增加计算成本和时间。受到文献 [21, 22] 的启发，本书测试了数据更新场景下的 BCM 的参数估计效率。

图 6.7 详细地展示了每次推理实验的测试准确度和训练时间，图中横坐标轴上的零刻度位置表示初始模型的结果。我们可以看出，两个模型每次更新完参数后的测试准确度均在 72.5%~74.5%。在计算效率方面，每次的参数迭代更新用时均不超过 3 s。其中，利用最佳超参数训练的 Vanilla-BCM 和 Res-BCM 在测试阶段分别用时 5 ms 和 6 ms。显而易见，在模型的调用方面可达到实时性的要求。在实践中，模型的调整和更新虽然会参照之前状态的数据来为当前状态或者后续状态提供服务，但是太久远的数据通常会失去价值。因此，既定的观测时间阈值被设置后，每次的计算时间不会一直上升 (停留在某一合理的时间区间)。此

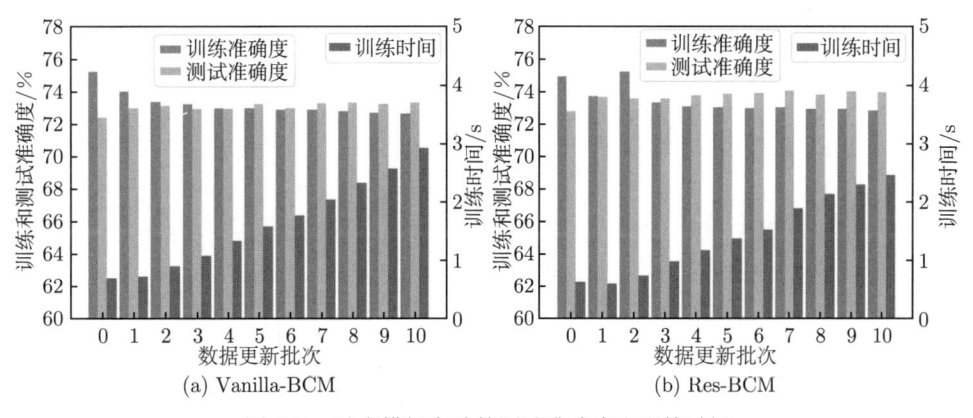

(a) Vanilla-BCM

(b) Res-BCM

图 6.7 动态模拟实验的测试准确度和训练时间

外，具有残差结构的 Res-BCM 无论在预测性能还是效率上均优于 Vanilla-BCM。两种宽度选择模型在整个动态推理过程（共计 11 次实验）中仅分别持续了 15.73 s 和 17.86 s。这展示了 BCM 所具备的强大的动态和自适应推理能力。因此，该实证结果进一步凸显了 BCM 被用于在线连续数据流的巨大潜力。

6.5 本章小结

本章构建了一种基于宽度学习理论的交通出行方式选择模型，重点关注并解决了离散选择模型 (DCM) 在处理大规模数据集或实时连续数据流时普遍存在的计算效率低下问题，特别强化了模型在选择行为建模过程中的动态和自适应推理能力。所提出的宽度选择模型 (BCM) 不仅展现出与现有模型相当的预测性能，并且在一定程度上保证了模型行为的可解释性，更重要的是，其特有的在线动态推理特性极大地提升了传统离散选择模型和深度选择模型在面对时变数据环境时的应用效果。这项研究成果不仅适用于个人出行方式选择的预测分析，而且能够广泛应用于交通领域的多个关键问题，如汽车拥有权决策、出行者行为规则制定、驾驶行为研究、交通事故分析、出行需求分布推断、排队长度预测、多层次需求结构分析、交通流量管理以及停车场利用率预测等。

参 考 文 献

[1] Lederrey G, Lurkin V, Hillel T, et al. Estimation of discrete choice models with hybrid stochastic adaptive batch size algorithms[J]. Journal of Choice Modelling, 2021, 38: 100226.

[2] Doshi-Velez F, Kim B. Towards a rigorous science of interpretable machine learning[EB/OL]. 2017: arXiv: 1702.08608.[2023-08-10]. https: //arxiv.org/abs/1702.08608.pdf.

[3] Wang S H, Wang Q Y, Bailey N, et al. Deep neural networks for choice analysis: A statistical learning theory perspective[J]. Transportation Research Part B: Methodological, 2021, 148: 60-81.

[4] Wang S H, Mo B C, Zhao J H. Deep neural networks for choice analysis: Architecture design with alternative-specific utility functions[J]. Transportation Research Part C: Emerging Technologies, 2020, 112: 234-251.

[5] Hagenauer J, Helbich M. A comparative study of machine learning classifiers for modeling travel mode choice[J]. Expert Systems with Applications, 2017, 78: 273-282.

[6] Wang S H, Wang Q Y, Zhao J H. Multitask learning deep neural networks to combine revealed and stated preference data[J]. Journal of Choice Modelling, 2020, 37: 100236.

[7] Luce R D. Individual Choice Behavior: A Theoretical Analysis[M]. New York: John Wiley and Sons, 1959.

[8] McFadden D. The measurement of urban travel demand[J]. Journal of Public Economics, 1974, 3(4): 303-328.

[9] McFadden D. Modeling the choice of residential location[M]//Karlqvist A, Snickars F, Weibull J. Spatial Interaction Theory and Planning Models. Amsterdam: North-Holland, 1978: 75-96.

[10] Chaptini B H. Use of discrete choice models with recommender systems[D]. Cambridge: Massachusetts Institute of Technology, 2005.

[11] Wang S H, Mo B C, Zhao J H. Theory-based residual neural networks: A synergy of discrete choice models and deep neural networks[J]. Transportation Research Part B: Methodological, 2021, 146: 333-358.

[12] Danaf M, Becker F, Song X, et al. Online discrete choice models: Applications in personalized recommendations[J]. Decision Support Systems, 2019, 119: 35-45.

[13] Bentz Y, Merunka D. Neural networks and the multinomial logit for brand choice modelling: a hybrid approach[J]. Journal of Forecasting, 2000, 19(3): 177-200.

[14] Sifringer B, Lurkin V, Alahi A. Enhancing discrete choice models with representation learning[J]. Transportation Research Part B: Methodological, 2020, 140: 236-261.

[15] Chen C P, Wan J Z. A rapid learning and dynamic stepwise updating algorithm for flat neural networks and the application to time-series prediction[J]. IEEE Transactions on Systems, Man, and Cybernetics, Part B (Cybernetics), 1999, 29(1): 62-72.

[16] Gong X R, Zhang T, Chen C L P, et al. Research review for broad learning system: Algorithms, theory, and applications[J]. IEEE Transactions on Cybernetics, 2022, 52(9): 8922-8950.

[17] Chen C L P, Liu Z L. Broad learning system: An effective and efficient incremental learning system without the need for deep architecture[J]. IEEE Transactions on Neural Networks and Learning Systems, 2018, 29(1): 10-24.

[18] He K M, Zhang X Y, Ren S Q, et al. Deep residual learning for image recognition[C]//2016 IEEE Conference on Computer Vision and Pattern Recognition (CVPR), Las Vegas, NV, 2016: 770-778.

[19] Rust J. Optimal replacement of GMC bus engines: An empirical model of Harold Zurcher[J]. Econometrica, 1987, 55(5): 999-1033.

[20] Karlaftis M G, Vlahogianni E I. Statistical methods versus neural networks in transportation research: Differences, similarities and some insights[J]. Transportation Research Part C: Emerging Technologies, 2011, 19(3): 387-399.

[21] Milkovits M, Huang E, Antoniou C, et al. DynaMIT 2. 0: The next generation real-time dynamic traffic assignment system[C]//2010 Second International Conference on Advances in System Simulation, Nice, France, 2010: 45-51.

[22] Hillel T, Elshafie M Z E B, Jin Y. Recreating passenger mode choice-sets for transport simulation: A case study of London, UK[J]. Proceedings of the Institution of Civil Engineers—Smart Infrastructure and Construction, 2018, 171(1): 29-42.

第 7 章

考虑时空关联性的目的地选择行为建模

7.1 概 述

交通分布估计是交通网络建模四阶段法的第二阶段，给出了各小区之间具体的出行交换量计算方法，是获取交通需求起讫点 (OD) 矩阵的关键步骤。它不仅能为城市路网供需平衡状况和政府建设投资提供决策依据，也能为监测城市机动车发展规模提供数据支持。只有准确估计出行需求分布并全面把握出行者目的地选择行为偏好，才能在交通管理控制和城市总体交通规划过程中更有针对性和目的性地缓解交通拥堵，提升交通服务水平。

现有研究提出了多种交通分布估计模型，可以分为集计模型和非集计模型[1]。集计模型假设 OD 流量与目的地小区的吸引力成正比，与 OD 小区间的出行成本成反比，主要包括引力类模型[2]和介入机会模型[3]。非集计模型基于效用理论假设出行者选择效用最大的交通小区作为目的地，包括 Logit 模型和混合 Logit 模型[4-8]等。非集计的目的地选择模型通过效用函数引入多种特性变量，可综合考虑交通小区的吸引力和可达性，从而提高交通分布估计的准确性。此外，该类模型通过引入政策敏感变量，可以预测和评估政策对目的地选择行为的影响，提高了交通分布模型的可解释性。由于以上优点，基于效用理论的目的地选择模型在交通分布估计中的应用越来越广泛。然而，现有的目的地选择模型在数据收集和模型构建两个方面还存在明显的不足：

(1) 传统的目的地选择模型构建需要以开展大规模的入户问卷和电话访问为基础。虽然调查数据可以根据研究需要定制内容，但由于样本量较小，难以反映待调查区域整体空间特性；采样周期短，也难以反映待调查区域时间特性。此外，调查数据还存在完备性差、获取成本高等问题，这些都可能导致建模结果的失真。

(2) 现有目的地选择模型忽视了出行目的地选择行为间的时间相关性和空间相关性，假设各候选交通小区相互独立，这可能导致参数估计结果的偏差，并限制了交通分布估计精度的进一步提升。

(3) 出行目的地候选集的规模通常较大，因此需要根据一定规则进行采样，以确保选取足够多的合理交通小区作为候选集。但现有研究较少关注目的地交通小区候选集生成方法和候选集采样偏差修正问题,这可能导致目的地选择模型参数估计的不一致性。

随着现代通信科技的进步和移动终端的广泛普及,移动通信网络数据 (包括信令数据、账单数据和三角定位数据等) 采集技术的发展,极大地拓宽了交通出行数据的获取途径,为城市交通需求分布估计提供了更加丰富的数据来源[9]。一方面,4G 和 5G 技术的推广使得移动通信网络数据的质量有了大幅提升,使其全时空覆盖特性更为明显,从而可直接获取全时段、全区域的用户信息[9];另一方面,该数据来源于已建成的移动通信网络,可以节省数据采集成本和人力资源[10]。

本章旨在解决上述目的地选择模型中存在的问题,分析目的地选择行为时空特征,提出时空关联性的效用表达方法,构建目的地候选集生成算法,并以上海市的实测移动通信数据为基础开展实例验证。实验结果证明,采样偏差修正项与时空相关性修正项可提高目的地选择模型的解释合理性以及模型拟合程度,在出行者目的地选择行为建模中有着不可忽视的作用。

7.2　目的地选择行为时空特征

7.2.1　数据来源

本书基于上海市的实测数据开展以目的地选择行为建模为目标的实证研究。其中地理背景信息来源于某电子地图服务提供商,包括上海市的路网数据 (343 767 个节点) 和兴趣点 (point of interest,POI) 数据 (202 095 个)。移动通信数据来源于上海市某运营商 2016 年 3 月 11 245 个基站。不同日期收集到的用户样本量如表 7.1 所示。各基站小区的位置与到访频次如图 7.1 所示。为不失一般性,将研究区域划分成网格式的交通小区。图 7.1 还展示了按照 5km×5km 规格划分的交通小区单元格以及各小区该月的用户到访频次。

表 7.1　不同日期收集样本量

日期	用户数	日期	用户数	日期	用户数
3 月 1 日	363 810	3 月 11 日	372 295	3 月 21 日	370 669
3 月 2 日	368 542	3 月 12 日	370 488	3 月 22 日	359 796
3 月 3 日	358 977	3 月 13 日	363 402	3 月 23 日	371 640
3 月 4 日	367 745	3 月 14 日	364 410	3 月 24 日	372 074
3 月 5 日	364 724	3 月 15 日	371 066	3 月 25 日	370 817
3 月 6 日	361 005	3 月 16 日	370 617	3 月 26 日	368 033
3 月 7 日	362 010	3 月 17 日	371 148	3 月 27 日	370 806
3 月 8 日	368 275	3 月 18 日	367 977	3 月 28 日	362 249
3 月 9 日	368 817	3 月 19 日	370 502	3 月 29 日	361 616
3 月 10 日	366 776	3 月 20 日	359 359	3 月 30 日	370 716

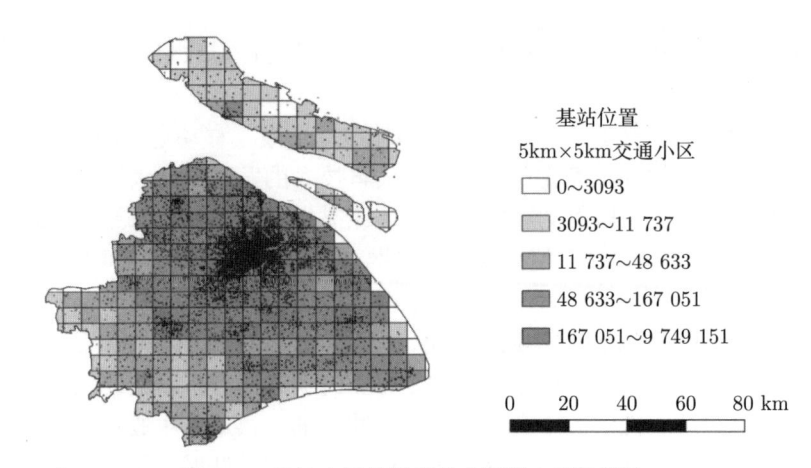

图 7.1 基站小区位置及各小区用户到访频次

7.2.2 目的地提取

提取驻留点的目的是识别移动用户出行轨迹中的活动地点，从而得到该出行者当天出行的 OD 序列。当前方法以基于规则的时空阈值法为主，主要包括以下两个步骤 [11]：

步骤 1 基于空间聚类法生成候选驻留点。对于移动通信用户的出行轨迹，1000m 常被用作判别用户位置是否发生变化的空间阈值。满足该空间阈值的轨迹点将被聚类为一个候选驻留点。各组中的第一个轨迹点的时间标签将被近似看作该驻留点的开始时间，最后一个轨迹点的时间标签则被近似看作活动结束时间。

步骤 2 基于时间阈值排除掉不合理的候选驻留点。在完成空间聚类后，可得到用户出行轨迹的一个候选驻留点序列。每个候选驻留点的驻留时长可以由标记的活动开始和结束时间计算得到。以 15min 作为活动时长的最小阈值，可从候选驻留点中筛选出用户目的地序列。

7.2.3 时空关联性分析

通过对移动手机用户的目的地序列提取，发现出行者的目的地选择行为具有显著的时空相关性。图 7.2 给出了三位出行者带有目的地标签的为期 1 个月的目的地序列轨迹。不难发现，不同出行者的出行频次和出行范围都有很大差别。但是，各位出行者的出行目的地在空间上具有明显的集聚特征。这是由于出行者习惯于在比较熟悉的区域 (如居住地、工作地和学校附近) 从事其他活动 (如购物、餐饮等)。此外，出行者出行选择行为在时间上也有显著的相关性。图 7.3 展示了 1000 位出行者到访同一驻留点的时间间隔分布。总体趋势上，时间间隔越久，出行者再次到访的可能性越小。在局部特征上，该分布表现出明显的以天为单位的周期性特征。

7.2 目的地选择行为时空特征

通信基站　　道路网　——出行轨迹

图 7.2　出行者驻留点分布

（扫码获取彩图）

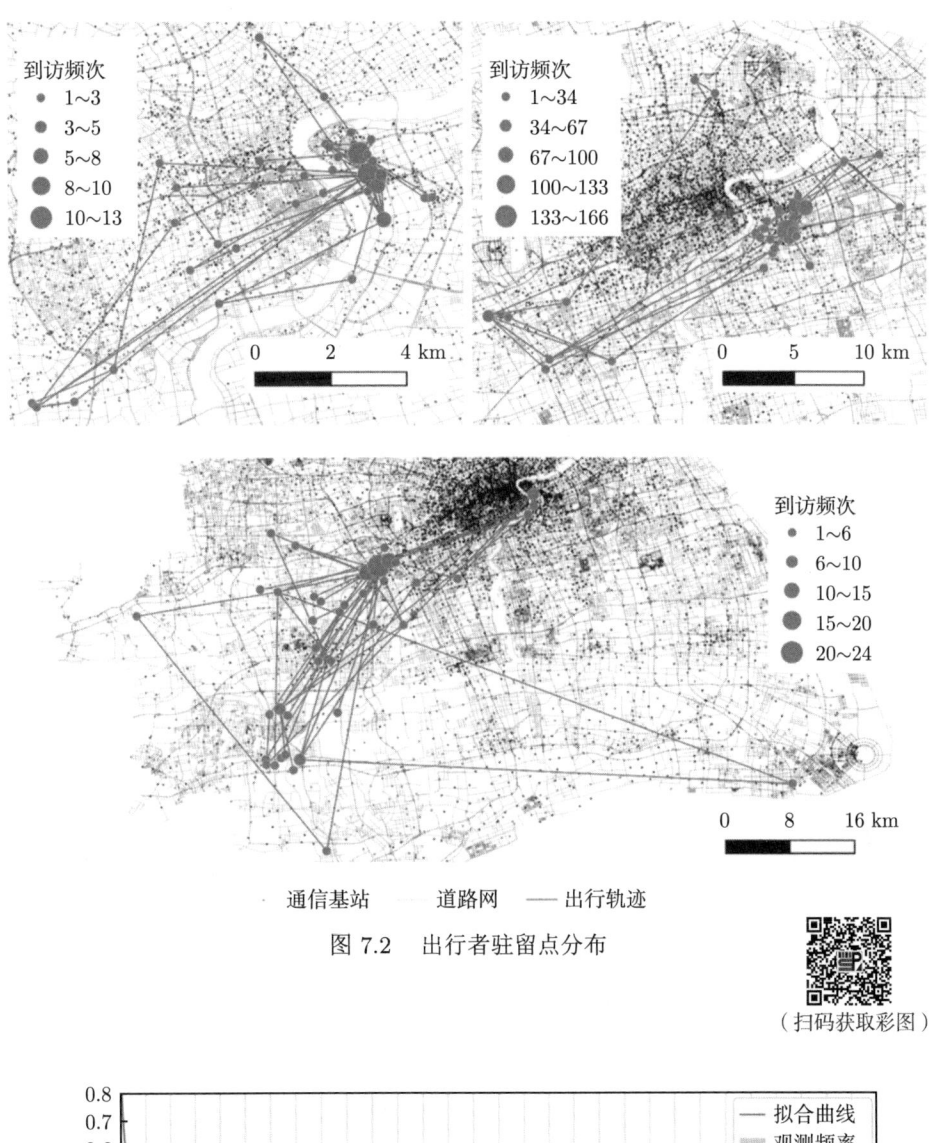

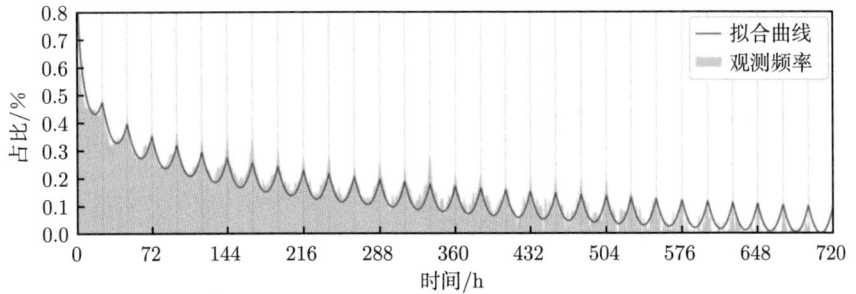

图 7.3　1000 位出行者到访同一驻留点的时间间隔分布

7.3 时空关联性的效用表达方法

7.3.1 目的地选择模型

传统的目的地选择模型的效用函数为 [12]

$$U_{n,i,j} = V_{n,i,j} + \varepsilon_{n,i,j} = \beta x_{i,j} + \varepsilon_{n,i,j} \tag{7.1}$$

式中，$U_{n,i,j}$ 为出行者 n 从交通小区 i 出发选择交通小区 j 作为目的地的效用函数；$V_{n,i,j}$ 为效用函数中可观测到的确定项；$\varepsilon_{n,i,j}$ 为效用函数中不可观测的随机项；$x_{i,j}$ 为候选小区的特性变量；β 为特性变量对应的偏好参数。一般假设 $\varepsilon_{n,i,j}$ 服从独立同分布的 Gumbel 函数 (IID 假设)，则出行者从起始小区 i 出发选择交通小区 j 作为目的地的概率为

$$P_{i,j} = \frac{\exp(V_{n,i,j})}{\sum_{j' \in \Psi_i^d} \exp(V_{n,i,j'})} \tag{7.2}$$

式中，Ψ_i^d 为出行者从起始小区 i 出发时的目的地候选小区集合。

在现实出行场景中，出行者的目的地选择具有明显的时空相关性。忽略出行者目的地选择行为中的时空相关性，将导致模型估计结果的偏差，影响模型对交通分布的计算精度 [13]。

式 (7.2) 定义的 Logit 模型的 IID 假设虽然具有闭形 (closed form) 的优点，但无法考虑选择行为中存在的相关性 [14]。在离散选择领域，解决此问题存在两种思路 [15]：① 松弛 IID 假设，如通过在效用函数中引入其他随机变量，构建 Probit 模型、混合 Logit 模型等；② 在效用函数中引入修正项，量化候选项中存在的相关性，以修正 IID 假设造成的误差。以路径选择问题为例，Cascetta[1] 和 Ben-Akiva[13] 等通过引入可以描述候选路径重叠程度的修正项分别提出了 C-Logit、PS-Logit 等模型，不仅弥补了 IID 假设导致的缺陷，还保留了 Logit 模型闭形的优点。本书将采用第二种方法，在目的地选择行为模型的效用函数中引入捕捉时空相关性的修正项。同时，为捕捉候选项间的异质性，为每个候选 OD 对定义了常数项。

此外，当前研究往往集中在目的地选择行为模型的构建上，而忽视了候选集的生成方法。因为目的地选择模型的可选小区数量通常在成百上千个，所以如何对可行集合进行采样并生成合理规模的候选集是一个具有挑战性的任务 [16]。多数研究假设所有交通小区被出行者考虑为候选目的地的可能性均等，随机从全体交通小区中选取合理数量的交通小区生成候选集。但图 7.2 和图 7.3 中发现的时

空相关性表明不同的交通小区与出行者的出行行为关联关系并不相等。将可行但没有吸引力的交通小区引入离散选择模型将增大参数估计的误差和计算量[17]。本书基于实测的出行轨迹数据提出了合理候选目的地的生成算法以及候选集采样误差修正方法 (详见 7.4 节)。

7.3.2 考虑时空关联的效用修正

为考虑目的地选择行为中的时空相关性，在效用函数中引入修正项：

$$U_{n,i,j} = V_{n,i,j} + \varepsilon_{n,i,j} = \beta x_{i,j} + \gamma z_{j,n} + \varepsilon_{n,i,j} \tag{7.3}$$

式中，$z_{j,n}$ 为时空相关性修正项，可以理解为交通小区 j 与出行者 n 历史出行目的地轨迹序列的时空关联程度。可由空间距离与时间间隔定义：

$$z_{j,n} = \sum_{k \in \Gamma_n} \frac{\alpha(\text{gap}_{j,k})}{\text{dis}_{j,k}} \tag{7.4}$$

式中，Γ_n 为出行者 n 的历史出行目的地集合；$\text{dis}_{j,k}$ 为交通小区 j 和 k 间的空间距离；$\text{gap}_{j,k}$ 为当前时刻与出行者 n 上一次到访同一交通小区时刻间的间隔，h；$\alpha(\text{gap}_{j,k})$ 为时间衰减函数。

根据图 7.3 收集的样本数据，出行者到访相同交通小区的时间间隔频率分布在总体上随时间增加而递减，且在局部时域伴随显著的日周期特征。因此可以假设：

$$\alpha(\text{gap}_{j,k}) = a(\text{mod}(\text{gap}_{j,k}, 24) - d)^2 + b\log_{10}(\text{gap}_{j,k}) + c \tag{7.5}$$

式中，$\text{mod}(\text{gap}_{j,k}, 24)$ 为除 24(日周期) 的余数，$a(\text{mod}(\text{gap}_{j,k}, 24) - d)^2$ 是波形为二次函数的周期函数，$b\log_{10}(\text{gap}_{j,k}) + c$ 为趋势函数 (表示 $\alpha(\text{gap}_{j,k})$ 长期变化趋势)。$\alpha(\text{gap}_{j,k})$ 的拟合曲线如图 7.3 所示,参数估计结果为 $a = 0.3920, b = -0.2569, c = 0.3767, d = 0.5162$，拟合优度比为 0.9733。

当出行者到访相同交通小区的时间间隔 $\text{gap}_{j,k}$ 增大时，衰减函数 $\alpha(\text{gap}_{j,k})$ 和修正项 $\gamma z_{j,n}$ 也随之减小。同时，修正项 $z_{j,n}$ 随着 $\text{dis}_{j,k}$ 增大而减小。因此，当候选交通小区 j 与出行者历史出行轨迹的时空相关性越低 ($\text{gap}_{j,k}$ 和 $\text{dis}_{j,k}$ 越大)，效用函数越小，交通小区被选择的概率也随之降低。理论上，通过在效用函数中引入的修正项 $\gamma z_{j,n}$，候选小区与出行者的时空相关性可以被用来进一步提升目的地选择建模的合理性。

7.3.3 OD 对异质性描述与建模

进一步考虑不同 OD 对的异质性，可为每个 OD 对的效用函数增加常数项：

$$U_{n,i,j} = V_{n,i,j} + \varepsilon_{n,i,j} = c_{i,j} + \beta x_{i,j} + \gamma z_{j,n} + \varepsilon_{n,i,j} \tag{7.6}$$

式中，$c_{i,j}$ 为常量参数，表示 OD 对间为可观测特性变量以外的效用期望。整个路网的常量参数矩阵 C 可以定义为

$$C = \begin{pmatrix} 0 & c_{1,2} & \cdots & c_{1,J} \\ c_{2,1} & 0 & \cdots & c_{2,J} \\ \vdots & \vdots & & \vdots \\ c_{J,1} & c_{J,2} & \cdots & 0 \end{pmatrix} \tag{7.7}$$

为确保常量参数估计结果的唯一性，C 的对角元素被定义为 0。大规模城市路网通常拥有几百甚至上千个交通小区，由此产生的常量参数将增加至数万甚至上百万个。因此，估计这类参数将是一个非常困难的问题。根据 Zhu 和 Ye[16] 的研究，可基于总体样本 OD 分布对常量参数进行迭代更新，最终获得常量参数的优化结果。具体如算法 7-1 所示。

算法 7-1 常数参数估计算法

输入：总体样本 OD 分布：

$$D = \begin{pmatrix} f_{1,1} & f_{1,2} & \cdots & f_{1,J} \\ f_{2,1} & f_{2,2} & \cdots & f_{2,J} \\ \vdots & \vdots & & \vdots \\ f_{J,1} & f_{J,2} & \cdots & f_{J,J} \end{pmatrix} \tag{7.8}$$

式中，$f_{J,J}$ 为观测到的 OD 对流量。

输出：常量参数矩阵估计结果 C'：

$$C' = \begin{pmatrix} 0 & c'_{1,2} & \cdots & c'_{1,J} \\ c'_{2,1} & 0 & \cdots & c'_{2,J} \\ \vdots & \vdots & & \vdots \\ c'_{J,1} & c'_{J,2} & \cdots & 0 \end{pmatrix} \tag{7.9}$$

步骤 1 初始化常量参数矩阵 C' 各项元素；

步骤 2 将常量参数代入效用函数，并基于最大似然估计方法得到当前状态下未知参数 β 和 γ 的最优解；

步骤 3 基于估计的 β 和 γ 计算选择概率 $P_{i,j}$，并基于观测到的交通小区发生流量 O_i 估计 OD 流量矩阵：

$$D' = \begin{pmatrix} O_1 P_{1,1} & O_1 P_{1,2} & \cdots & O_1 P_{1,J} \\ O_2 P_{2,1} & O_2 P_{2,2} & \cdots & O_2 P_{2,J} \\ \vdots & \vdots & & \vdots \\ O_J P_{J,1} & O_J P_{J,2} & \cdots & O_J P_{J,J} \end{pmatrix} \tag{7.10}$$

步骤 4 根据观测 OD 矩阵 $\boldsymbol{D}$ 和估计 OD 矩阵 $\boldsymbol{D}'$ 更新常量参数矩阵：

$$c'_{i,j} \leftarrow c'_{i,j} + \ln\left(\frac{f_{i,j}}{O_i P_{i,j}}\right) \text{ 或 } \boldsymbol{C}' \leftarrow \boldsymbol{C}' + \ln\left(\frac{\boldsymbol{D}}{\boldsymbol{D}'}\right) \tag{7.11}$$

实现以上算法的关键是获得全体样本的 OD 矩阵。本书首先基于观测到的大批量移动通信数据估算不同基站小区的 OD 矩阵。该方法首先运用泰森多边形法将研究区域划分为不重叠的基站小区 x[17]，然后基于时间阈值法提取用户出行轨迹中的驻留点 (作为 OD 点)，进而可获取不同基站小区间的 OD 流量 $f_{x,y}$[18]。构建基站小区 OD 流量与交通小区间 OD 流量的映射关系如下：

$$f_{i,j} = \sum_{y \cap j \neq \varnothing} \frac{S(y \cap j)}{S(y)} \sum_{x \cap i \neq \varnothing} f_{x,y} \frac{S(x \cap i)}{S(x)} \tag{7.12}$$

式中，$S(x)$ 为起始基站小区 x 的面积；$S(x \cap i)$ 为起始基站小区 x 与起始交通小区 i 相交区域面积；$S(y)$ 为目的地基站小区 y 的面积；$S(y \cap j)$ 为目的地基站小区 y 与目的地交通小区 j 相交区域面积。

7.4 目的地候选集生成算法

样本出行者在 d 时刻从交通小区 i 出发可能选择的目的地集合 (Ω_i) 可能包含成百上千个交通小区，由此产生的 OD 对数量可能增加至数十万甚至数百万个。为提高计算效率并保证模型精度，通常需要对全体可行选项 Ω_i 进行合理采样并生成一个候选子集 $\Psi_i^d \in \Omega_i$。该集合既要包含所有对出行者具有较高吸引力的目的地小区，又要排除一些不合理、吸引力低的候选小区[19]。

设 $q(j)$ 为小区 j 被采样作为候选项的概率，它是衡量交通小区 $j \in \Psi_i^d$ 合理性的标准。可由以下两个量化指标定义：① 个体吸引力，即交通小区与出行者个体 n 的时空相关性，可由式 (7.4) 计算；② 群体吸引力，即交通小区对所有出行者的吸引力，可由观测到的与起始小区的流量比例计算。

综上，定义 $q(j)$ 如下：

$$q(j) = \frac{f_{i,j}}{\sum_{j'=1}^{J} f_{i,j'}} z_{j,n} \tag{7.13}$$

式中，$f_{i,j}$ 可由式 (7.12) 计算；$z_{j,n}$ 可由式 (7.4) 计算。

依据采样概率生成候选集共包括两种方式：确定性生成方法和随机性生成方法。确定性生成方法给定的生成候选集大小为 K，则选取 $q(j)$ 值最大的前 $K-1$

个交通小区，与样本真实选择的交通小区共同组成候选子集。随机性生成方法根据采样概率对所有可行目的地进行蒙特卡罗法的随机采样，生成候选集合。采样概率大的目的地入选候选集的概率也高，但采样概率低的目的地也不会被完全排除在候选集外。本书采用随机性生成方法，伪代码参见算法 7-2。

算法 7-2 候选目的地生成算法

输入：研究区域所有交通小区集合 Ω_i
输出：常量参数矩阵估计结果候选目的地集合 Ψ_i^d
步骤 1 初始化：$\Psi_i^d = \varnothing$，设定随机采样次数 R；
步骤 2 对每个交通小区 $j \in \Omega_i$，根据式 (7.13) 计算采样概率 $q(j)$；
步骤 3 根据采样概率，对可行交通小区随机采样 R 次。并在每次采样后，更新候选集；$\Psi_i^d = \Psi_i^d \cup j$ (假设每次采样结果为 $j \in \Omega_i$)

需要注意的是，基于候选子集的选择行为建模仅能得到偏好系数的有偏估计。McFadden[18] 证明：在效用函数中加入候选子集采样修正项 $\ln(\lambda P(\Psi_i^d|j))$ 可实现多项式 Logit 模型的一致性参数估计。于是，目的地选择模型的效用函数被进一步修改为

$$U_{n,i,j} = V_{n,i,j} + \varepsilon_{n,i,j} = c_{i,j} + \beta x_{i,j} + \gamma z_{j,n} + \ln(\lambda P(\Psi_i^d|j)) + \varepsilon_{n,i,j} \tag{7.14}$$

式中，$P(\Psi_i^d|j)$ 为已知交通小区 j 被选择时，Ψ_i^d 被采样为候选子集的概率。假设 $\Psi_i^d = 1, \cdots, k, \cdots, K$，则 Ψ_i^d 被采样为候选子集的概率为

$$P(\Psi_i^d|j) = \prod_{k \in \Psi_i^d, k \neq j} q(k) = \frac{\prod_{k \in \Psi_i^d} q(k)}{q(j)} \tag{7.15}$$

式中，$q(j)$ 和 $q(k)$ 分别为小区 j 和 k 被采样作为候选项的概率。将式 (7.14) 和式 (7.15) 代入式 (7.2)，可以得到

$$P_{i,j} = \frac{\exp(V_{n,i,j} + \ln(\lambda P(\Psi_i^d|j)))}{\sum_{j' \in \Psi_i^d} \exp(V_{n,i,j'} + \ln(\lambda P(\Psi_i^d|j')))}$$

$$= \frac{\exp\left(V_{n,i,j} + \ln\left(\lambda \frac{\prod_{k \in \Psi_i^d} q(k)}{q(j)}\right)\right)}{\sum_{j' \in \Psi_i^d} \exp\left(V_{n,i,j'} + \ln\left(\lambda \frac{\prod_{k \in \Psi_i^d} q(k)}{q(j')}\right)\right)}$$

$$= \frac{\exp\left(V_{n,i,j} + \ln\left(\frac{1}{q(j)}\right)\right)}{\sum_{j' \in \Psi_i^d} \exp\left(V_{n,i,j'} + \ln\left(\frac{1}{q(j')}\right)\right)} \tag{7.16}$$

7.5 案例分析

7.5.1 目的地选择模型参数估计

1. 模型定义

为验证提出方法的有效性, 定义三类模型进行对比分析:

模型 A: 未考虑个人出行时空特征和候选集采样修正的目的地选择模型。效用函数定义如下:

$$V_{n,i,j}^{A} = c_{i,j} + \beta_1 x_{i,j}^{\mathrm{dis}} + \beta_2 x_{i,j}^{\mathrm{poi}} + \beta_3 x_{i,j}^{\mathrm{pop}} \tag{7.17}$$

式中, $c_{i,j}$ 为 OD 对常量参数; $x_{i,j}^{\mathrm{dis}}$ 为 OD 小区形心间直线距离; $x_{i,j}^{\mathrm{poi}}$ 为各小区包含的兴趣点密度; $x_{i,j}^{\mathrm{pop}}$ 为 OD 小区的人口密度。

模型 B: 仅考虑候选集采样修正但未考虑个人出行时空特征的目的地选择模型。效用函数定义如下:

$$V_{n,i,j}^{B} = c_{i,j} + \beta_1 x_{i,j}^{\mathrm{dis}} + \beta_2 x_{i,j}^{\mathrm{poi}} + \beta_3 x_{i,j}^{\mathrm{pop}} + \ln(\lambda P(\Psi_i^d|j)) \tag{7.18}$$

式中, $\ln(\lambda P(\Psi_i^d|j))$ 为候选集采样修正项; 其余属性变量与式 (7.17) 相同。

模型 C: 同时考虑候选集采样修正和个人出行时空特征的目的地选择模型。效用函数定义如下:

$$V_{n,i,j}^{C} = c_{i,j} + \beta_1 x_{i,j}^{\mathrm{dis}} + \beta_2 x_{i,j}^{\mathrm{poi}} + \beta_3 x_{i,j}^{\mathrm{pop}} + \gamma z_{j,n} + \ln(\lambda P(\Psi_i^d|j)) \tag{7.19}$$

式中, $z_{j,n}$ 为个人出行时空特征; 其余属性变量与式 (7.17) 相同。

表 7.2 给出三类模型各属性变量的统计描述。

表 7.2 特性变量统计描述

特性变量	空间距离/km	兴趣点密度/(个/km²)	人口密度/(人/km²)	时空相关性修正	候选集采样修正
数量	46 939	46 939	46 939	46 939	46 939
均值	13.21	4.61	0.22	0.15	1.08
标准差	8.12	3.36	0.08	0.17	0.46
最小值	4.99	0	0.01	0.001	0.04
25%分位值	7.07	2.04	0.18	0.03	0.81
50%分位值	11.18	2.96	0.22	0.09	1.13
75%分位值	18.03	7.04	0.26	0.21	1.34
最大值	61.83	11.64	0.38	0.80	4.17

2. 估计结果

使用拟合优度比 ρ^2（又称 McFadden 决定系数）来评价不同模型的拟合程度，其定义如下：

$$\rho^2 = 1 - \text{LL}_{\text{final}}/\text{LL}_0 \tag{7.20}$$

式中，LL_0 为所有未知参数取 0 时的似然值，LL_{final} 为当似然函数取最大值时的未知参数值。ρ^2 的值在 0 到 1 之间，其值越接近 1，表示模型的精度越高。

应用最大似然估计方法对三类模型进行参数估计，结果如表 7.3 所示。通过对比分析发现：

模型 A 的人口密度属性系数为负，可解释为人口密度越高的小区，其吸引力越小。这显然与现实不符，说明该模型无法对出行者目的地选择偏好系数给出合理参数估计。

模型 B 为修正在候选集生成过程中产生的采样偏差，在效用函数中引入了采样修正项。虽然估计的人口密度属性系数仍为负值，但相较于模型 A 更加接近正值。

模型 C 在模型 B 基础上引入了捕捉时空相关性的修正项。估计结果显示各项估计系数的符号符合现实，且具有较高的显著性。此外，其对数似然函数值的大小由模型 A 的 −9541.339 和模型 B 的 −9038.630 提升至 −7366.154，说明模型 C 对样本数据具有较高的拟合度。

表 7.3　参数估计结果对比

属性名称	模型 A 系数	模型 A t 检验	模型 B 系数	模型 B t 检验	模型 C 系数	模型 C t 检验
距离	−0.1197	−35.880	−0.2905	−23.430	−0.1114	−27.008
兴趣点密度	4.8080	5.282	0.3897	3.284	4.0767	4.335
人口密度	−7.7142	−21.308	−1.1891	−1.972	0.7994	8.458
时空相关性修正	—	—	—	—	0.3897	3.284
初始似然值	−11 880.120		−11 880.120		−11 880.120	
最终似然值	−9541.339		−9038.630		−7366.154	
拟合优度比	0.197		0.239		0.380	
计算时间/s	34		33		35	

以上实证对比表明：采样偏差修正项与时空相关性修正项可提升目的地选择模型的解释合理性以及模型拟合程度，在出行者目的地选择行为建模中有着不可忽视的作用。

7.5.2 目的地选择模型精度评价

本节将分析候选集规模和交通小区尺寸对模型估计精度的影响。基于均方根误差公式定义目的地选择估计精度如下:

$$\text{RMSE} = \sqrt{\frac{\sum_{i=1}^{I}(y_i - \widehat{y_i})^2}{I}} \qquad (7.21)$$

式中,y_i 为观测 OD 流量;$\widehat{y_i}$ 为估计 OD 流量;I 为研究区域内候选小区总数。为实施交叉验证,将 2017 年 3 月 1 日至 23 日的数据作为训练集,3 月 24 日至 30 日的数据作为测试集,分别就候选集随机采样次数和交通小区尺寸进行敏感性分析。

1. 随机采样次数

在生成候选目的地时,随机采样次数决定了候选集的规模 (候选项个数),进而间接影响模型的计算精度和效率。图 7.4 给出了模型在不同候选集随机采样次数条件下的估计误差和计算时间。其中,计算时间包括了模型参数估计过程和候选集生成过程消耗的时间。如图 7.4 所示,随着采样次数的增加,模型的计算时间快速增加。当采样次数小于 100 时,估计误差受其影响较为明显。当候选集规模大于 100 时,估计误差随着候选项的增加趋于平稳。以上分析说明,在设定目的选择模型的采样次数时,需要平衡估计精度和计算效率。由图 7.4 可推断将采样次数设为 100 时可在不消耗大量计算资源的前提下,获得较高的估计精度。

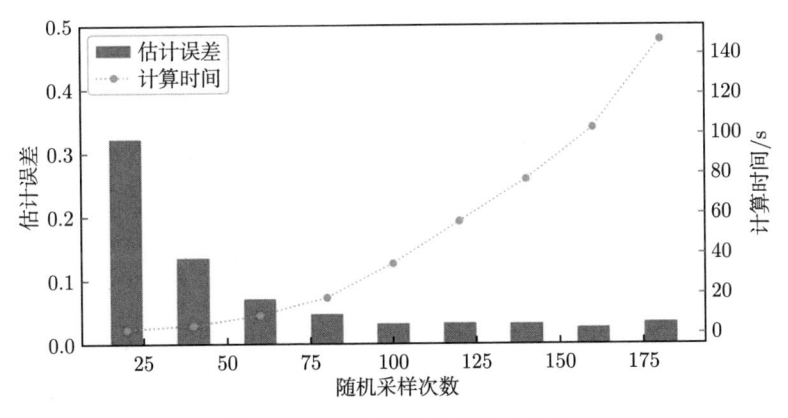

图 7.4 随机采样次数敏感性分析

2. 交通小区的大小

交通小区的尺寸越小，得到的交通需求空间分布的分辨率越高。但过小的交通小区划分可能会对目的地选择模型的预测精度和计算效率产生影响。表 7.4 给出了不同交通小区划分方式的目的地选择模型估计结果。在计算效率上，不同模型参数估计过程消耗的计算时间大致相当，但在候选集生成过程中消耗的计算资源随交通小区尺寸增加而降低。在计算精度方面，随着交通小区尺寸的减小，模型估计结果表现出一定的鲁棒性 (均方根误差增加缓慢)。

表 7.4 不同交通小区划分条件参数估计结果对比

属性名称	5km×5km 系数	5km×5km t 检验	3km×3km 系数	3km×3km t 检验	1km×1km 系数	1km×1km t 检验	0.5km×0.5km 系数	0.5km×0.5km t 检验
距离	−0.011	−3.154	−0.154	−25.59	−0.037	−5.001	−0.122	−23.14
兴趣点密度	4.374	8.192	1.110	4.575	0.758	2.676	0.849	2.62
人口密度	2.580	9.709	3.003	11.24	2.881	4.622	1.974	17.10
时空相关性修正	4.029	38.99	2.775	9.753	22.81	30.90	0.776	10.69
均方根误差	0.0584		0.0760		0.0841		0.0893	
样本数量	3092		2665		1737		1395	
随机采样次数	100		100		100		100	
候选采样时间/s	43		160		612		1246	
参数估计时间/s	49		36		25		16	

7.6 本章小结

本章构建了基于移动通信网络数据的目的地选择模型。在模型构建方面，它不仅考虑了目的地选择行为独特的时空特征，还给出了常量参数估计问题的解决方法。在候选集生成方面，该模型通过挖掘移动通信网络数据，给出了候选交通小区的采样方法以及采样误差的修正方法，得到如下结论：

(1) 对比分析：根据是否考虑个人出行时空特征和候选集采样修正，本书设置了三组对照实验。实验结果证明采样偏差修正项与时空相关性修正项可提高目的地选择模型的解释合理性以及模型拟合程度，在出行者目的地选择行为建模中有着不可忽视的作用。

(2) 敏感分析：一方面，通过增加候选集规模，虽然可以提升模型估计精度，但同时也极大增加了计算时间。将候选集规模设定为 20，可在保证一定估计精度的同时不增加过多的计算时间。另一方面，通过缩减交通小区的尺寸，可提高交通需求分布估计结果的空间分辨率，但也会降低模型精度并消耗更多的计算资源。

不过模型精度降幅较为平缓，说明提出模型在估计精度方面对交通小区尺寸变化的鲁棒性较好。

本书构建的目的地选择模型仅使用了移动网络运营商提供的用户出行目的地序列和部分地理信息数据，而没有使用用户个人属性数据。在未来的研究中，将尝试和移动网络运营商合作考虑用户属性信息，进一步完善目的地选择行为研究。

参 考 文 献

[1] Cascetta E, Pagliara F, Papola A. Alternative approaches to trip distribution modelling: A retrospective review and suggestions for combining different approaches[J]. Papers in Regional Science, 2007, 86(4): 597-620.

[2] Stouffer S A. Intervening opportunities and competing migrants[J]. Journal of Regional Science, 1960, 2(1): 1-26.

[3] Uncles M D. Discrete choice analysis: Theory and application to travel demand[J]. Journal of the Operational Research Society, 1987, 38(4): 370-371.

[4] Cascetta E. Transportation Systems Engineering: Theory and Methods[M]. Applied Optimization, 1998, 49. Boston, MA: Springer US, 2001.

[5] Kuklys W. Stated Choice Methods: Analysis and Application[J]. Journal of Applied Econometrics, 2002, 17(6): 701-704.

[6] Train K E. Discrete Choice Methods with Simulation[M]. 2nd ed. Cambridge: Cambridge University Press, 2009.

[7] Wang Z Z, He S Y, Leung Y. Applying mobile phone data to travel behaviour research: A literature review[J]. Travel Behaviour and Society, 2018, 11: 141-155.

[8] Casey H J. Applications to traffic engineering of the law of retail gravitation[J]. Traffic Quarterly, 1955, 9(1): 23-35.

[9] 刘锴. 基于手机信令数据的动态 OD 分析与交通速度估算 [D]. 北京: 北京交通大学, 2016.

[10] Yin M. Activity-based urban mobility modeling from cellular data[D]. Berkeley: University of California, 2018.

[11] 沈培琳. 基于手机数据的城市交通需求分析和出行模式识别 [D]. 南京: 东南大学, 2019.

[12] Ben-Akiva M E, Lerman S R. Discrete Choice Analysis: Theory and Application to Travel Demand [M]. Cambridge: MIT Press, 1985.

[13] Ben-Akiva M, Bierlaire M. Discrete Choice Methods and Their Applications to Short Term Travel Decisions[M]//Hall R W. Handbook of Transportation Science. Boston, MA: Springer, 1999: 5-33.

[14] Frejinger E, Bierlaire M, Ben-Akiva M. Sampling of alternatives for route choice modeling[J]. Transportation Research Part B: Methodological, 2009, 43(10): 984-994.

[15] Thill J C. Choice set formation for destination choice modelling[J]. Progress in Human Geography, 1992, 16(3): 361-382.

[16] Zhu J Y, Ye X. Development of destination choice model with pairwise district-level constants using taxi GPS data[J]. Transportation Research Part C: Emerging Technologies,

2018, 93: 410-424.
- [17] Cascetta E, Papola A. Random utility models with implicit availability/perception of choice alternatives for the simulation of travel demand[J]. Transportation Research Part C: Emerging Technologies, 2001, 9(4): 249-263.
- [18] McFadden D. Modelling the choice of residential location[J]. Spatial Interaction Theory and Residential Location, 1977, 673(477): 72-77.
- [19] Cao G Q, Todem D, Yang L J, et al. Evaluating statistical hypotheses using weakly-identifiable estimating functions[J]. Scandinavian Journal of Statistics, Theory and Applications, 2013, 40(2): 256-273.

第 8 章

基于半监督学习的路径选择行为建模

8.1 概　　述

路径选择模型描述了出行个体从起点 (origin) 至讫点 (destination) 的路径选择非集计行为。路径选择建模的主要任务是基于合理行为假设，定量分析交通参与者如何选择出行路径以及估计和预测交通参与者对交通网络的使用情况。作为交通学科的核心理论成果之一，路径选择模型被广泛应用于交通工程实践的各个方面，包括但不局限于：① 交通规划设计，这是因为路径选择建模研究个体的非集计行为，而所有个体路径选择行为的博弈与集计结果即为网络交通需求分配，因此路径选择模型既是交通需求分析体系的重要支柱，也是 TransCAD、Cube、VISUM 和 TranStar 等交通规划设计软件的必要模块；② 交通管理与控制，如交通拥堵收费、单向交通组织等交通管理策略以及区域交通信号控制优化策略，它们在很大程度上通过影响出行者的路径选择行为来调整路网交通需求分配，从而缓解交通拥堵；③ 信息服务与诱导，这是由于出行者的 OD 行程时间受其路径选择偏好的影响，高德地图等出行信息服务平台可通过研究出行者的路径选择行为偏好，提供定制化的导航服务，交通管理者则可通过信息发布策略 (如可变信息板的设置) 诱导出行者的路径选择行为，从而提高交通系统运行效率。

近年来，城市智能交通系统的建设力度不断加大，多种移动式和固定式车辆检测设备已经大范围且高密度地投入使用，在监测城市道路交通流运行状态的同时，也为基于多源数据融合的交通行为研究提供了可能性[1]。随着交通感知技术的全息化发展，在海量车辆轨迹数据的支撑下，路径选择行为研究取得了显著进展。传统的路径选择建模多基于有标签的问卷调查数据，存在样本小和成本高等问题。为克服这些缺陷，包括 GPS 轨迹、蓝牙轨迹、WiFi 轨迹和手机信令轨迹等在内的交通大数据被广泛应用于路径选择行为研究。然而，此类数据多为无标签样本，其出行轨迹与交通网络无法直接匹配。近年来，研究文献中提出了基于无标签数据的参数估计方法[2]。

交通大数据的应用不仅为路径选择行为提供了更多的样本数据，其高时空分辨率的优点也推动了相关研究从路径层面聚焦于路段层面。路径选择建模基于计量经济学，其中随机效用理论最为常用。该理论假设出行者在路径选择时遵守效用最大的原则。传统路径选择模型的缺点主要在于：① 以连接 OD 点的路径为基本选项 (path-based)，但相较于一般的离散选择情景，此类模型备选方案数量众多，其选择集生成存在较大困难；② 备选路径间存在高度重叠现象，与部分模型独立同分布的假设存在冲突。近年来，以路段为基本选项 (link-based) 的路径选择模型得到了一定的应用，此类模型动态地求解路径选择问题，无须生成路径选择集[3]。

基于离散选择理论的路径选择建模方法虽然易于解释，但预测性能有待提升。近年来，交通感知技术的发展为路径选择研究提供了更丰富的时空移动数据和个体信息，催生出基于机器学习的路径选择建模。机器学习是一种数据驱动的建模范式，其中路径选择模型的结构由计算机从数据中习得，而不由研究者加以确定。随机森林、神经网络和支持向量机等方法在相关研究中的应用结果表明，机器学习能显著提高路径选择模型的行为预测能力。因此，将数据驱动和理论驱动的建模方法相结合，将成为路径选择领域的重要研究方向之一。

现有的交通出行选择行为以问卷调查为主要样本获取手段，存在样本量小、成本高以及信息缺失等问题，无法支撑大规模交通出行个体选择行为的高效建模。针对该问题，收集具有准全样本特征的 AVI 数据和移动通信网络数据，分别建立目的地选择模型和路径选择模型的参数估计方法，为本书后续提出的出行链提取算法体系提供理论基础。通过考虑目的地选择行为特有的时空特征建立基于移动通信网络数据的目的地选择模型，并给出常量参数估计问题的解决方法。实证分析证明，构建的目的地选择模型可提升行为偏好参数解释的合理性以及模型拟合程度。通过整合少量有标签的 GNSS 样本数据和大量的无标签 AVI 样本数据，提出了一种类半监督学习范式的路径选择模型参数估计方法。基于实测数据展开对比分析，证明了基于半监督学习的路径选择模型参数估计结果可以得到和无监督学习、有监督学习相同的行为解释结论。在计算性能方面，实验结果表明所提出的方法具有模拟大规模驾驶员路线选择行为的能力。

8.2 数据获取方式及特点

当前路径选择行为研究的数据来源主要包括主动型数据和被动型数据两类。

1. 主动型数据

主动型数据主要通过问卷调查和走访等手段主动获取出行调查数据，可分为两类：显示性偏好 RP(revealed preference) 调查和揭示性偏好 SP (stated preference) 调查。由于受访者按回忆填写问卷，因此 RP 调查结果的完整性和可靠性难以保证。相较之下，SP 调查设置了一个虚拟的选择场景，便于通过实验设计探究各因素的影响,应用更加广泛[4,5],但其获取的数据与真实情况很可能有偏差。为获取更全面的路径选择信息,Shiftan 等[6] 运用 RP-SP 融合数据估计了路径选择模型。

2. 被动型数据

被动型数据基于现代信息和通信技术被动获取出行轨迹。近年来,被动型数据因其在样本量、获取成本、分辨率等方面的优势而逐渐在路径选择建模中得到应用。根据传感器类型,被动型数据可以进一步分为两类:移动传感器数据 (probe sensor data) 和固定传感器数据 (fixed sensor data)。

移动传感器数据的定位传感器随出行者或车辆移动,以北斗、GPS 等为代表的全球导航卫星系统 (global navigation satellite system, GNSS) 为主。得益于导航系统的普及,GNSS 轨迹已成为研究各类交通参与者路径选择的重要数据来源[7-9]。GNSS 可以长时间连续作业,等效于对出行者进行了更精确、高效的 RP 调查[10],并扩大了相关研究的样本量。然而,未经处理的 GNSS 数据通常不适用于出行行为分析,因为 GNSS 位置在格式上与交通网络不匹配,且存在一定的测量误差。为此,文献 [11] 中提出了一些从原始数据中识别行为状态的方法,其中最典型的是地图匹配算法,即根据原始 GNSS 位置,辅以高分辨率的路网地图,识别车辆在道路上的真实位置。然而,这一过程的准确性在很大程度上取决于路网地图的质量。为避免此类误差,Bierlaire 和 Frejinger[12] 使用无标签数据 (即"非网络数据",network-free data) 估计路径选择模型,并引入数据相关域 (domain of data relevance,DDR) 的概念建立起无标签数据与路径选择模型的关联关系。在此基础上,Bierlaire 等[13] 进一步提出了基于概率的地图匹配算法。

固定传感器数据的传感器固定安装在路侧,包括线圈、射频、视频和雷达等类型。近年来,固定传感器数据在路径选择建模中的应用日益增多,但仍非主流。van Oijen 等[14] 使用 WiFi 数据估计逻辑回归模型参数和路段行人流量。van den Heuvel 等[15] 使用蓝牙数据研究了火车站内行人的路径选择行为。Garrido-Valenzuela 等[16] 提出了一种贝叶斯方法,以推断车辆在连续蓝牙传感器间的真实路径。Huang 等[17] 使用手机基站数据估计了 C-Logit 模型的感知参数。Cao 等[18] 提出了一种结合稀疏固定传感器数据与移动传感器数据的路径选择模型,这为运用固定传感器数据的路径选择研究提供了宝贵的思路。

一般而言,主动型的出行调查数据的应用以传统路径选择研究为主。该类数据可以根据研究需要获取定制化的出行行为数据,但也存在数据量小和获取成本高的缺点。近年来,主动型数据的固有缺陷极大地限制了路径选择建模的进一步发展,被动型数据则因其在样本量、获取成本、分辨率等方面的优势而逐渐在路径选择建模中得到应用。具体而言,移动传感器数据记录的出行轨迹分辨率更高,但样本量较小；固定传感器数据则较为稀疏，但样本量较大。Cao 等 [18] 对比了移动和固定传感器数据的特点：移动传感器数据提供了存在一定测量误差的高分辨率时空轨迹，便于确定真实出行路径；稀疏的固定传感器数据记录了车辆经过两个摄像头 (节点) 的行为，但缺乏节点之间的路径选择信息和出行起讫点的信息。

8.3 考虑观测异质性的路径选择模型

8.3.1 问题定义

本章节拟解决的问题定义如下：

问题 8.1 给定车辆单次出行的 AVI 轨迹 $Tr_n = [O_1, \cdots, O_i, \cdots, O_I]$，正确估计驾驶员路径选择偏好参数。

8.3.2 模型构建

1. 基于同质性假设的路径选择模型

路径选择行为建模主要基于效用理论，即假设出行者总是选择个人效用最大的路径作为出行方案 [19-22]。令 $U_{n,i,j,k}$ 为机动车驾驶员 n 在 AVI 观测点对 (O_{i-1}, O_i) 间第 k 项出行的第 j 项候选路径的效用值。它主要由确定性效用值 $V_{n,i,j,k}$ 和随机误差项 $\varepsilon_{n,i,j,k}$ 组成：

$$U_{n,i,j,k} = V_{n,i,j,k} + \varepsilon_{n,i,j,k} \tag{8.1}$$

一般情况下，假设随机误差项 $\varepsilon_{n,i,j}$ 为独立同分布的 Gumbel 分布；确定性效用值 $V_{n,i,j,k}$ 为特性变量和偏好系数乘积的线性加和：

$$V_{n,i,j,k} = \beta_{n,i,j} x_{n,i,j,k} \tag{8.2}$$

式中，$x_{n,i,j,k}$ 为可观测的特性变量；$\beta_{n,i,j}$ 为机动车驾驶员的路径选择偏好系数。

在路径选择建模前，需要生成候选路径集合 $\Psi_{i,k}^p$，并在效用函数中添加修正项以避免采样偏差。其定义如下：

$$\mathrm{sb}_{i,j,k} = \frac{F_j}{q(j)} \tag{8.3}$$

式中，$\mathrm{sb}_{i,j,k}$ 为候选项采样偏差修正项；F_j 为候选路径的采样频数；$q(j)$ 为候选路径的采样概率。

8.3 考虑观测异质性的路径选择模型

基于上述定义，候选路径 $P_{i,j,k}$ 被机动车驾驶员 n 选择的概率为

$$\Pr(P_{i,j,k}) = \frac{\exp(V_{n,i,j,k} + \ln \mathrm{sb}_{i,j,k})}{\displaystyle\sum_{P_{i,j',k} \in \Psi_{i,k}^p} \exp(V_{n,i,j',k} + \ln \mathrm{sb}_{i,j',k})} \tag{8.4}$$

在本问题中，需要考虑候选路径中的两类相关性：

(1) 不同候选路径间的相关性。由于各候选路径间很难避免重叠问题，因此路径选择模型需合理考虑候选路径间的相关性问题。Ben-Akiva 和 Bierlaire 将名为 Path-size 的修正项引入效用函数，缓解了路径重叠问题对路径选择模型的影响[22]。Path-size 修正项的定义如下：

$$\mathrm{ps}_{i,j,k} = \sum_{l_x \in P_{i,j,k}} \frac{l_x.\mathrm{len}}{P_{i,j,k}.\mathrm{len}} \frac{1}{\displaystyle\sum_{P_{i,j',k} \in \Psi_{i,k}^p} \delta_{x,j'}} \tag{8.5}$$

式中，$\mathrm{ps}_{i,j,k}$ 是候选路径 $P_{i,j,k}$ 的 Path-size 修正项；$l_x.\mathrm{len}$ 和 $P_{i,j,k}.\mathrm{len}$ 分别为路段 l_x 和路径 $P_{i,j,k}$ 的长度；若路段 l_x 在候选路径 $P_{i,j',k}$ 上，则 $\delta_{x,j'} = 1$，否则 $\delta_{x,j'} = 0$。

(2) 不同段次路径选择偏好的相关性。同一机动车驾驶员在不同段次路径选择偏好应该具有一致性。一个简单的方法是假设同一机动车驾驶员在不同段次路径选择偏好相等：

$$\beta_{n,1,0} = \cdots = \beta_{n,i,k} = \cdots = \beta_{N,I,K} \tag{8.6}$$

式 (8.6) 又被称作同质性假设。

最终，路径选择行为可被重新定义为

$$\Pr(P_{i,j,k}) = \frac{\exp(\beta x_{n,i,j,k} + \ln \mathrm{sb}_{i,j,k} + \ln \mathrm{ps}_{i,j,k})}{\displaystyle\sum_{P_{i,j',k} \in \Psi_{i,k}^p} \exp(\beta x_{n,i,j',k} + \ln \mathrm{sb}_{i,j',k} + \ln \mathrm{ps}_{i,j',k})} \tag{8.7}$$

2. 考虑子出行段异质性的路径选择模型

接受式 (8.6) 的同质性假设，就忽视了不同出行段次间的异质性。在路径选择问题中，机动车驾驶员的路径选择偏好在不同的选择情景中常常会发生变化。例如，当机动车驾驶员发现存在上班迟到的风险时，他会对后续出行段次中的时间变量更加敏感。与 Hess 和 Rose[23] 分析个体异质性和 Li 等[24] 分析 OD 异质性的方法类似，本章将基于混合 Logit 模型分析建模不同出行段次中的异质性。

在混合 Logit 模型中,偏好系数 $\beta_{n,i,k}$ 被假设服从一定的随机分布 $f(\beta_{n,i,k}|\Omega)$,Ω 是 $\beta_{n,i,k}$ 的取值空间。一般假设 $\beta_{n,i,k}$ 服从正态分布,定义如下:

$$\beta_{n,i,k} = \alpha y_{i,k,n} + \beta + \gamma_n + \eta_{i,k,n} \tag{8.8}$$

式中,$y_{i,k,n}$ 是关于出行段次的特性变量;α 是机动车驾驶员对出行段次特性变量的偏好系数;β 是机动车驾驶员对出行段次特性变量偏好的常量参数;γ_n 是在 OD 对间变化但在各子出行段次不变的随机变量;$\eta_{i,k,n}$ 是在不同 OD 对间和子出行段间都发生变化的随机变量。

最终,效用函数可以被重新写为

$$U_{n,i,j,k} = \alpha y_{i,k,n} x_{n,i,j,k} + \beta x_{n,i,j,k} + \ln \mathrm{sb}_{i,j,k} + \beta_{\mathrm{ps}} \ln \mathrm{ps}_{i,j,k} + \xi_{n,i,j,k} \tag{8.9}$$

$$\xi_{n,i,j,k} = (\gamma_n + \eta_{i,k,n}) x_{n,i,j,k} + \varepsilon_{n,i,j,k} \tag{8.10}$$

式中,$\xi_{n,i,j,k}$ 是效用函数中的随机部分。各子出行段有着相同的 γ_n 和 β 参数,来自同一 OD 对的子出行段因此被关联起来。与此同时,$\alpha y_{i,k,n}$ 和 $\eta_{i,k,n}$ 在不同子出行段间随机变化,以捕捉各子出行段间的异质性。

8.4 路径选择模型半监督参数估计方法

路径选择模型的偏好参数一般由极大似然估计方法得到。该方法通过最大化观测数据的似然函数求解未知的偏好参数。参考机器学习领域中通用的概念,根据输入数据是否需要标记可将现有的路径选择模型参数估计方法分为两类:有监督学习和无监督学习方法。

8.4.1 有监督学习

有监督学习方法是估计路径选择模型参数最常用的方法。它基于已标记的出行者真实选择路径定义似然函数:

$$L(\beta) = \prod_{n=1}^{N} \Pr(P_n^{\mathrm{true}}) \tag{8.11}$$

式中,$\Pr(P_n^{\mathrm{true}})$ 是机动车驾驶员在第 n 个出行样本中的真实选择路径是 P_n^{true} 的概率。这个概率可由路径选择模型定义:

$$\Pr(P_n^{\mathrm{true}}) = \prod_{P_{n,j} \in \Psi} \Pr(P_{n,j})^{\delta_{n,j}} \tag{8.12}$$

式中，$\delta_{n,j}$ 是表示样本–选择映射关系的二元变量。仅当第 n 个样本选择路径 $P_{n,j}$ 时，$\delta_{n,j}=1$，否则 $\delta_{n,j}=0$。

显然，有监督学习方法要求标记出每个样本真实选择的具体路径。图 8.1(a) 展示了有监督学习方法的框架。在调查问卷样本的标记工作中，人工的信息补全和修正工作是必需的。对于被动收集的样本出行 GNSS 轨迹数据，由于定位误差的存在，研究者必须通过地图匹配算法来修正补全标记路径。基于被标记的样本数据，求解待估计参数最终可以转化为其对数似然函数的最大化问题：

$$\overline{\beta} = \arg\max \mathrm{LL}(\beta) = \arg\max \sum_{n=1}^{N} \ln \sum_{P_{n,j}\in\Psi} \Pr(P_{n,j})^{\delta_{n,j}} = \arg\max \sum_{n=1}^{N} \delta_{n,j}\Pr(P_{n,j}) \tag{8.13}$$

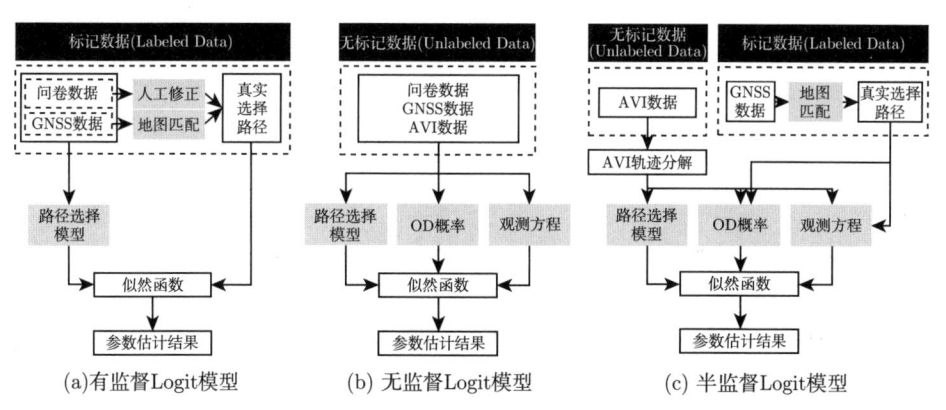

图 8.1 路径选择模型参数估计方法框架
(a) 有监督Logit模型　(b) 无监督Logit模型　(c) 半监督Logit模型

但是，该方法存在着明显的缺点，且不适合应用于 AVI 数据。一方面，人工标记观测样本需要消耗大量的人力和时间成本，并不适用于海量的 AVI 样本数据；另一方面，现有的地图匹配算法大多针对较高分辨率的 GNSS 数据开发，无法应用于稀疏的 AVI 数据。

8.4.2 无监督学习

不同于有监督学习，Bierlaire 和 Frejinger[12] 提出了一种基于无监督学习的路径选择参数估计方法 (又称 network-free 方法)。它可以直接通过观测数据学习人们的出行行为，而无须对样本数据进行标记。以 GNSS 观测样本为例，该方法将似然函数定义为

$$L(\beta) = \prod_{n=1}^{N} \Pr\left(T_n^{\mathrm{GNSS}}\right) \tag{8.14}$$

式中，$\Pr(T_n^{\text{GNSS}})$ 是第 n 个样本观测到 GNSS 轨迹 $T_n^{\text{GNSS}}: g_1 \to \cdots \to g_j \to \cdots \to g_J$ 的概率（g_j 为 GNSS 观测点）。每个观测点至少包含三项属性：经纬度信息、时间戳以及车辆牌照。$\Pr(T_n^{\text{GNSS}})$ 可以被进一步分解为

$$\Pr(T_n^{\text{GNSS}}) = \sum_{(x_o,x_d)\in \Gamma} \Pr((x_o,x_d)) \prod_{P_{n,j}\in \Psi}^{N} \Pr(T_n^{\text{GNSS}}|P_{n,j}) \Pr(P_{n,j}) \quad (8.15)$$

式中，$\Pr((x_o,x_d))$ 是观测 GNSS 轨迹的 OD 对是 (x_o,x_d) 的概率；Γ 是候选 OD 对集合；$\Pr(T_n^{\text{GNSS}}|P_{n,j})$ 是观测概率，描述了当机动车驾驶员选择路径 $P_{n,j}$ 时观测到 GNSS 轨迹的可能性；$\Pr(P_{n,j})$ 是选择路径 $P_{n,j}$ 的概率。

图 8.1(b) 总结了无监督学习方法的总体架构。无监督学习主要使用观测概率和 OD 概率替代了有监督学习方法中的二元变量 $\delta_{n,j}$，建立起观测的样本数据和路径选择行为间的映射关系，并重新定义了似然函数值。其未知参数可由下式得到：

$$\begin{aligned}\overline{\beta} &= \arg\max \text{LL}(\beta) \\ &= \arg\max \sum_{n=1}^{N} \sum_{(x_o,x_d)\in \Gamma} \Pr((x_o,x_d)) \prod_{P_{n,j}\in \Psi}^{N} \Pr(T_n^{\text{GNSS}}|P_{n,j}) \Pr(P_{n,j})\end{aligned} \quad (8.16)$$

Prato[25] 认为该方法简化了路径选择问题的估计方法，避免了复杂且耗时的样本标记工作。但是，该方法依然不适用于 AVI 数据。当 AVI 观测点较为稀疏并且观测时间间隔较大时，无监督学习方法无法给出十分可靠的观测概率。这将极大地影响路径选择模型的估计精度。

8.4.3 半监督学习

针对有监督学习和无监督学习方法中存在的问题，本书提出了一种基于半监督学习的路径选择模型参数估计方法。该方法融合一小部分有标签的 GNSS 样本数据和大规模无标签的 AVI 样本数据重新定义了路径选择模型参数估计的似然函数。

似然函数的定义是所有观测样本的联合分布。因此，推导似然函数的关键是定义观测到样本数据的可能性。对于样本 n 的 AVI 轨迹 $\text{Tr}_n^{\text{AVI}} = [O_1,\cdots,O_i,\cdots,O_I]$，其观测概率可分解为

$$\begin{aligned}\Pr(\text{Tr}_n^{\text{AVI}}) &= \Pr(O_1,\cdots,O_i,\cdots,O_I) \\ &= \Pr((O_1,O_2)\cap \cdots \cap (O_{i-1},O_i) \cap \cdots \cap (O_{I-1},O_I))\end{aligned}$$

$$= \prod_{i=2}^{I} \Pr(O_{i-1}, O_i)$$

$$= \prod_{i=2}^{I} \Pr(O_{i-1}, O_i|\mathrm{SP}_i) \Pr(\mathrm{SP}_i) \tag{8.17}$$

式中，SP_i 是 AVI 观测点对间的子路径；$\Pr(O_{i-1}, O_i|\mathrm{SP}_i)$ 为观测方程，为假定机动车驾驶员选择了子路径 SP_i 出行时产生 AVI 观测点对 (O_{i-1}, O_i) 的概率；$\Pr(\mathrm{SP}_i)$ 为路径选择模型。

对于 Logit 模型，基于半监督学习方法的对数似然函数定义如下：

$$\mathrm{LL}(\beta) = \sum_{i=2}^{I} \ln \sum_{\mathrm{SP}_i \in \Psi_i} \Pr(O_{i-1}, O_i \mid \mathrm{SP}_i) \Pr(\mathrm{SP}_i) \tag{8.18}$$

对于混合 Logit 模型，基于半监督学习方法的对数似然函数定义如下：

$$\mathrm{LL}(\Omega)$$
$$= \ln \int_{\gamma n} \int_{\eta n, i} \prod_{i=2}^{I} \sum_{\mathrm{SP}_i \in \Psi_i} \Pr(\mathrm{SP}_i|O_{i-1}, O_i) \Pr(\mathrm{SP}_i) \omega(\eta_{n,i}|\Omega_\eta) \mathrm{d}\eta_{n,i} h(\gamma_n|\Omega_\gamma) \mathrm{d}\gamma_n \tag{8.19}$$

式中，$\omega(\eta_{n,i}|\Omega_\eta)$ 和 $h(\gamma_n|\Omega_\gamma)$ 分别为随机变量 $\eta_{n,i}$ 和 γ_n 在参数空间 Ω_η 和 Ω_γ 条件下的概率密度函数。由于上述积分并不具有闭合形式，上述对数似然函数可以通过基于仿真的估计方法 (simulation-based estimation) 进行近似估计：

$$\mathrm{LL}(\Omega) = \ln \frac{1}{H} \sum_{h=1}^{H} \frac{1}{W} \prod_{i=2}^{I} \sum_{\mathrm{SP}_i \in \Psi_i} \Pr(\mathrm{SP}_i|O_{i-1}, O_i) \sum_{p \in \Psi_{i,k}^p} \Pr(\mathrm{SP}_i) \tag{8.20}$$

式中，H 和 W 分别为随机采样次数。

8.5 案例分析

8.5.1 路径选择模型参数估计

第 3.5.1 节中介绍的深圳数据集也被应用于本章节提出的路径选择模型实证研究中。从该数据集中，共提取了 295 个同时观测到 AVI 轨迹和 GNSS 轨迹的样本车辆。其中 195 个样本被用作训练集，而剩余的 100 个样本则被用作测试集。

1. 实验设置

本实证研究共设置了 4 种不同模型和参数估计方法组合的实验情景。

1) 有监督 Logit(supervised logit，SL) 模型

基于地图匹配算法，将每个样本的 AVI 轨迹匹配到具体路径上，从而得到每个样本的标记路径。定义 Logit 模型的效用确定项为

$$V_{n,j} = \beta_1 \text{FTT}_{n,j}^{\text{R}} + \beta_2 \text{NI}_{n,j}^{\text{R}} + \beta_3 \ln \text{ps}_{n,j}^{\text{R}} + \ln \text{sb}_{n,j}^{\text{R}} \tag{8.21}$$

上式中特性变量的具体含义参见表 8.1。由式 (8.13) 定义的似然函数被用来估计各项偏好系数。

表 8.1 特性变量解释

对象种类	特性变量	变量描述
候选路径	行驶时间 (FTT)	候选路径的自由流出行时间 (min)
	路口数量 (NI)	沿着候选路径行驶遭遇的交叉路口数量
AVI 观测点对	观测点对间距 (ps)	两个相邻的 AVI 观测点的空间间隔距离 (km)
	熟悉程度 (sb)	机动车驾驶员历史出行记录中经过该 AVI 观测点对的次数

2) 无监督 Logit(unsupervised logit，UL) 模型

该模型的效用函数的确定项与有监督 Logit 模型相同。Bierlaire 和 Frejinger[12] 定义的似然函数 (式 (8.16)) 被应用于该模型的参数估计。在这种定义下，每个观测样本无须标记出具体的出行路径。

3) 半监督 Logit(semi-supervised logit，semi-L) 模型

该模型根据 AVI 观测将训练集中 195 个出行样本共分解成了 1907 个子出行段。其效用函数确定项定义如下：

$$V_{n,i,j,k} = \beta_1 \text{FTT}_{n,i,j,k}^{\text{sub}} + \beta_2 \text{NI}_{n,i,j,k}^{\text{sub}} + \beta_3 \ln \text{ps}_{n,i,j,k}^{\text{sub}} + \ln \text{sb}_{n,i,j,k}^{\text{sub}} \tag{8.22}$$

与式 (8.21) 不同，式 (8.22) 中的部分特性变量为各 AVI 观测点对中候选路径而非 OD 对间的候选路径。另外，为计算该模型中的观测方程，基于地图匹配算法标记了 454 374 个 GNSS 样本数据的真实选择路径。本模型的未知偏好系数将由式 (8.18) 定义的似然函数估计得到。

4) 半监督混合 Logit(semi-supervised mixed logit，semi-ML) 模型

为考虑各子出行段中存在的异质性，给出该模型的效用确定项如下：

$$V_{n,i,j,k} = (\beta_1 + \alpha_{11}\text{DIS}_{n,j,k} + \alpha_{12}\text{Fam}_{n,j,k})\text{FTT}_{n,i,j,k}^{\text{sub}}$$

$$+ (\beta_2 + \alpha_{21}\text{DIS}_{n,j,k} + \alpha_{22}\text{Fam}_{n,j,k})\text{NI}_{n,i,j,k}^{\text{sub}} + \beta_3 \ln \text{ps}_{n,i,j,k}^{\text{sub}} + \ln \text{sb}_{n,i,j,k}^{\text{sub}} \tag{8.23}$$

与各子出行段相关的特性变量的具体含义参见表 8.1。基于仿真方法的似然函数 (即式 (8.20)) 中的随机采样次数被设定为 $H = W = 100$。

2. 参数估计结果

表 8.2 汇总了各个模型的解释变量估计结果。可以从中得到如下两个结论:

表 8.2　路径选择模型参数估计结果

		SL	UL	semi-L	semi-ML
实验情景设置	训练样本数量	195	195	195	195
	标记样本数量	195	0	454 374	454 374
	测试样本数量	100	100	100	100
	路径选择模型	Logit	Logit	Logit	混合 Logit
	参数数量	3	3	3	11
参数估计结果	行驶时间 β_1	−0.112	−0.094	−0.114	−8.6
	t 检验	−29.893	−5.767	−6.708	−10.598
	观测点间距 α_{11}				0.997
	t 检验				9.675
	熟悉程度 α_{12}				−2.303
	t 检验				−4.556
	$\text{Std}.d(\delta_1)$				−0.456
	t 检验				−5.192
	$\text{Std}.d(\eta_1)$				−0.06
	t 检验				−4.654
	路口数量 β_2	−0.8	−0.062	−0.063	−0.876
	t 检验	−131.314	−22.501	−22.06	−21.591
	观测点间距 α_{21}				0.017
	t 检验				1.7
	熟悉程度 α_{22}				0.013
	t 检验				2.56
	$\text{Std}.d(\delta_2)$				5.545
	t 检验				22.787
	$\text{Std}.d(\eta_2)$				0.361
	t 检验				17.451
	Path-size β_3	1.946	2.166	2.188	1.862
	t 检验	240.781	50.323	48.752	17.463
估计精度/%	ALRR	53.64	46.72	83.7	87.49
	ANRR	38.63	32.94	62.32	66.21
计算效率/s	ACTL	0.2813	0	0.1372	0.1372
	ACTE	0.0088	0.0717	0.0853	0.1697

semi-L 和 semi-ML 模型的解释变量系数与另外两个模型一致且 t 检验都显著，说明基于半监督学习的参数估计方法可以得到和有监督学习以及无监督学习

一样合理的估计结果。

semi-ML 模型得到了与现实期望一致的解释变量符号与参数值。α_{11} 和 α_{12} 的符号为正,表明随着 AVI 观测间距的增加,机动车驾驶员对候选路径的敏感度会降低。这样的结论和 Chen 等[26]、Li 等[27] 以及 Miwa 等[28] 关于 OD 距离的类似研究具有一致的结论。估计结果中,α_{12} 为负值而 α_{11} 为正值。这说明机动车驾驶员在比较熟悉的路段驾驶时,对出行时间比路口数量更加敏感。这项实验结果与 Li 等[27] 的研究结果相似。以上分析表明 semi-ML 模型虽然更加复杂,但可以对路径选择行为进行更深层次的剖析。

8.5.2 路径选择模型精度评价

为评价不同模型的估计精度,基于两个指标来比较估计路径和真实选择路径之间的误差。第一个是基于正确路径长度的精度指标 (accurate length ratio of routes, ALRR):

$$\text{ALRR} = \frac{1}{N_{\text{test}}} \sum_{n=1}^{N_{\text{test}}} \frac{\sum_{l_x \in P_{\text{true}}^n} \delta_{x,n} l_x.\text{len}}{P_{\text{true}}^n.\text{len}} \times 100\% \quad (8.24)$$

式中,如果真实路径上 P_{true}^n 的路段 l_x 也在估计路径上,$\delta_{x,n} = 1$;否则 $\delta_{x,n} = 0$。

另外一个是基于正确路径数量的精度指标 (accurate number ratio of routes, ANRR):

$$\text{ANRR} = \frac{1}{N_{\text{test}}} \sum_{n=1}^{N_{\text{test}}} \delta_n \times 100\% \quad (8.25)$$

式中,如果真实路径和估计路径完全一致,$\delta_n = 1$;否则 $\delta_n = 0$。

如表 8.2 所示,提出基于半监督学习的 semi-L 和 semi-ML 模型的估计精度远高于另外两种方法。其原因可能包括两方面:由于现有地图匹配算法并不适用于稀疏的 AVI 数据,有监督学习模型在标记样本过程中引入了大量的地图匹配误差;无监督学习方法中依赖于单一 AVI 数据定义的观测方程的不确定性远高于半监督学习方法中融合 AVI 数据和 GNSS 数据定义的观测方程,从而导致其较大的估计误差。

8.5.3 路径选择模型计算效率评价

路径选择模型估计的计算时间共包括样本标记时间和参数估计时间两个部分。用于评价样本标记过程计算效率的指标 (average computation time of labeling, ACTL) 定义为

$$\text{ACTL} = \frac{t_{\text{label}}}{N_{\text{label}}} \quad (8.26)$$

8.5 案例分析

式中，N_{label} 是需要被标记的样本数量；t_{label} 是样本标记过程的总消耗时间。

用于评价参数估计过程计算效率的指标 (average computation time of estimation，ACTE) 定义为

$$\text{ACTE} = \frac{t_{\text{estimate}}}{N_{\text{train}}} \tag{8.27}$$

式中，N_{train} 是训练样本数量；t_{estimate} 是参数估计过程的总消耗时间。

表 8.2 的最后两行分别展示了不同模型的两种计算效率指标。在样本标记过程中，有监督学习方法和半监督学习方法有着相似的计算效率，而无监督学习的 ACTL 则为 0(不需要样本标记过程)。在参数估计过程中，semi-L 和 UL 模型有着相似的计算效率。semi-ML 模型因受复杂的似然函数影响，参数估计效率最低。

基于计算的上述两类指标，不同模型的总计算时长可由下列公式估计：

$$t_{\text{total}}^{\text{supervised}} = N_{\text{train}}(\text{ACTL} + \text{ACTE}) \tag{8.28}$$

$$t_{\text{total}}^{\text{unsupervised}} = N_{\text{train}} \cdot \text{ACTE} \tag{8.29}$$

$$t_{\text{total}}^{\text{semi-supervised}} = t_{\text{label}} + N_{\text{train}} \cdot \text{ACTE} \tag{8.30}$$

图 8.2 给出了不同模型的总计算时间随训练样本数量增加的变化曲线。由于样本标记过程的存在，半监督学习方法和有监督学习方法的总计算时间远高于无监督学习方法。但由于有监督学习方法中的地图匹配算法计算效率过低，随着训练样本的增加，半监督学习方法将逐渐在计算耗时上展现优势。

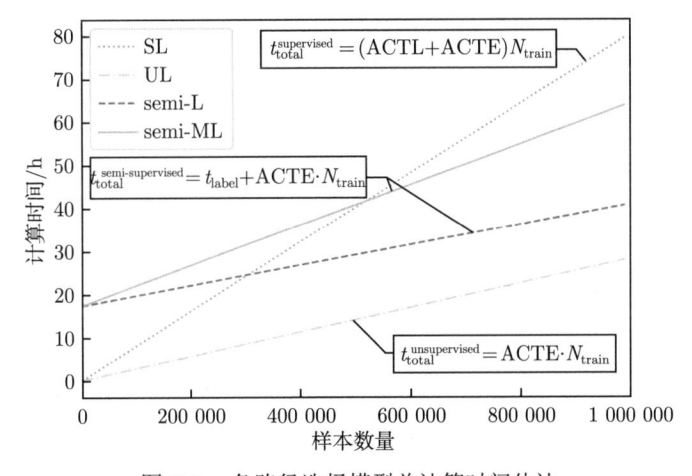

图 8.2 各路径选择模型总计算时间估计

8.6 本章小结

本章节旨在基于离散的车辆 AVI 轨迹数据识别连续的出行路径信息,进而为精确判别全局的路网运行状态提供基本参数。现有的路径识别方法大多是针对 GNSS 数据。但 GNSS 数据存在样本量小、位置噪声等问题,阻碍了其在智能交通系统中的应用。相比之下,AVI 数据具有独特的优势,可以弥补 GNSS 数据的相关不足。但由于 AVI 数据的稀疏性问题,现有的地图匹配方法不适用于 AVI 数据,因此提出了一种针对稀疏 AVI 数据的地图匹配方法 (AVI-MM)。与传统方法相比,AVI-MM 在不损失计算效率的前提下,显著提高了匹配精度,并具有良好的鲁棒性。

参 考 文 献

[1] Chen F X, Yin Z W, Ye Y W, et al. Taxi hailing choice behavior and economic benefit analysis of emission reduction based on multi-mode travel big data[J]. Transport Policy, 2020, 97: 73-84.

[2] Bierlaire M, Frejinger E. Route choice modeling with network-free data[J]. Transportation Research Part C: Emerging Technologies, 2008, 16(2): 187-198.

[3] Fosgerau M, Frejinger E, Karlstrom A. A link based network route choice model with unrestricted choice set[J]. Transportation Research Part B: Methodological, 2013, 56: 70-80.

[4] Chen C F, Chen P C. Estimating recreational cyclists' preferences for bicycle routes–Evidence from Taiwan[J]. Transport Policy, 2013, 26: 23-30.

[5] Majumdar B B, Mitra S. Analysis of bicycle route-related improvement strategies for two Indian cities using a stated preference survey[J]. Transport Policy, 2018, 63: 176-188.

[6] Shiftan Y, Bekhor S, Albert G. Route choice behaviour with pre-trip travel time information[J]. IET Intelligent Transport Systems, 2011, 5(3): 183-189.

[7] 孙健, 张颖, 张纯. 基于驾驶人路径选择偏好的 OD 行程时间预测方法 [J]. 交通运输工程学报, 2016, 16(2): 143-149.

[8] Menghini G, Carrasco N, Schüssler N, et al. Route choice of cyclists in Zurich[J]. Transportation Research Part A: Policy and Practice, 2010, 44(9): 754-765.

[9] Oyama Y, Hato E. Link-based measurement model to estimate route choice parameters in urban pedestrian networks[J]. Transportation Research Part C: Emerging Technologies, 2018, 93: 62-78.

[10] 杨扬, 姚恩建, 潘龙, 等. 基于 GPS 数据的出租车路径选择行为研究 [J]. 交通运输系统工程与信息, 2015, 15(1): 81-86.

参考文献

[11] Quddus M A, Ochieng W Y, Noland R B. Current map-matching algorithms for transport applications: State-of-the art and future research directions[J]. Transportation Research Part C: Emerging Technologies, 2007, 15(5): 312-328.

[12] Bierlaire M, Frejinger E. Route choice modeling with network-free data[J]. Transportation Research Part C: Emerging Technologies, 2008, 16(2): 187-198.

[13] Bierlaire M, Chen J M, Newman J. A probabilistic map matching method for smartphone GPS data[J]. Transportation Research Part C: Emerging Technologies, 2013, 26: 78-98.

[14] van Oijen T P, Daamen W, Hoogendoorn S P. Estimation of a recursive link-based logit model and link flows in a sensor equipped network[J]. Transportation Research Part B: Methodological, 2020, 140: 262-281.

[15] van den Heuvel J, Voskamp A, Daamen W, et al. Using bluetooth to estimate the impact of congestion on pedestrian route choice at train stations[C]//Chraibi M, Boltes M, Schadschneider A, et al. Traffic and Granular Flow'13. Cham: Springer, 2015: 73-82.

[16] Garrido-Valenzuela F, Raveau S, Herrera J C. Bayesian route choice inference to address missed bluetooth detections[J]. IEEE Transactions on Intelligent Transportation Systems, 2022, 23(3): 1865-1874.

[17] Huang Z F, Huang Z D, Zheng P J, et al. Calibration of C-logit-based SUE route choice model using mobile phone data[J]. Information, 2018, 9(5): 115.

[18] Cao Q, Ren G, Li D W, et al. Semi-supervised route choice modeling with sparse Automatic vehicle identification data[J]. Transportation Research Part C: Emerging Technologies, 2020, 121: 102857.

[19] McFadden D. Modelling the choice of residential location[J]. Spatial Interaction Theory and Residential Location, 1977, 673(477): 72-77.

[20] Newson P, Krumm J. Hidden Markov map matching through noise and sparseness[C]// Proceedings of the 17th ACM SIGSPATIAL International Conference on Advances in Geographic Information Systems, Seattle, Washington, 2009: 336-343.

[21] Fan Y L, Wolfson J, Adomavicius G, et al. SmarTrAC: A smartphone solution for context-aware travel and activity capturing: 2[R]. Minnesota, USA: Center for Transportation Studies University of Minnesota, 2015.

[22] Ben-Akiva M, Bierlaire M. Discrete Choice Methods and Their Applications to Short Term Travel Decisions[M]//Hall R W. Handbook of Transportation Science. Boston, MA: Springer, 1999: 5-33.

[23] Hess S, Rose J M. Allowing for intra-respondent variations in coefficients estimated on repeated choice data[J]. Transportation Research Part B: Methodological, 2009, 43(6): 708-719.

[24] Li D W, Jin C J, Yang M, et al. Incorporating multi-level taste heterogeneity in route choice modeling: From disaggregated behavior analysis to aggregated network loading[J]. Travel Behaviour and Society, 2020, 19: 36-44.

[25] Prato C G. Route choice modeling: Past, present and future research directions[J]. Journal of Choice Modelling, 2009, 2(1): 65-100.
[26] Chen A, Pravinvongvuth S, Xu X D, et al. Examining the scaling effect and overlapping problem in logit-based stochastic user equilibrium models[J]. Transportation Research Part A: Policy and Practice, 2012, 46(8): 1343-1358.
[27] Li D W, Miwa T, Morikawa T, et al. Incorporating observed and unobserved heterogeneity in route choice analysis with sampled choice sets[J]. Transportation Research Part C: Emerging Technologies, 2016, 67: 31-46.
[28] Miwa T, Okada Y, Morikawa T. Applying a structured dispersion parameter to multi-class stochastic user equilibrium assignment model[J]. Transportation Research Record: Journal of the Transportation Research Board, 2010, 2196(1): 142-149.

第 9 章

交通网络运行态势推演系统开发

9.1 概　　述

未来交通是现实世界与虚拟世界的交会融合，通过获取现实世界中的交通数据，在虚拟世界中将其数字化、模型化，可以打通物理世界和云端数字孪生世界的壁垒，在虚拟世界中模拟、推演、解决现实世界中的交通问题。其中，交通网络运行态势的精准推演是新一代智能交通管控系统最为关键的底层支撑技术[1]。随着数字信息技术的全面应用布局，各类终端、电子化外场设备、中心业务应用都产生了海量的数据，人工智能、大数据、物联网、云计算等信息技术得到了快速的发展，并且渗透到了交通运输行业各个业务领域中，成为重要的生产要素。目前数据分析主要采用概率统计、数理分析等方法，然而概率统计计算方法主要依赖于历史案例数据，难以推测出交通系统未来发展演化的各种可能情况，可解释性不强。而对交通系统状态的快速判断与演变规律分析，是实施交通管理与控制的前提[2]。例如，出行方案规划，不仅需要考虑出发时刻的路网交通状态，还需要提前考虑未来途中路网交通状态的变化，进而推荐合理出行路线和可靠出行方式。人工智能、大数据等数据驱动技术作为科技发展新引擎将极大程度深化对交通系统演化规律的全面理解，提高对交通系统未来发展的精准判断。

国内以阿里、百度、腾讯、滴滴、华为等为代表的互联网企业，利用大数据、人工智能、即时通信等方面的技术优势，积极研发城市交通大脑产品。尽管全国 40 余座城市都号称拥有交通大脑，但巨大投入尚未取得理想的建设效果。相关新概念、新产品存在"中看不中用"的倾向，实际上多停留在数据可视化层面，未能为精准化交通管控提供有效支撑；常态化治堵与非常态应急管控手段存在"治标不治本"的局限，主要关注当前和局部的拥堵现象，无法从源头上应对未来和全局的拥堵态势。亟须在交通网络运行态势感知与可视化基础上，认知和揭示表象背后的规律、原理、机制等，从而实现复杂交通系统的精准态势推演，为城市交通管控提供更加科学合理的决策支持[3]。

复杂交通系统精准推演，是指在给定交通系统要素(包含人、车、路、环境等)组成条件下，通过数据计算、算法推导、模型推理、仿真演算等步骤，对真实世界中物理实体和智能实体对象的特征、行为、形成过程和性能等进行描述和建模，复现现有复杂交通系统运行状况，随着时间的变化精确推算出复杂交通系统中各组成要素的状态指标，预先把握未来系统的运行状况[4]。相比传统交通仿真强调复现单一场景交通状态，复杂交通系统精准推演更加突出系统要素复杂性、交通数据实时性、虚拟与现实交互性、交通系统分析前瞻性和推演结果精准性，能更好地融合宏观表征与微观行为，实现全要素、全时空推演，为未来智能交通管理提供底层支撑。

本章立足应用场景和业务需求，剖析交通网络运行态势推演系统架构，研发基于个体出行活动行为分析的智能推演算法，设计交通网络拥堵溯源与运行态势推演分析结果的视觉表达方案和人机交互方案，重点实现交通数据的可调用、优化方案的可输入以及实施效果的可再现功能。依托工程应用项目和案例数据积累，对提出的算法和模型进行验证，并且开发了交通网络运行态势推演系统。

9.2 需求分析与架构设计

9.2.1 功能需求分析

当前，我国正处于社会经济与城镇化高速发展的关键时期，城市规模的不断扩大、人口的快速集聚与汽车保有量的迅猛增长，使得城市交通机动化成为必然的发展趋势。这种高速、非均衡的机动化出行需求增长在促进城市交通飞速发展的同时，也给城市带来了以交通拥堵为代表的诸多问题[5,6]。针对我国城市交通系统规划、设计与调控的具体业务需求与特色场景，本书旨在开发交通网络运行态势推演系统，定位为前端运营，需提供如下基础功能：

静态信息功能分析：交通网络静态信息指交通网络中以一定形式和标准固定下来的信息，这些信息在一定时间范围内不发生变动，例如道路网络、POI 和关注区 (area of interest, AOI) 数据等背景地理信息。这些信息是居民对出行路线进行规划决策的基础，也是交通态势推演的主要载体。

动态信息功能分析：此类数据和信息随时间动态变化，几乎不会重复。交通网络动态信息是对城市交通网络运行状况的反馈，是提高其交通管理水平的关键。典型的动态信息包括交通需求信息、运行状态信息、流量分布信息等。对城市交通动态信息的可视化，不仅有利于交通管理和规划部门进行资源的合理调配，还有利于出行者及时掌握城市交通网络的运行动态以方便安排出行计划。

交互功能分析：交互功能在可视化设计中起到纽带作用。交互化设计可以实现静动态信息的综合展示。在网页可视化设计中，交互形式包括缩放、场景切换、信息触发等。

9.2.2 系统架构设计

基于活动的模型 (activity-based model, ABM) 为了校核所得需求的合理性, 进行动态交通分配 (dynamic traffic assignment, DTA), 最终不断迭代至均衡[7]。ABM + DTA 系统架构如图 9.1 所示。最上部分是数据融合与处理。图中左侧部分为 ABM 过程, 中间部分为人口生成, 靠下部分为出行链生成过程。右侧为 DTA 计算过程, 中间部分为迭代过程, ABM 为 DTA 生成全部人口的活动链矩阵, DTA 反过来为 ABM 提供分时段的小区阻抗。

ABM 需要的数据有居民出行调查数据, 包括人口普查、SP 调查等, 空间属性数据, 包括土地利用数据和定位数据[8,9]。数据的精细度与建模的好坏直接相关, 如土地利用中交通小区划分的大小, 居民属性标签的多少, 服务水平中时间颗粒度、出行方式的多少等。事实上, ABM 的数据需求与四阶段法建模的数据需求基本一致, 这也保证了 ABM 建模的可行性。不同的是数据的处理过程。

随着智能手机、平板电脑等新式移动设备的普及, 人们浏览互联网的需求从传统的固定宽度网站发生转变。响应式技术主要通过串联样式表 (cascading style sheets, CSS) 的媒体查询得以实现[10]。响应式网站的设计理念是网站能够响应设备环境 (屏幕分辨率、属性等), 进而自适应设备类型并进行页面布局调整。响应式技术突破了传统的网页静态布局, 向用户提供了友好的上网界面, 使得用户拥有良好的体验感[11]。本设计具有如下亮点。

界面灵活调整: 响应式技术可依照不同移动设备特有的 CSS 进行界面渲染, 并使界面自适应为与设备适配的样式, 具有较强的兼容性。因此, 响应式网站可以实现用户在不同移动或非移动设备上的高效浏览, 提高了用户的浏览体验。

用户隐私性强: 响应式网站在任何移动或非移动设备上, 有且仅有一个 URL 接口。单一的接口使得网站工作更为便捷, 同时用户的隐私得以保障。

数据更新速度快: 将响应式网站应用于路网交通状态展示, 有利于管理者根据实时传入的数据研判交通网络运行状态。同时, 当发生突发事件时, 该网站的设计使得管理部门能及时、迅速地做出反应。

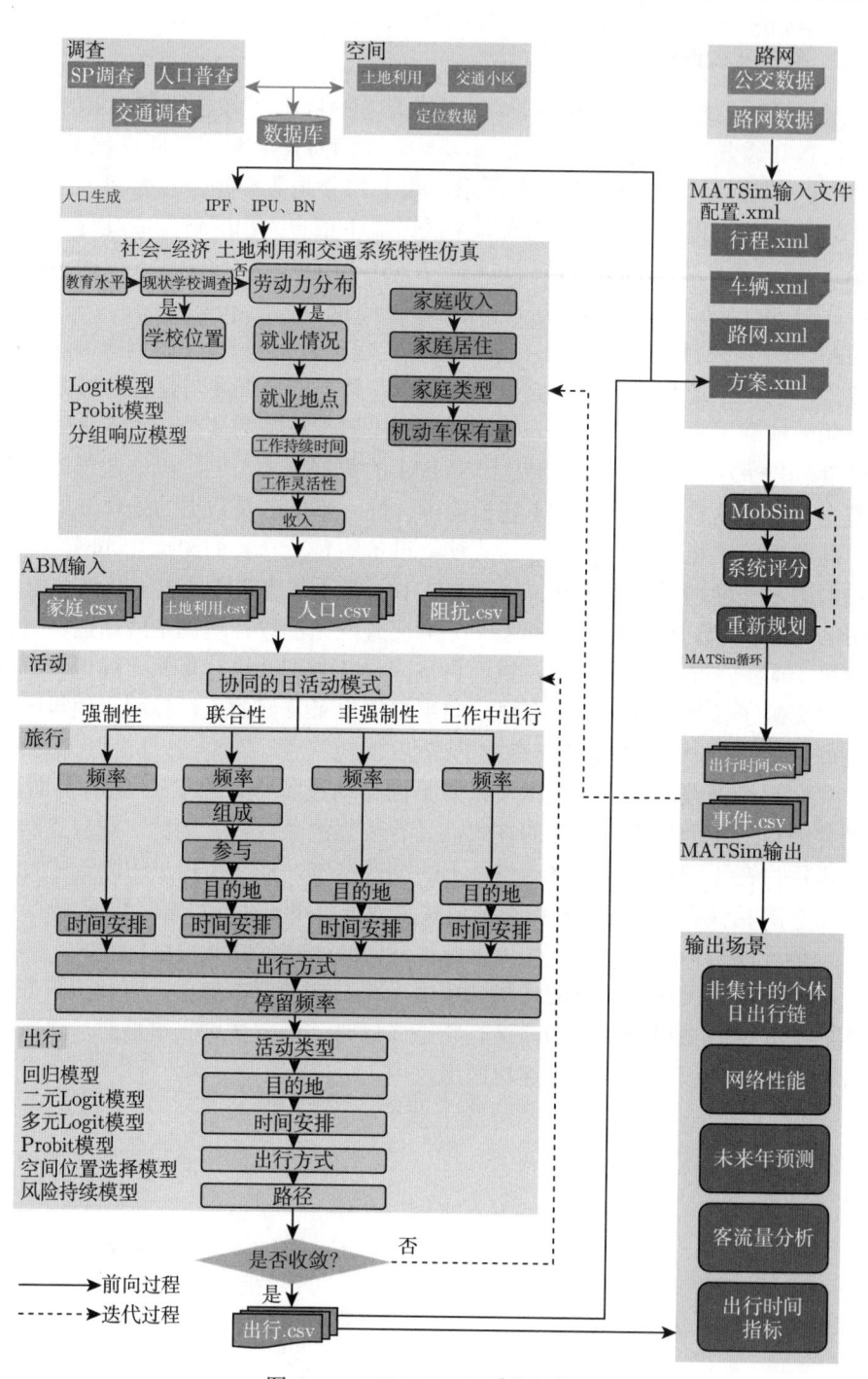

图 9.1 ABM+DTA 系统架构

9.3 态势推演算法

9.3.1 人口生成

ABM 需要涵盖每一个个体和家庭层面的详细人口和社会经济属性。然而由于隐私保护或高成本的限制，人口属性数据无法直接获取，考虑到现实中可以较轻松地获得人口的家庭和个人属性的预测或预测总分布，现有的解决方法是通过人口仿真或人口生成，即根据边缘数据扩样得到具有模型输入所需的所有人口统计属性的家庭和个人数据。

常用的方法有迭代比例拟合 (iterative proportional fitting, IPF) 算法、迭代比例更新 (iterative proportional updating, IPU) 算法和基于贝叶斯网络 (Bayesian network) 的人口生成方法。贝叶斯网络方法具有很强的联合分布特征，能够捕捉变量间的高阶相互作用，优于 IPF 算法和 MCMC(Markov chain Monte Carlo, 马尔可夫链蒙特卡罗) 方法等，避免了数据的过度拟合。因此采用贝叶斯网络的人口生成方法，如图 9.2 所示。

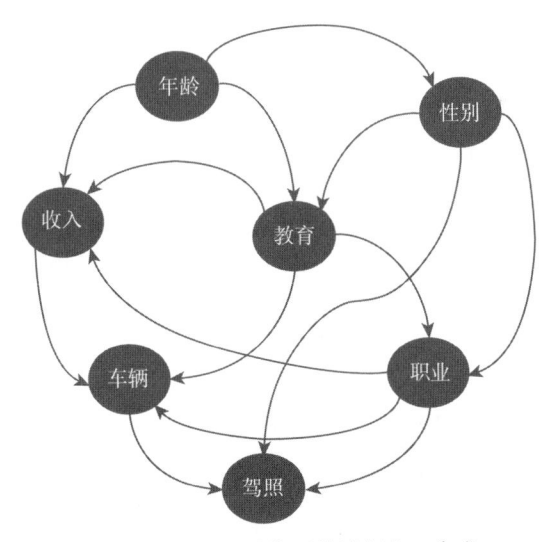

图 9.2 利用贝叶斯网络进行人口生成

在结构的学习中，采用禁忌搜索算法，利用记忆结构避免局部最优解；采用赤池信息量准则 (Akaike information criterion, AIC) 作为评分函数。在参数学习中，使用极大似然估计来确定网络参数 (即每个节点的条件概率)。

9.3.2 出行链生成

1. 可达性

可达性是一个集计值,表示以一个区域作为起点、其他区域作为终点的单个可达性之和 (log sum),以减少差异。单个可达性计算首先用就业变量乘以特定模式、特定时间的衰减函数,它表示了工作在离所述地点越远 (以往返出行时间计) 的地方越困难到达。可达性按照不同的交通方式、不同的时间段来计算。这里列出了考虑汽车出行的高峰时间段的可达性计算方法:

$$A_{n,\text{Pk}}^{\text{auto}} = \log\left(1 + \sum_j e^{\alpha(\text{TT}_{nj,\text{AM}} + \text{TT}_{jn,\text{PM}})} \times N_{j,\{\text{Tot}\}}\right) \quad (9.1)$$

式中,n 表示待计算的小区;Pk 表示高峰时间;j 表示任意交通小区;AM 表示上午时段;PM 表示下午时段;$\text{TT}_{nj,\text{AM}}$ 表示由 n 到 j 在 AM 时段的出行时间,$\text{TT}_{jn,\text{PM}}$ 表示由 j 到 n 在 PM 时段的出行时间;$N_{j,\{\text{Tot}\}}$ 表示小区 j 内含有全部工作者数;α 表示汽车阻抗系数 (impedance coefficient),此处为 -0.05。

其他出行方式、非高峰时间段的计算方式类似,但是具体出行时间和阻抗系数 (公交车为 -0.04,非机动车为 -1.00) 不同。

2. 地点选择

这里定义三种学校类型:大学、中学和小学。定义三种工作类型,这些工作类型根据收入水平分为低收入、中收入、高收入。首先确定各交通小区各类型学校对学生、各个类型工作对员工的吸引规模项 (size term, ST)。分别与交通小区的学生数、工作者数和居民数相关。然后判断个人类型,以此确定进行何种目的地选择。最后采用多项式 Logit(MNL) 结构,但是中间考虑到计算的问题,采取以下几种计算方式。

1) 目的地抽样

考虑到有些目的地 ST 为 0,即对学生、工作者没有吸引,因此有必要将这部分交通小区去除。因此目的地的效用函数如下式所示:

$$U_{ni} = -999 \times u_i + \sum_a \beta_a \times \text{DIS}_{ki,a} + \log(1 + \text{ST}_i)$$
$$u_i = \begin{cases} 1, & \text{ST}_i = 0 \\ 0, & \text{ST}_i \neq 0 \end{cases} \quad (9.2)$$

式中,n 为个体;i 为选项 (交通小区);k 为 i 所在小区;a 表示距离的分段函数,这里使用 (0,1]、(1,2]、(2,5]、(5,15]、(15,∞);$\text{DIS}_{ki,a}$ 表示从 k 到 i 的距离在分段 a 下的部分;β_a 为相应分段的系数 (工作地和学校的系数有所不同)。

9.3 态势推演算法

每个人根据得到的所有小区的效用，按照 MNL 结构计算概率进行抽样，确定每个小区的选择次数。这样就会筛选掉概率低的选项，降低后面计算的难度。

2) 筛选后小区的对数和

计算筛选后小区出行方式的 log sum，从 k 到 i 默认出发时刻 AM，返回时刻 MD。具体的出行方式的巢式 Logit(nested logit, NL) 结构见图 9.3。

$$\log \text{sum}_{ni}^{\text{NL}} = \log \left(\sum_a \exp \left(\beta_a \times \log \left(\sum_{b \in a} \exp \left(\beta_{ab} \times \log \left(\sum_{c \in b} \exp \left(\frac{U_{c,nkim}^{\text{AM,MD}}}{\beta_{ab}} \right) \right) \right) \right) \right) \right) \tag{9.3}$$

式中，a,b,c 为 NL 结构的层；m 为出行方式；$U_{c,nkim}^{\text{AM,MD}}$ 表示 n 在 AM 时刻出发，MD 时刻返回，从小区 k 到 i 通过交通方式 m 的效用值；β 为不同层结构的系数。

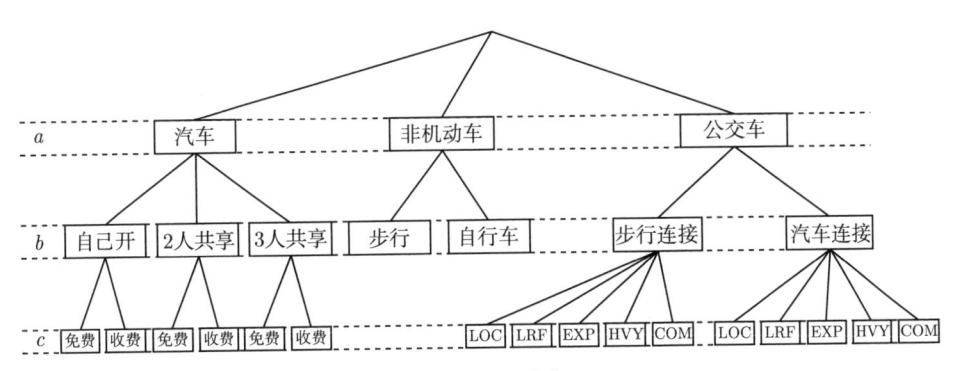

LOC: 公交
LRF: 轻轨/渡船
EXP: 快速公交
HVY: 地铁
COM: 轻轨

图 9.3 模式选择 NL 结构

3) 目的地仿真

采用简单的 MNL 结构，效用函数和概率值如下：

$$U_{ni}^* = U_{ni} + \beta_{\log \text{sum}} \cdot \log \text{sum}_{ni} + \min \left\{ 60, \frac{\text{pick\_count}}{\text{prob}} \right\} \tag{9.4}$$

$$P_{ni} = \frac{U_{ni}^*}{\sum_i U_{ni}^*} \tag{9.5}$$

式中，pick_count 为随机采样次数；prob 为采样概率。通过抽样获得一组随机数，得到最终的学校位置所在小区 (最大的概率)。

3. 活动方式生成

这里设定三种活动方式类型，M 型：强制性的，从事至少一项强制性活动，包括工作、上学。N 型：不受限制的、自由的出行。H 型：不出门。

同时设定人的 8 种类型 (ptype)：全职员工 (1，full-time worker)、兼职员工 (2，part-time worker)、大学生 (3，university student)、不工作的成年人 (4，non-working adult)、退休人员 (5，retired)、到达驾龄的学生 (6，driving-age child who is in school)、未到达驾龄的学生 (7，pre-driving-age child who is in school)、学龄前儿童 (8，pre-driving-age child who is too young for school)。

设定家中出行受互相影响的最大人数为 5。(max_hhsize=5)

步骤 1 以家庭为单位，确定每个人的计算等级。选择家中 2 个有工作的人，等级为 1(即 ptype=1 或 2，全职优先于兼职，年龄大的优先于年龄小的)。选择家中 3 个未成年人，等级为 2(即 ptype=6 或 7 或 8，年龄大的优先)。为每个成员设置随机数，选取前 5 个最小的，将没有等级的设置为 3。将家庭成员先按照等级从小到大排序，同一等级下的成员按照年龄从大到小排序，最后按照顺序重新设置最终的等级。

步骤 2 根据下式确定每个人的三种活动类型的效用值：

$$\begin{aligned} U_{ni} = &\beta_{\text{ptype}} x_{n,\text{ptype}} + \beta_{\text{ptype\&age}} x_{n,\text{ptype\&age}} \\ &+ \beta_{\text{ptype\&sex}} x_{n,\text{ptype\&sex}} + \beta_{\text{ptype\&auto}} x_{n,\text{ptype\&auto}} \\ &+ \beta_{\text{ptype\&income}} x_{n,\text{ptype\&income}} \\ &+ \beta_{\text{ptype\&acc}} x_{n,\text{ptype\&acc}} \end{aligned} \tag{9.6}$$

式中，n 表示个人；i 表示三种活动类型；age 表示年龄；sex 表示性别；auto 表示是否拥有私家车；income 表示收入；acc 表示加速度。

步骤 3 对于家庭人数为 1 的个人，直接根据 MNL 结构得到三种类型的概率，再通过抽样获得出行模式选择。

步骤 4 对于家庭人数为 2、3、4、5(超过 5 的按 5 来算，取前 5 个等级的人) 的家庭，每组家庭的选项可根据协同日常活动模式 (coordinated daily activity pattern, CDAP) 计算得到，即 N 个人的家庭，选项有 3^N 个，效用值根据下式计算：

$$U_{ni}^N = \sum_l \sum_{k \in i_l} U_{nk}^l \tag{9.7}$$

式中，n 为家庭；i 为组合选项；l 为 1 到 N 的整数；i_l 为 l 个数目的组合选项。根据 MNL 结构得到 3^N 种类型的概率，再通过抽样获得每个家庭的选择。

步骤 5 分配每个人的活动类型 (activity)。对于家庭人数不超过 5 的家庭，每个人按照等级来分，如家庭选择为 HNM，第一个人就为 H，第二个人为 N，第三个人为 M。对于家庭人数超过 5 的家庭，前 5 个等级的人按照选择的来分配，后几个等级的人根据不同类型的 MNH 的概率来抽样分配。最终得到每个人的计算等级和活动类型。

9.3.3 动态交通分配及迭代

多模式交通系统仿真软件 SimTrend 是一款基于 Python 语言设计的微观分析软件。软件主要通过将现有的交通网络拓扑结构 (如从 OpenStreetMap 上导出的文件.osm) 转化为.xml 格式，来满足软件输入要求；然后通过先验调查或者自拟交通需求进行输入；运行前可以根据需要选择不同的车辆跟驰模型、换道模型、信号控制模型等微观模型来进行模型对比，同时可以对驾驶员、行人等出行者定义感知的路径效用函数，从而得到不同的路径选择模型；最后软件可以实时输出特定的数据 (如某路段的平均速度、路网的实时交通量、通行能力等) 以及运行结束后得到的各个车辆的运行时间、各个路段的通过车辆数等数据来综合评估交通网络的运行效率，来为相应的交通管理和控制措施的制定提供技术依据。

与同类产品相比，本软件的特点是：

(1) 可以对现有的开源地图数据进行转换，其中包括道路、公交、地铁等数据，避免了手动输入的烦琐；

(2) 考虑到多模式交通网络骨架，其中包括道路交通网、常规交通网、轨道交通网和慢行交通网，以及各个网络之间的换乘交互，体现在多模式路径选择模型上；

(3) 以天 (day) 为仿真单位，以个人的出行活动链为输入需求，更好地满足现实生活需要；

(4) 提供了各种行为微观模型备选，以及开放 API 二次开发接口，用户可以自行定义函数、属性和模型，从而对比不同模型的实施效果；

(5) 提供了强化学习接口，包括路径强化学习选择 (逐日演化过程) 以及信号控制强化学习模块，为研究者提供算法开发平台；

(6) 可以自定义特殊交通事件，如路段事故、不良天气、拥挤收费等，通过实时的路网数据来分析网络的鲁棒性和一定时间段内的交通量演化趋势。

此外，该软件输入出行者的活动链，正好对应着 ABM 输出的结果，这也是使用该软件的一大前提。

采用连续平均算法 (method of successive algorithm, MSA) 原理，迭代过程如下：

$$c^t = \alpha \cdot \boldsymbol{\Lambda}^{\mathrm{T}} \mu \left(x^{t-1} \right) + (1-\alpha) \cdot c^{t-1} \tag{9.8}$$

$$x^t = \beta \cdot \boldsymbol{\Lambda} \boldsymbol{Q} p \left(c^t, \theta \right) + (1-\beta) \cdot x^{t-1} \tag{9.9}$$

式中，c^t 为 t 次迭代某路径行驶时间；x^t 表示 t 次迭代某路段交通流量；μ 表示某路段行驶时间；$\boldsymbol{\Lambda}$ 表示路段-路径关联矩阵；$\boldsymbol{Q}$ 表示交通量矩阵；p 表示路径选择概率。迭代至一定次数或者相邻两次误差不超过某一常数。

收集高峰小时道路流量，并加载到路网上，得到图 9.4。可以看出，此时路网较拥堵。拥挤多发生于主干路、快速路和某些高架上，次干路或者支路的流量较主干路小。

图 9.4　道路流量图

此时将使用私家车的广义费用增加两倍，相应停车场的费用也增加两倍，再次进行模拟，得到改变之后的道路流量如图 9.5 所示。可以看到，路网拥挤状况明显缓解，并且相较于主干路来说，拥挤多发生于次干路和支路，可以简要得到结论：在执行相应政策后，主干路的拥挤逐渐转移到相对低等级道路上，且拥挤程度在逐渐缓解。

9.4 可视化界面开发

2300 辆/h 以上
1700~2300 辆/h
1250~1700 辆/h
1250 辆/h 以下

（扫码获取彩图）

图 9.5 汽车费用加倍后路网流量图

通过设计多个场景，包括使汽车费用增加 100%，车内时间增加 20%，高峰时间段的车内时间增加 20% 和中心区人口密度增加 20%，可研究它们对不同收入水平、不同目的出行长度的影响。见表 9.1。

表 9.1 多种场景下出行长度的变化

人群分类	出行目的	基准出行长度/km	汽车费用增加 100%		车内时间增加 20%		高峰期车内时间增加 20%		中心区人口密度增加 20%	
			出行长度/km	变化占比/%	出行长度/km	变化占比/%	出行长度/km	变化占比/%	出行长度/km	变化占比/%
平均收入以下人群	工作	14.23	12.90	−9.3	13.43	−5.6	13.35	−6.2	12.79	−10.1
	娱乐等	9.38	6.58	−29.9	6.37	−32.1	5.30	−43.5	7.23	−22.9
	上学	5.33	5.20	−2.4	4.94	−7.3	4.82	−9.5	4.69	−12.0
平均收入以上人群	工作	13.29	12.80	−3.7	13.01	−2.1	12.51	−5.9	12.65	−4.8
	娱乐等	9.93	7.78	−21.7	7.86	−20.8	6.80	−31.5	7.95	−19.9
	上学	6.12	5.89	−3.7	5.85	−4.4	5.67	−7.3	5.93	−3.0

9.4 可视化界面开发

本章开发的交通网络运行态势推演系统定位为前端运营。页面布局采用响应式布局的形式，可以依据不同的屏幕分辨率和终端类型定义布局。平台的设置基于 CSS/HTML/JavaScript 框架，通过引入多个 .css 文件和 .js 文件在 <style type="text/css"> 和 <style type="text/javascript"> 代码块中进行相应的网页布局设置和交互功能设计。在平台开发过程中，只需对各个模块进行单独网页编写，再在主页面中利用 <iframe> 标签创建内联框架对各模块网页进行引用，并设置相关参数。本书涉及的可视化为狭义的数据可视化，即用统计图表的形式展现数据。经典的可视化实现流程，是先对数据进行加工过滤，转变成视觉可表达的形式，再渲染成用户可见的视图。可视化的设计要素有以下几个方面。

色彩：可细分为色相和饱和度两部分，两者可以分开使用，也可结合使用。色相就是通常所说的颜色；饱和度是一个颜色中色相的量，高饱和度的颜色浓，低饱和度的颜色淡。

外形：包括形状和大小两部分。形状可用于区分不同的对象或类别；大小可以较好地映射数值关系。

位置：可细分为方位、方向和角度三部分。

辅助要素：除色彩、外形、位置外的其他要素都称为辅助要素。常见的辅助要素有坐标系、标尺和背景信息等。开发的机动车路网可视化平台主要包括网络拓扑结构、停车需求、OD 流量、路段流量和行程以及交通运行状态等内容。通过改变上述可视化设计要素的组合和视觉编码形式，借助 ECharts 可视化工具包实现交通网络静、动态交通多测度、多尺度运行状态的可视化。

按功能需求来划分，平台包括三个主要功能模块：交通需求分析、拥堵溯源分析、运行状态分析。其中，交通需求分析模块包含三个子界面，即停车需求分布、重点区域交通吸引分布、区域 OD 关系；拥堵溯源分析模块包含瓶颈路段拥堵流量分布、流量来源分析和流量疏散分析；运行状态分析模块包含重点路段拥堵指标、全网运行状态巡游和区域运行状态监控。具体布局形式如图 9.6 所示。

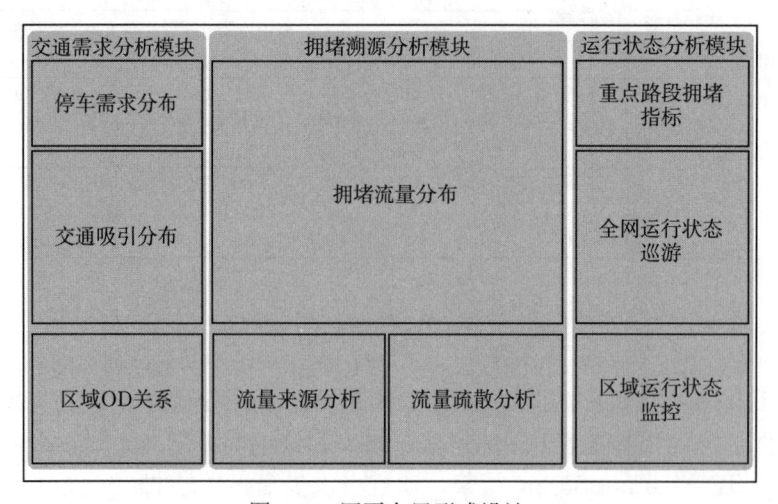

图 9.6　网页布局形式设计

9.4 可视化界面开发

最终，完成开发的机动车路网运行状态可视化平台静态界面 (以浙江省绍兴市上虞区为例，下同) 如图 9.7 和图 9.8 所示。此外，读者可通过访问 http://itse-seu.com/SY/daping.html 来体验该平台的动态交互功能 (页面缩放比例：50%)。

图 9.7　机动车路网可视化平台 (手机版)

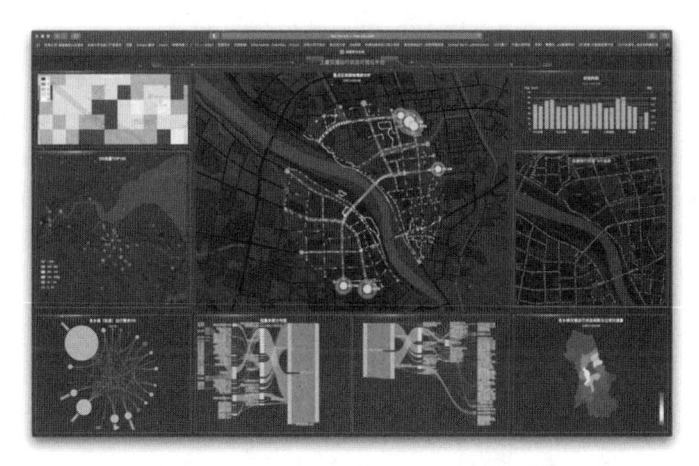

图 9.8　机动车路网可视化平台 (网页版)

9.4.1 交通流量分析

1. 停车流量分布

停车流量分布 (图 9.9) 主要展示的是不同网格区域的实时停车需求分布。该功能模块使用颜色的透明度和曝光度对停车需求数量进行视觉编码。鼠标在网格上停留时，可自动高亮显示该网格区域内的停车数量。左上角图例展示了停车需求数量与颜色编码的映射关系。点击图例中的图标，可实现该组网格的显示开关。它还支持地图的缩放和拖曳功能，用户可以通过自行操作地图在不同尺度上探索监控区域的停车需求分布情况。图 9.9 展示了该可视化界面的初始状态和各功能的演示效果。

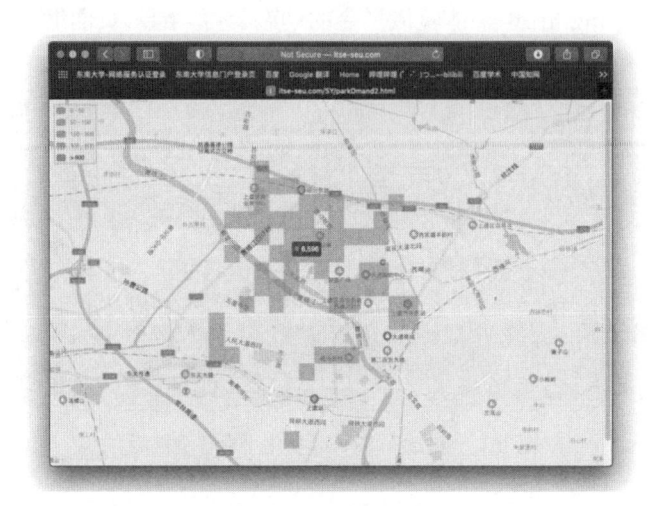

图 9.9　停车需求分布

2. 重点区域吸引点分布

重点区域吸引点分布展示了上虞区核心城区——百官街道的交通吸引点分布。该可视化模块使用带有波纹动画的圆点和粒子动效颜色分别表示目的地位置和 OD 流量大小。OD 对间的粒子动效连线支持鼠标悬停显示数字标签，背景地图同样支持缩放和拖曳功能。图 9.10 展示了该功能模块的可视化效果。

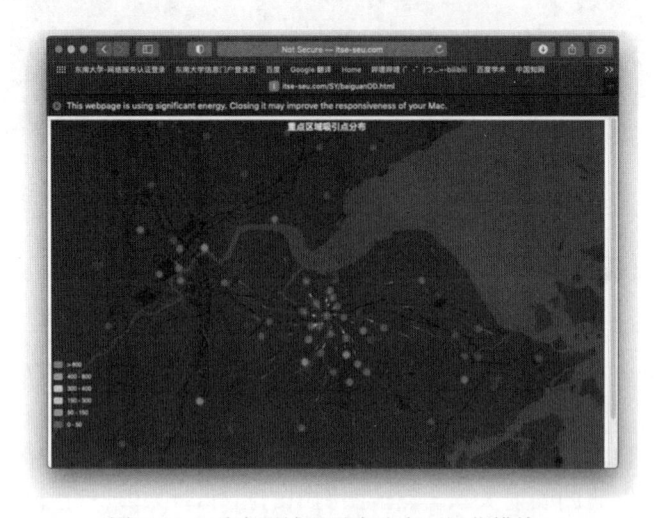

图 9.10　重点区域吸引点分布可视化模块

9.4 可视化界面开发

3. 区域间交通流量关联关系

区域间交通需求关系界面基于弦形关系图对研究区域内 OD 流量排名前 100 的 OD 对进行了可视化展示。该模块使用圆点代表域内的乡镇街道和域外的区县。圆点的大小代表上虞不同区域的交通发生量。OD 对间的连线支持鼠标悬停显示数字标签。图 9.11 展示了该功能模块的可视化效果。

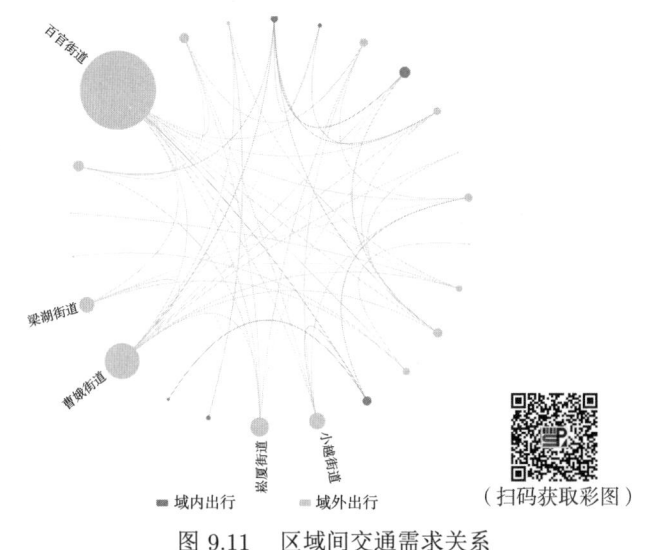

图 9.11　区域间交通需求关系

9.4.2 拥堵溯源分析

1. 拥堵流量分布

拥堵流量分布展示了拥堵流量在瓶颈路段上下游路段上的分布。该模块分别使用路段宽度和粒子流速度对交通流量和平均行程速度进行视觉编码。图 9.12 给出了上虞区舜江大桥路段流量在 1500m 缓冲区内上下游路段的分布情况。缓冲区截面上路段交通流量也使用不同大小的圆点进行表示。它同样支持地图缩放、拖曳和元素信息点击查询功能。

2. 流量来源分析

流量来源分析主要协助管理人员了解瓶颈路段上游流量的来源。图 9.13 基于桑基图 (Sankey diagram) 给出了舜江大桥与上游路段在流量指标上的连接关系。其中，纵向布置的矩形长条表示上游的各个路段，矩形的高度表示了其分担流量的大小。此外，还可以通过拖动各个矩形块单独分析某一出行链路上的流量分布。

图 9.12　舜江大桥拥堵流量分布

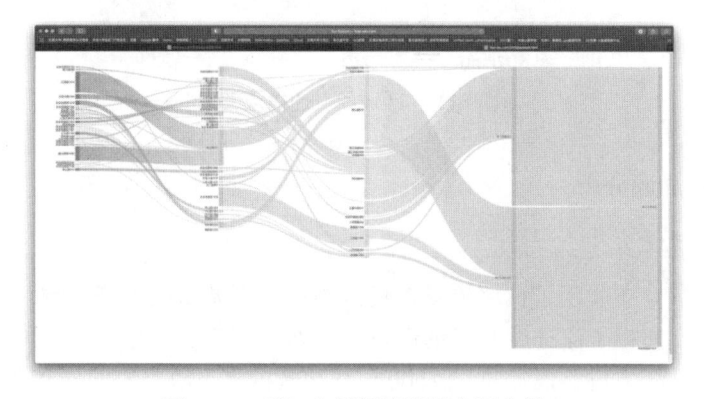

图 9.13　舜江大桥拥堵流量来源分析

3. 流量疏散分析

流量疏散分析主要协助管理人员认知瓶颈路段流量在下游路段的疏散方向。其表现形式与流量来源分析界面相似，在此略去不表。

9.4.3　运行状态分析

运行状态分析主要展示了基于 5.3.1 节构建的动态交通状态指标体系在路段、路网以及街道乡镇尺度上的计算结果。

9.4 可视化界面开发

1. 重点路段拥堵指标

重点路段拥堵监控主要针对流量大、易发拥堵路段的交通运行状态进行可视化展示。该模块主要通过经典简洁的柱状图对各路段交通运行状态进行实时更新。

2. 全网运行状态巡游

该模块展示全网所有路段的运行状态 (图 9.14)。点击该模块标题，可按照预设路线对城市路网进行飞行巡游。

图 9.14 全网运行状态巡游

3. 区域运行状态监控

该模块实时展示各乡镇街道的交通运行状态。它可在地图色阶图 (图 9.15(a)) 和柱状图 (图 9.15(b)) 间周期性切换，以两种图形样式多方位表达各乡镇街道的交通运行状态。

(a) 地图色阶图形式　　　　　　(b) 柱状图形式

图 9.15 区域运行状态监控

9.5 本章小结

交通网络运行态势推演系统在多源数据感知基础上，融合应用交通工程理论与人工智能技术，解析和认知交通运行态势背后的规律、原理与机制，推演其未来发展运行情况，是智能交通系统重要的底层技术。但该项技术的研究与应用仍处在初期，模型驱动和数据驱动的方法仍分别存在算法普适性差和计算解释能力不足的缺陷，亟待研发二者的高效融合机制与复杂交通系统计算技术，实现数据与模型驱动的优势互补。

参 考 文 献

[1] 刘志远, 张文波. 交通与运载工程学科科学问题百问: 基于数据与模型融合的复杂交通系统精准推演 [R]. 北京: 国家自然科学基金委员会, 2021.

[2] 周辉宇, 李瑞敏, 黄安强, 等. 基于时空关联规则挖掘的城市交通拥堵传导预测 [J]. 系统工程理论与实践, 2022, 42(8): 2210-2224.

[3] 陈先龙, 张华, 陈小鸿, 等. 基于时空推演的城市活动模型研究 [J]. 城市交通, 2023, 21(1): 60-68, 120.

[4] 曾筠程, 邵敏华, 孙立军, 等. 基于有向图卷积神经网络的交通预测与拥堵管控 [J]. 中国公路学报, 2021, 34(12): 239-248.

[5] 贾若, 戴昇宏, 黄霓, 等. 交通拥堵判别方法研究综述 [J]. 华南理工大学学报 (自然科学版), 2021, 49(4): 124-139.

[6] 刘有军, 田聪. 不同路网形态下城市交通拥堵特性分析 [J]. 中国公路学报, 2013, 26(1): 163-169, 190.

[7] 徐文强, 韩东方, 刘明君. 基于活动的交通拥挤网络随机平衡分析 [J]. 交通运输系统工程与信息, 2014, 14(3): 174-178.

[8] 隽志才, 李志瑶, 宗芳. 基于活动链的出行需求预测方法综述 [J]. 公路交通科技, 2005, 22(6): 108-113.

[9] 李萌, 王伊丽, 陈学武. 城市居民个人属性与出行方式链相关性分析 [J]. 交通与运输 (学术版), 2009, (1): 11-14.

[10] 王爱红. 城市道路交通信息可视化及其应用研究 [D]. 昆明: 云南大学, 2012.

[11] 任刚, 王炜. 基于 GIS 的交通网络可视化编辑平台的开发 [J]. 公路交通科技, 2003, 20(1): 85-88.

附　录

活动时长分布估计

$\Pr(A_k^i.d|\delta(h_k-1) \leqslant A_k^i.t^- < \delta h_k)$ 为计算给定到达时段 $(\delta(h_k-1), \delta h_k)$ 机动车驾驶员活动时长为 $A_k^i.d$ 的概率，本附录给出了一种基于相似图 (affinity graph) 的活动时长分布估计模型。

A.1　相似图结构

机动车驾驶员在不同地点的活动时长分布具有显著的时空相关性。因此，大量未知的交通小区的活动时长分布可以通过学习少量具有相似特征的可观测停车场的已知活动时长分布推测得到。相似图模型 (图 A.1) 可以用来捕捉这种相似性。它由多个图层构成，记为 $\mathrm{AG} = [G_{1,1}, G_{1,2}, \cdots, G_{d,h}]$。每个图层是一个二维图模型：$G_{d,h} = \{V^U, V^L, E^S, E^T\}$，其中 V^U 代表所有无法观测活动时长的交通小区节点集合，V^L 代表所有可观测活动时长停车场 (安装有 AVI 系统) 节点集合。记 $v^l \in V^L$ 为有标记节点，$v^u \in V^U$ 为无标记节点。E^S 是在同一图层

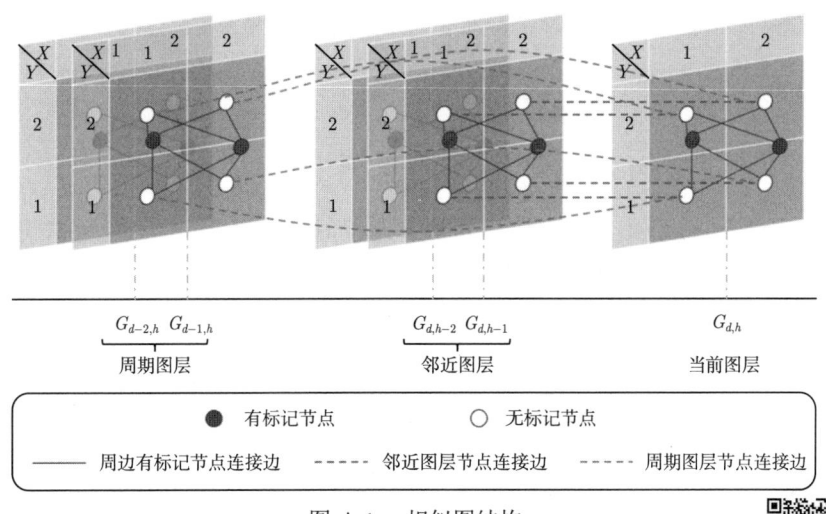

图 A.1　相似图结构

（扫码获取彩图）

上将无标记节点与邻近区域有标记节点相连的边。E^T 是代表各节点在时域上相关性的边。一般来说，交通小区的活动时长和当天邻近时段上活动时长分布有较强的相关性。因此，需将当前时刻图层上的节点和同一天的邻近时段上的同一节点建立连接，以捕捉它们之间的相关性。此外，考虑到活动时长一般具有显著的日周期特征，所以需要将当前时刻图层上的节点和其他天的同一时段相同节点连接，来表征其日周期特征。

A.2 活动时长分布估计模型

本小节提出了基于相似图模型的活动时长分布估计方法。其基本思想是基于具有相似特征的有标记节点估计无标记节点的活动时长分布。将衡量节点间相似性的特征记为 f_m。对于特征集合 $F = \{f_1, f_2, \cdots, f_M\}$，无标记节点 v^u 和有标记节点 v^l 之间的相似性 $W(v^u, v^l)$ 可由下式计算得到：

$$W(v^u, v^l) = \exp\left(-\sum_{m=1}^{M} \frac{||f_m(v^u) - f_m(v^l)||}{\pi_m^2}\right) \tag{A.1}$$

式中，$1/\pi_m^2$ 是不同特征的权值。在活动时长分布的估计任务中，无标记节点与有标记节点间的空间距离、三个近期时段活动时长分布、三个日周期活动时长分布以及 200m 缓冲区内的 POI 数量被用作衡量二者相似性的特征。

活动时长分布估计模型的目标是求解一组无标记节点活动时长分布，使相似函数值较高的节点间的活动时长分布也较为接近。为实现该目标，构建优化目标函数 $Q(v^u)$ 如下：

$$Q(v^u) = \sum_{v^u \in V_{d,h}^U, v^l \in V_{d,h}^L} W(v^u, v^l)(F(t|v^u, h) - F(t|v^l, h))^2 \tag{A.2}$$

式中，$F(t|v^u, h)$ 是在给定到达时间为第 h 时段时无标记节点的活动时长分布，而 $F(t|v^l, h)$ 是给定到达时间为第 h 时段时有标记节点的活动时长分布。$F(t|v^l, h)$ 可直接由安装在有标记节点的 AVI 系统获取，而 $F(t|v^u, h)$ 为待估计分布。两个活动时长分布的差值可由 KL 散度 (Kullback-Leibler divergence) 计算得到：

$$F(t|v^u, h) - F(t|v^l, h) = D_{\text{KL}}(F(t|v^u, h)||F(t|v^l, h)) + D_{\text{KL}}(F(t|v^l, h)||F(t|v^u, h)) \tag{A.3}$$

式中，$D_{\text{KL}}(\cdot)$ 为 KL 散度函数，以式 (A.3) 中等号右边第一项为例，其计算公式如下：

$$D_{\text{KL}}(F(t|v^u, h)||F(t|v^l, h)) = \int_0^{t_{\max}} F(t|v^u, h) \ln \frac{F(t|v^u, h)}{F(t|v^l, h)} dt \tag{A.4}$$

式中，$t_{\max}$ 是所有节点的最大活动时长。

A.3 模型求解

估计的无标记节点的活动时长分布 $\overline{F}(t|v^u, h)$ 可由下式得到：

$$\overline{F}(t|v^u, h) = \underset{v^u \in V_{d,h}^U}{\arg\min}\, Q(v^u) \tag{A.5}$$

由于上述求解最小化问题是谐波 (harmonic) 的，$\overline{F}(t|v^u, h)$ 可以由其周边有标记节点的加权均值得到

$$\overline{F}(t|v^u, h) = \frac{1}{\deg_{v^u}} \sum_{(v^u, v^l) \in E_{d,h}^S} W(v^u, v^l) F(t|v^l, h), \quad v^u \in V_{d,h}^U \tag{A.6}$$

式中，$\deg_{v^u}$ 是无标记节点 v^u 的度。最终，给定到达时段条件下的活动时长分布概率 $\Pr(A_k^i.d|\delta(h_k - 1) \leqslant A_k^i.t^- < \delta h_k)$ 可以基于估计的 $\overline{F}(t|v^u, h)$ 计算得到：

$$\Pr(A_k^i.d|\delta(h_k - 1) \leqslant A_k^i.t^- < \delta h_k) = \overline{F}(t = A_k^i.d|v^u = A_k^i.x, h_k) \tag{A.7}$$

索　引

B
被动型数据 155

C
出行机理认知 3
出行链生成 174
出行路径识别 45

D
道路交通状态 92
地图匹配 45
地理信息系统 28
动态贝叶斯网络 (DBN) 67
动态交通 94
动态交通分配 171
独立同分布性 120
多模式交通系统仿真 177
多项式 Logit 120

F
非集计模型 138
分段二次样条插值 12
分段三次 Hermite 插值 15
分段三次样条插值 14
分段线性插值 12

G
固定传感器 155
关键路径 105
观测概率 68
广义极值 (GEV) 120
轨迹重构 9

H
后缀树 79
候选路径集 48
候选图 82
混合 Logit 120

J
机器学习 (ML) 118
基于活动的模型 171
集计模型 138
交通工程 1
交通管理与控制 153
交通规划设计 153
交通流基本图 (FD) 18
交通流激波波速 21
交通小区 46
交通信号协调控制 106
交通状态感知 3
静态交通 96
均方根误差 (RMSE) 17

K
宽度选择模型 (BCM) 122
宽度学习 (BL) 119
宽度学习系统 (BLS) 119

L
离散选择模型 (DCM) 118
连续平均法 (MSA) 178
链式法则 73
路段流量 94
路径 46
路径选择模型 47

P
排放概率 68
匹配概率 48
平均绝对误差 (MAE) 17
平均行程速度 93

Q
起讫点 (OD) 138
起始小区分担量 102
潜在可能性方程 58
全球导航卫星系统 (GNSS) 45

索　引

全球定位系统 (GPS) 9

人口生成 173
日出行链 67

上游路段分担量 102
深度神经网络 119
时间复杂度 83
似然函数 48
溯源分析 5
随机效用理论 120

条件随机场 (CRF) 58

无监督学习 159

先验概率 47
信息服务与诱导 153
信息与通信技术 (ICT) 118

兴趣点 (POI) 55

移动传感器 155
隐马尔可夫模型 (HMM) 56
有监督学习 158
有向无环图 (DAG) 83
源流并控 5
运动波理论 22

智能交通工程 2
主动型数据 154
子行程表 66
自动车辆识别 (AVI) 10
自由流速度 20
阻塞密度 21

其他

AVI 观测点对 47
AVI 轨迹 47
McFadden 决定系数 14